脳科学×仕訳集

合格するには
ワケがある

×

日商簿記
2級

第3版

桑原 知之 著

JN086559

Ⓢ ネットスクール出版

　近年の脳科学の発展には目覚ましいものがあり、脳の働きが随分と解明されてきています。それを**「簿記の学習に活用するにはどうしたらよいのか」**を思考し、"脳科学的に合理的"な学習ができるように本書を作成しました。

　脳の働きと、本書の構成の関係は次のとおりです。

１．脳は、映像化することで記憶しやすくなる

⇒本書では、仕訳の場面を逐一イラスト化することで、その場面の主人公になって、各取引を学べるようにしました。

２．脳は、高校生くらいから、無意味な記憶が苦手になる

⇒単発の仕訳を覚えるのではなく、例えば固定資産（備品）なら、購入→減価償却→修繕→売却といった形で、関連する取引を一連のものとして学習できるようにしました。

３．寝る前に学んだことは、寝ている間に脳が整理してくれる

⇒「寝る前に考えていた問題が、朝起きると、ひらめいて解決した」といった経験をお持ちではないでしょうか。
　これは、寝る前に考えていたことを寝ている間に脳が整理してくれることによるものです。
　"本書を見ながら寝落ちする"ことは正解です。

４．耳からの記憶が、長期記憶になりやすい

⇒１日の終わりには『夜寝る前に』のページで、その日に勉強した内容を、「仕訳から取引の内容を言う」という行動で復習し、口に出し、耳で聴くことによって脳を刺激し、寝ている間に頭の中が整理され、記憶に残るようにしました。

5．脳は、消去機能が特に優れている（だから人は忘れる）

⇒復習のタイミングは、エビングハウスの忘却曲線を考慮し、第1部から第10部で学習した内容と同じ内容で、10日後には数字だけが異なる問題を、30日後には同じ内容でも、問題文の表現や数字が異なる問題を解けるように設定しました。

これなら「仕訳を覚えなきゃ」と苦労していたあなたの脳に、確実に浸み込んでいくはずです。

さあ、仕訳を機械的に覚えることは終わりにしましょう。

本書で、脳科学的に合理的な方法で簿記を理解し、仕訳をマスターして、合格の栄冠を勝ち取りましょう！

〜全体の約3分の1が仕訳の配点となる（改訂にあたって）〜

2020年の12月からネット試験が始まり、2021年6月の検定からは統一試験（ペーパー試験）もネット試験と同様の試験となりました。

現行の出題形式では、**第1問の仕訳問題5題（配点20点）** の他に、**第4問の(1)として工業簿記の仕訳問題が3題（配点12点）** 出題されています。

実に合計で32点、全体の **約3分の1もの点数** が仕訳問題に割り振られており、試験の合否に直結する割合で出題されています。

このような状況を踏まえて、工業簿記の仕訳問題も充実させました。

また、2022年4月から導入された **「収益認識に関する会計基準」** も収載しています。

みなさんの合格、そして将来の活躍に貢献する1冊になったと自負しております。ぜひご活用ください。

本書の使い方

1日目

第1部の仕訳を学び、寝る前に「夜寝る前に」で復習をします。

2日目

①「夜寝る前に」で、昨日学んだ仕訳の内容を思い出します。

②前日に(第1部で)学んだ問題を解き、解けなかったところを、10日後に備えて復習します。

③第2部の仕訳を学び、寝る前に「夜寝る前に」で復習をします。

3日目以降

①「夜寝る前に」で、1日目から昨日までに学んだ仕訳の内容を思い出します。こうすることで、既に学んだ内容を忘れることなく、記憶に定着させていくことができます。

②前日に(第2部で)学んだ問題を解き、解けなかったところを、10日後に備えて復習します。

③次の仕訳を学び、寝る前に「夜寝る前に」で復習をします。

10日後

「夜寝る前に」で確認しつつ、「復習(10日後)」の問題を解き、解けなかったところを復習します。このとき、30日後に備えて、異なるバージョンも見ておくようにします。

30日後

"学んだ内容が異なる表現で出題される"のは本試験の状況と同じです。本試験の問題だと思って「復習(30日後)」の問題を解いてください。

目 次

2級の勘定科目 1

第1部 「現金預金」「手形取引」「電子記録債権」 13

第2部 「有価証券(株式・債券)」 35

第3部 「固定資産Ⅰ　建物・リース・ソフトウェア」 59

第4部 「固定資産Ⅱ　備品・車両運搬具」 85

第5部 「引当金」「外貨建取引」「研究開発費」
「法定福利費」「流動・固定の分類」 111

第6部 「商品売買」「収益認識」 139

第7部 「株式の発行」「剰余金の処分」「株主資本の変動」「合併」 ... 155

第8部 「税金の処理」「本支店会計」 179

第9部 「連結会計」 203

第10部 「工業簿記」 233

復習(10日後) 263

復習(30日後) 301

そもそも・・・勘定科目ってなに？

　単に『預り金』ではなく、『所得税預り金』、『社会保険料預り金』と分けていたりと、勘定科目って"誰がどうやって決めてるんだ！"って、言いたくなりますよね。

　会社には、「経理自由の原則」が認められていて、「勘定科目の設定も含めて会社ごとに自由に決めて良い」ことになっています。

　だとすると今度は"会社はどういう基準で勘定科目を決めているのか？"という疑問が湧いてきます。

　実は、勘定科目というのは、その会社にとっての情報の収集単位なのです。

　例えば『預り金』を例にとると、個人間の預り金なら、返すのを忘れても請求されるだけで特に問題は起こらないでしょうが、従業員から預かった『所得税預り金』を社会保険料として納付してしまったりすると、最悪、"会社の責任で従業員が脱税"などという話にもなりかねません。

　つまり、預り金は「誰に支払う預り金なのか」という情報が重要になります。そこで、『所得税預り金』のように支払先がわかるようにして勘定科目にしているのです。

　さて、みなさんが経理部に所属しているとして、部長さんから年に何度も「〇〇の数字はどうなってる？」と聞かれ調べて答えているとしましょう。

　そこにみなさんは、勘定科目を設定すればいいのです。

　そうすれば、いつ部長さんに聞かれても即答できるようになり、自身の優秀さを伝える機会になるのではないでしょうか。

　機会があればやってみてくださいな。

２級の勘定科目

２級の商業簿記の主要な勘定科目について、財務諸表（損益計算書・貸借対照表）の表示区分に応じた説明をしています。

2級の勘定科目

● 「資産」の勘定科目

流動資産

別 段 預 金	別段の目的のための預金であり、会社としては自由に使える預金ではない。
電子記録債権	受取手形が電子化されたようなもの。 ただし、手形と異なり部分的に裏書き（譲渡）や割引き（売却）ができる。
クレジット売掛金	売上の代金としてクレジットカードを提示されたときに計上される売掛金。カード会社に手数料を取られるため満額では計上できない。
営業外受取手形	営業目的以外の取引で受け取った手形。 受取手形とは「売掛金・未収入金」と同じ関係。
短 期 貸 付 金	1年以内に回収される予定の貸付金。 これに対する貸倒引当金繰入は営業外費用となる。
仮払法人税等	当期の法人税等の一部を期中に支払ったときに用いる。 決算まで利益が確定しないため、税金も確定せず、「仮払」となる。
未収還付法人税等	当期の法人税等が、期中に支払った仮払法人税等より少なかったときなどに、還付される法人税等。 未払法人税等の逆。
仮 払 消 費 税	商品や固定資産などを購入したときに、代金とともに相手先に支払う消費税。
未収還付消費税	「仮払消費税＞仮受消費税」となった時に還付される消費税。期中に建物を購入した場合などに起こる。 未払消費税の逆。
売買目的有価証券	値上がりして気持ちよく「バイバイ（売買）」することが目的の有価証券。 必ず時価があり、決算では時価評価する。 貸借対照表上は『有価証券』と表示される。
商　　　　品	売上原価対立法で商品売買の処理をしている場合に、商品の購入時に『仕入』（三分法）に代えて用いる。 なお、販売時には減少し、売上原価に振り替えられる。

仕 掛 品	役務収益を得るために必要な費用（給料・出張旅費など）をまとめておく科目。 役務の提供が終わると役務原価に振り替える。
貯 蔵 品	名もなきその他の資産（除却した資産など）。哀れ。
契 約 資 産	履行義務は充足（＝売上は計上）したが、相手先に請求書を出せる「顧客との契約から生じた債権（＝売掛金）」とはなっていない企業の権利を処理する。 収益認識に関する処理で用いる。

固定資産
有形固定資産

リ ー ス 資 産	所有権はリース会社にあるが、会社の設備として使うので、有形固定資産に計上する。
建 設 仮 勘 定	作りかけの建物を表す勘定。 作りかけの建物は収益に貢献しないので、減価償却の対象とならない。
構 築 物	工場の外壁などのように、土地に敷設され、居住用でないものを表す勘定。

固定資産
無形固定資産

ソフトウェア	自社利用のコンピューターを動かすためのプログラム。
ソフトウェア仮勘定	ソフトウェアの製作代金の一部を支払ったときに用いる勘定。 建設仮勘定のソフトウェアバージョン。
差 入 保 証 金	事務所などを借りるさいに、貸主に支払う保証金。 最終的には原状回復費用を差し引かれて返済される。
の れ ん	合併時などに計上される超過収益力を表す無形固定資産。 20年以内で償却される。
特 許 権	新たな発明をして得た権利。
借 地 権	土地を借り続けることができる権利。
商 標 権	商標（トレードマーク）を登録することによって得た権利。Ⓡで示される。

投資その他の資産

満期保有目的債券	満期まで保有することを目的として持つ債券。 額面金額と取得原価の差額が金利の調整と認められる場合は償却原価法が用いられる。 貸借対照表上は『投資有価証券』と表示される。
子 会 社 株 式	相手の会社を支配することを目的として保有する株式（発行済み株式の50%超を保有）。 取得原価で評価する。 貸借対照表上は『関係会社株式』と表示される。
関連会社株式	相手の会社の方針に影響を与えることを目的として保有する株式（発行済み株式の20%〜50%を保有）。 取得原価で評価する。 貸借対照表上は『関係会社株式』と表示される。
その他有価証券	相手先との関係強化や長期利殖を目的として保有する有価証券。 決算時には時価評価を行い、全部純資産直入法により処理する。 貸借対照表上は『投資有価証券』と表示される。
長期前払費用	1年を超える前払費用。 投資その他の資産の「その他の資産」に該当する。
長 期 貸 付 金	返済期限までが1年を超える貸付金。 これに対する貸倒引当金繰入は営業外費用となる。
長 期 性 預 金	決算日から1年を超えて満期になる定期預金。
不 渡 手 形	不渡りとなった手形に関する未収入金を表す勘定。 個別に高い率で貸倒引当金を設定することがある。
繰延税金資産	将来に支払うべき税金を前払いしたもの。 税効果会計で用いられる。

● 「負債」の勘定科目

流動負債

営業外支払手形	営業目的以外の取引で振り出した手形。 支払手形とは「買掛金・未払金」と同じ関係。
電子記録債務	支払手形が電子化されたようなもの。 手形と異なり、収入印紙を貼らなくて済むので経費の節約となる。
短期借入金	1年以内に返済する予定の借入金。
仮受消費税	商品などを販売したときに、代金とともに相手先から受け取る消費税。
未払法人税等	当期の決算を終えて、確定した法人税等の金額から仮払法人税等を差し引いたもの。 決算の2か月後までに納付する。
未払消費税	「仮払消費税＜仮受消費税」となった時に納付する消費税。 結局、仮受けの超過分を納付するだけなので、会社の腹は痛まない。
未払配当金	株主総会で決議された配当金は、会場に来た株主に檀上から一斉にばら撒くわけではないので、いったんこの勘定で処理しておき、後日、配当金領収証などを発行することで支払いを行う。
賞与引当金	ボーナスの支払いのための引当金。 月次決算で月割計上されることもある。
役員賞与引当金	決算にさいして社長などの役員が「今期これだけ頑張ったのだから、これだけもらおうね」と決議して計上し、株主総会に提案される。
役員預り金	預り金のうち、役員から一時的に預かった金銭を処理する勘定科目。
返金負債	収益認識に関する処理で用いられるリベート（売上割戻）の見込額を示す科目。
契約負債	収益認識に関する処理で用いられる『前受金』に相当する科目。

固定負債

修繕引当金	「今期、修繕できなかったから来期やろうね」で計上される引当金。 資本的支出（固定資産になる）では取り崩せない点に注意。
特別修繕引当金	5年に一度の船舶、8年に一度の溶鉱炉といった、年をまたいだ大修繕を行うための修繕引当金。
繰延税金負債	既に発生している収益があり、それに対して当期に課税されていないときに、税金の後払い分として計上される。 税効果会計で用いられる。
リース債務	リース資産を取得したときに計上される債務。 リース料の支払いとともに徐々に返済されていく。
預り保証金	ビルのオーナーが、入居者から預かる保証金を表す勘定。 使い込んでしまって、入居者が退去するときに返済できずにトラブルになったのを見たことがある。
退職給付引当金	従業員が退職するときに支払う「退職金」のための引当金。
長期借入金	1年を超えてから返済する借入金。

●「純資産」の勘定科目

株式申込証拠金	公募して増資するときに、申込者から払い込まれた金額を表す勘定。 払込期日が来ると、資本金や資本準備金に振り替えられる。
資 本 準 備 金	株主などからもらったもの（資本）のうち、会社法で「配当してはならない」と決められたもの。
その他資本剰余金	株主などからもらったもの（資本）のうち、配当可能なもの。
利 益 準 備 金	会社自体が稼いだもの（利益）のうち、会社法で「配当してはならない」と決められたもの。 株主への利益配当を行うさいに、資（4）本金の1/4に達するまで、配当（10）金の1/10が積み立てられる。
新 築 積 立 金	会社の本社建物等を新築することを目的に積立てておく積立金。 なお、引当金と異なり、借方の勘定は当期の費用ではなく、「繰越利益剰余金」である。
別 途 積 立 金	別途の目的のための積立金。 別途の目的は、まだ決まっていないので「目的のない積立金」となる。
繰越利益剰余金	前期から当期に繰り越してきた利益剰余金。 当期純利益がこれに含まれる。
その他有価証券評価差額金	決算にさいし、その他有価証券が時価で評価され、全部純資産直入法が採用されることにより計上される科目。 なお、この科目は純資産の1つではあるが、株主資本ではないため「評価・換算差額等」の区分に計上される。
非支配株主持分	子会社の資本のうち、親会社以外の株主のもの。 「子会社の資本×非支配株主の持分割合」で計算される。
資 本 剰 余 金	「資本準備金」と「その他資本剰余金」に分けられる。
利 益 剰 余 金	「利益準備金」「任意積立金」「繰越利益剰余金」の3つに分けられる。

●「収益」「費用」の勘定科目

売上高

役 務 収 益	サービス業における売上高。

売上原価の内訳項目

売 上 原 価	売上原価対立法で商品売買の処理をしている場合に、商品の販売時に商品勘定から振り替えることで日々の売上原価の金額が把握できるようになる。
役 務 原 価	サービス業を営む会社の売上原価。
棚 卸 減 耗 損	商品の棚卸をした結果、数量が減少していたときに、減少分にその商品の原価を掛けて計算する。 損益計算書上の表示区分が「売上原価の内訳項目」もしくは「販売費及び一般管理費」と、2か所に可能性があるので問題文の指示に従う。
商 品 評 価 損	商品の時価が下落したときに「@時価の下落金額×実地棚卸数量」で計算する。 "ないもの（棚卸減耗分）は評価しない。"と認識しておきましょう。

販売費及び一般管理費

給　　　　　料	従業員に支払う人件費。
賞　　　　　与	従業員に支払うボーナス。
役　員　賞　与	役員に支払うボーナス。
退職給付費用	退職給付引当金を計上するさいの相手勘定。 「退職給付引当金」だけは、基本的に「退職給付引当金繰入」としない点に注意。
○○引当金繰入	引当金（修繕引当金・賞与引当金など）を計上する際の相手勘定。 ただし、「退職給付引当金」は除く。
研　究　開　発　費	研究開発目的以外に転用ができない固定資産の取得原価、さらには研究開発担当の従業員の給料に至るまで、研究開発に関わるすべての支出を処理する勘定。複合費。
の れ ん 償 却	のれんが、当期に費用化したもの。
ソフトウェア償却	ソフトウェアが、当期に費用化したもの。
特　許　権　償　却	特許権が、当期に費用化したもの。
支払リース料	オペレーティング・リース取引におけるリース料の支払額を表す勘定。 ファイナンス・リースではこの科目は用いられない。

営業外収益

有価証券利息	社債、国債などの利付債券を保有することで受け取ることができる利息を表す。利付債券の取得時に収益なのに借方で始まるので要注意なヤツ。
有価証券売却益	売買目的有価証券を、帳簿価額を超える金額で売却したさいに計上される。
有価証券評価益	決算にさいし、売買目的有価証券は時価評価される。このとき、時価が上昇していると有価証券評価益勘定が計上される。
○○引当金戻入	決算となり、引当金（修繕引当金など）を見積もったところ、見積額よりも残高の方が大きかった場合に戻し入れる。

営業外費用

創　立　費	会社を設立するためにかかった費用。設立時に発行する株式の発行費用などが含まれる。
株式交付費	増資にかかる株式の発行費用。
開　業　費	会社の設立後、開業までにかかる費用。設立と同時に開業できるとは限らない。
開　発　費	新市場の開発などにかかる費用。
手形売却損	手形を割り引いたときに差し引かれる、額面金額と受取額の差額。利息的な性格。
電子記録債権売却損	電子記録債権を金融機関で割引いたときに計上される。手形売却損と同様に利息に相当すると考えられている。
有価証券売却損	売買目的有価証券を、帳簿価額未満で売却したさいに計上される。
有価証券評価損	決算にさいし、売買目的有価証券は時価評価される。このとき、時価が下落していると有価証券評価損勘定が計上される。

特別利益

保険差益	災害により失った資産の帳簿価額よりも多くの保険金を受け取ったときに計上される特別利益。
負ののれん発生益	「わしはもう限界じゃ。でもお客さんも従業員もいる。純資産より少ない金額でいいからうちの会社を引き継いでくれ！」と頼まれて、合併や買収を行ったときに計上される特別利益。
投資有価証券売却益	その他有価証券を、帳簿価額を超える金額で売却したさいに計上される。
国庫補助金受贈益	電気自動車を購入したときのように、国や地方から補助金をもらったさいに計上する特別利益。 しかし、このまま決算を迎えると、課税対象となってしまうことから、圧縮記帳を行い課税を繰り延べることがある。
工事負担金受贈益	利用者が工事代金の一部を負担してくれたときに計上する特別利益。 国庫補助金と同様に圧縮記帳を行うことができる。

特別損失

固定資産除却損	固定資産を除却した時点での帳簿価額と売却見込額との差額。 なお、除却にかかった費用は、固定資産除却損に含めて処理する。
固定資産圧縮損	国庫補助金などにより、取得した固定資産の取得原価を圧縮記帳するさいに計上される特別損失の科目。 これを計上することにより、課税上、国庫補助金受贈益（特別利益）と相殺され課税を繰り延べることができる。
火災損失	火災によって失った資産の帳簿価額。 ちなみに火災によって失うのは資産だけ。 負債が燃えてなくなったらいいのにな～。
投資有価証券売却損	その他有価証券を、帳簿価額未満で売却したさいに計上される。

法人税、住民税及び事業税

法人税、住民税及び事業税	利益にかかるメインの税金。これらには中間納付制度が採用されているので、期中に仮払法人税等が計上される。

●「その他」の勘定科目

未 決 算	漢文的に読むと「未ダ決算セズ」。 つまり、火災などの災害により未だ損失の金額が確定していない場合に用いる一時的な勘定。
為替差損益	外貨建ての取引を日本円に換算したときに計上される差額を表わす勘定。為替差益と為替差損は「換算」という1つの行為から生まれた損益であるため、損益計算書上は発生額を相殺して、営業外収益または営業外費用のどちらかに表示される。
有価証券評価損益	売買目的有価証券を時価評価したときに計上される。 「時価評価」という1つの行為から生まれた損益なので、発生額を相殺して、営業外収益または営業外費用のどちらかの区分に表示される。
保証債務見返	保証人となったときに、備忘記録として計上する対照勘定の借方項目。 保証債務の相手勘定。
保 証 債 務	保証人となったときに、備忘記録として計上する対照勘定の貸方項目。 「債務は負債のようなものなので貸方から始まる」と覚えておくとよい。
法人税等調整額	法人税等の増減を調整する勘定。 税効果会計を用いるさいに計上される。
支 店	支店に帳簿を設置したときに、本店の帳簿に設けられる、支店との取引の窓口になる勘定。 本店にとって、資産（投資）に相当する勘定と考えればよく、支店が儲けてくれれば増加する。
本 店	支店の帳簿に設けられる、本店との取引の窓口になる勘定。 支店にとって、負債または資本に相当する勘定と考えればよい。
非支配株主に帰属する当期純利益	子会社が計上した純利益のうち、非支配株主に帰属するもの。 子会社の純利益の振替えでは次のように計算される。 「子会社の純利益の額×非支配株主持分割合」
非支配株主に帰属する当期純損失	子会社が計上した純損失のうち、非支配株主に帰属するもの。 子会社の純損失の振替えでは次のように計算される。 「子会社の純損失の額×非支配株主持分割合」

第1部

現金預金
手形取引
電子記録債権

1. 現金預金

間違ってた！

渡してなかった！

処理してなかった！

1 小切手を振り出して備品¥1,800を購入したさい、誤って借方、貸方ともに¥1,300と記入していたことが決算日に判明した。

(借)備　　　品　　　500　　(貸)当 座 預 金　　　500

2 決算日において、すでに掛代金の支払いとして処理されていた小切手¥2,000が未渡しであることが判明した。

(借)当 座 預 金　　2,000　　(貸)買 　掛　 金　　2,000

 IF 備品の購入代金のために振り出した小切手だったら

(借)当 座 預 金　　2,000　　(貸)未 　払　 金　　2,000

3 得意先から売掛金の回収として、当座預金口座に¥1,000が振り込まれていたが、決算日現在、未記帳であった。

(借)当 座 預 金　　1,000　　(貸)売 　掛　 金　　1,000

引き落とされてない？ ④

時間外だった！ ⑤

入金されてない？ ⑥

④ 仕入先に対して買掛金の支払いとして小切手¥1,500を振り出して渡したが、決算日現在、仕入先は小切手を銀行にまだ呈示していなかった。

　　　仕 訳 な し

⑤ 決算日に売上代金¥1,300を銀行の夜間金庫（当座預金）に預け入れたが、銀行では営業時間を過ぎていたため、当日の入金としては処理していなかった。

　　　仕 訳 な し

⑥ 銀行に預け入れていた小切手のうち、¥1,000の取立てが行われていないことが決算日に判明した。

　　　仕 訳 な し

問題 1 　当座預金の修正（未渡小切手①）　／　／　／

　決算日において、すでに掛代金の支払いとして処理されていた小切手￥2,000 が未渡しであることが判明した。

借 方 科 目	金 額	貸 方 科 目	金 額
当 座 預 金	2,000	買 掛 金	2,000

▶ポイント

・過去の仕訳

　(借) 買 掛 金　　2,000　(貸) 当座預金　　2,000

　小切手は相手に渡して、はじめて有効なものです。しかし、小切手を振り出した(作成した)時点で上記の処理を行っているので、これを取り消す処理が必要になります。

 広告宣伝費の支払いのために振り出した小切手なら

・過去の仕訳

　(借) 広告宣伝費　　2,000　(貸) 当 座 預 金　　2,000

・修正仕訳

　(借) 当 座 預 金　　2,000　(貸) 未 払 金　　2,000

　事実として発生した広告宣伝費の未払いとなります。なお、固定資産などの購入に際して振り出した小切手が未渡しの場合でも、事実として固定資産の購入代金の未払いとなるので『未払金』を計上することになります。

問題 2 当座預金の修正（未渡小切手②） / / /

当社の当座預金勘定の残高と銀行からの残高証明書の残高の照合をしたところ、備品購入に伴い生じた未払金の支払いのために振り出した小切手¥2,000 が金庫に保管されており、未渡しの状況であることが判明した。銀行勘定調整表を作成するとともに、当社側の残高調整のための処理を行った。

借 方 科 目	金 額	貸 方 科 目	金 額
当 座 預 金	2,000	未 払 金	2,000

▶ ポイント

・「振り出した小切手¥2,000 が金庫に保管」とあることから、未渡小切手であると判断します。

・「備品購入に伴い生じた未払金の支払い」とあることから、貸方は『未払金』となります。

コラム 小切手って、ほんとうに便利？

支払いに小切手を用いるのは、次の2つのリスクを避けるためです。
・支払日の前日から会社の金庫に現金を保管しておくリスク
・支払った後に、相手が現金を紛失するリスク

確かに小切手を用いれば、前日に現金を用意しておく必要がありませんし、さらに小切手の決済を銀行口座間でしか行えない「線引小切手」にしておけば、たとえ小切手が盗難されたとしても換金されることは避けることができるでしょう。

しかし、銀行間の振込でも上記のリスクは避けられますし、小切手を受け取りに行く手間も省くことができます。そのため、小切手は徐々に使われなくなってきています。

2.手形取引

 手形で仕入れた
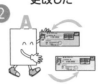 更改した
 引き落とされた

① 商品¥4,000 を仕入れ、代金は約束手形を振り出して支払った。

(借)仕　　　　入　　　4,000　　(貸)支 払 手 形　　　4,000

② 手形の更改を申し入れ、旧手形と交換して、新手形を振り出した。
期日延長にともなう利息¥120 は現金で支払った。

(借)支 払 手 形*1　　4,000　　(貸)支 払 手 形*1　　4,000
　　支 払 利 息　　　　120　　　　現　　　　金　　　　120

＊1　仕訳の「借方の支払手形」は旧手形、「貸方の支払手形」は新手形なので、相殺しないように注意しましょう。

 　利息¥120を新手形の金額に含めるなら

「旧手形の金額」に「利息の金額」を加えた額を、新手形の金額（¥4,120）として処理します。

(借)支 払 手 形　　　4,000　　(貸)支 払 手 形　　　4,120
　　支 払 利 息　　　　120

③ 約束手形¥4,000（新手形）の支払期日が到来し、当座預金口座より引き落とされた。

(借)支 払 手 形　　　4,000　　(貸)当 座 預 金　　　4,000

手形で売った

 更改した

 振り込まれた

① 商品¥4,000 を売り上げ、代金は約束手形を受け取った。

(借)受 取 手 形	4,000	(貸)売　　　　上	4,000

② 手形の更改の申し出があり、新たな約束手形¥4,000 を受け取り、延長3か月分の利息¥120 は現金で受け取った。

(借)受 取 手 形*2	4,000	(貸)受 取 手 形*2	4,000
現　　　金	120	受 取 利 息	120

*2　仕訳の「借方の受取手形」は新手形、「貸方の受取手形」は旧手形なので、相殺しないように注意しましょう。

利息¥120 を新手形の金額に含めるなら

「旧手形の金額」に「利息の金額」を加えた額を、新手形の金額（¥4,120）として処理します。

(借)受 取 手 形	4,120	(貸)受 取 手 形	4,000
		受 取 利 息	120

③ 約束手形¥4,000（新手形）の支払期日が到来し、当座預金口座に振り込まれた。

(借)当 座 預 金	4,000	(貸)受 取 手 形	4,000

手形の更改（申し入れた） / / /

　かねて振り出していた約束手形¥4,000について、得意先の倒産により支払期日までに資金を用立てることが難しくなったため、手形の所持人である群馬商店に対して手形の更改を申し入れ、同店の了承を得て、旧手形と交換して、新手形を振り出した。なお、支払期日延長にともなう利息¥120は現金で支払った。

借 方 科 目	金　　額	貸 方 科 目	金　　額
支 払 手 形	4,000	支 払 手 形	4,000
支 払 利 息	120	現　　　　金	120

▶ポイント

・過去の仕訳

　（借）　買掛金等　　4,000　（貸）　支払手形　　4,000

・手形の支払期日を延長することになるので、延長した期間に対する利息を支払うことになります。

・仕訳の「借方の支払手形」は旧手形、「貸方の支払手形」は新手形なので、**相殺しない**ように注意しましょう。

コラム　手形の更改

　手形の更改を求められた会社も厳しい判断を迫られます。更改を受け入れても、回収できるかどうかはわかりませんし、更改を拒否して不渡手形とすると、取引先を倒産に追いやる可能性があります。取引先が倒産した場合、回収できる金額は、通常、債権額の5%程度と言われていますし、さらに取引先の倒産は、販売ルートの減少を意味しますので、会社としても難しい判断になります。

　簿記では「利息を含めるか否か」といった、至ってのどかな話になりますが、実際には「少しでも回収できるものは回収して、そのあとをどうするのか」という厳しい話です。

問題4　手形の更改（申し出を受けた）

／／／

　　　決算の1か月前に満期の到来した約束手形
¥4,000について、満期日の直前に手形の更改（満
期日を3か月延長）の申し出があり、延長3か月
分の利息¥120を含めた新たな約束手形を受け
取っていたが、未処理であることが決算時に判明
した。なお、あわせて利息に関する決算整理仕訳
も行った。

借方科目	金額	貸方科目	金額
受　取　手　形	4,120	受　取　手　形	4,000
		受　取　利　息	120
受　取　利　息	80	前　受　利　息	80

受取手形（借方）：¥4,000＋¥120＝¥4,120

前受利息：$¥120 × \dfrac{2\text{か月}}{3\text{か月}} = ¥80$

➤ ポイント

・未処理であった手形の更改時の処理を行った後、決算整理仕訳として、
受取利息の前受分を月割で計上します。

・満期日が決算の1か月前であり、そこから満期日を3か月延長してい
るので、当期にかかる利息は1か月分、翌期にかかる利息は2か月分
となります。

・3か月分の利息を計上しているので、**2か月分の利息を前受計上する**
必要があります。

・仕訳の「借方の受取手形」は新手形、「貸方の受取手形」は旧手形なので、
相殺しないように注意しましょう。

手形受け取った

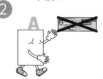

不渡り〜

1 得意先より売掛金の回収として、約束手形¥11,000を裏書譲渡された。

(借)受 取 手 形　　11,000　　(貸)売 掛 金　　11,000

2 得意先より裏書譲渡されていた約束手形¥11,000が不渡りとなったので、得意先に対して手形代金の償還請求を行った。償還請求にともなう費用¥400は現金で支払った。

(借)不 渡 手 形　　11,400　　(貸)受 取 手 形　　11,000
　　　　　　　　　　　　　　　　　　 現 金　　　　 400

手形受け取った（営業外）

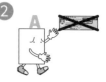

不渡り〜

1 当期首に不用になった備品¥10,000を取引先埼玉商店に売却し、代金として同店振出しの約束手形¥8,000を受け取った（直接法）。

(借)営業外受取手形*³　　8,000　　(貸)備 品　　10,000
　　 固定資産売却損　　　2,000

*3　営業外取引における手形の受取りは、『営業外受取手形』で処理します。
　　なお、営業外受取手形に貸倒引当金を設定したときの貸倒引当金繰入は、
　　営業外費用となります。

2 備品を売却した際に約束手形¥8,000を受け取っていたが、支払期日を迎えたにもかかわらず、この手形が決済されていなかった。

(借)不 渡 手 形　　8,000　　(貸)営業外受取手形　　8,000

手形受け取った	割り引きした	不渡り〜

1 東京商店から売掛金の決済のために約束手形￥18,000 を受け取った。

(借)受 取 手 形　　18,000　　(貸)売　掛　金　　18,000

2 東京商店から受けとった約束手形￥18,000 をNS銀行で割引きに付し、割引料￥500 を差し引かれた残額￥17,500 が当座預金口座に振り込まれた。

(借)当 座 預 金　　17,500　　(貸)受 取 手 形　　18,000
　　手 形 売 却 損　　 500

3 NS銀行で割引きに付していた、約束手形￥18,000 が満期日に支払拒絶されたため、同銀行より償還請求を受け、小切手を振り出して決済した。満期日後の延滞利息￥50 は現金で支払い、手形金額とともに東京商店に対して支払請求した。

(借)不 渡 手 形　　18,050　　(貸)当 座 預 金　　18,000
　　　　　　　　　　　　　　　　　　現　　　金　　　　50

Check! 不渡手形

『不渡手形』は、「手形の不渡りに伴う未収入金」を表す勘定科目で、貸借対照表上、決算日の翌日から1年以内に回収できる見込みのあるものは流動資産の区分に、1年を超えるものは固定資産の投資その他の資産の区分に表示されます。

① 譲渡した

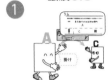

② 不渡り〜

① 神奈川商会に対する買掛金の支払いのため、約束手形¥10,000 を裏書譲渡した。

(借)買　掛　金　　10,000　　(貸)受　取　手　形　　10,000

② 神奈川商会に裏書譲渡した約束手形¥10,000 が不渡りとなり、同商会から手形金額とともに、償還請求にかかわる費用¥180 と満期日以降の利息¥30 の請求を受け、小切手¥10,210 を振り出して支払った。

(借)不　渡　手　形　　10,210　　(貸)当　座　預　金　　10,210

Check!
半年の間に

半年の間に不渡手形を2回出すと銀行との取引が停止され、実質的に倒産することになります。この場面は、会社の存続に関わるとても大変な場面なのです。

請求した	個別に引き当てた	ちょっと回収

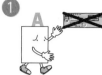

1 得意先より受け取った約束手形￥10,000が不渡りとなったので、手形代金の償還請求を行った。償還請求費用￥360は現金で支払った。

(借)不 渡 手 形　　10,360　　(貸)受 取 手 形　　10,000
　　　　　　　　　　　　　　　現　　　　金　　　　360

2 不渡手形￥10,360に対して、貸倒れの危険性を個別に見積もり、50%の貸倒引当金を計上した。

(借)貸倒引当金繰入　　5,180　　(貸)貸 倒 引 当 金　　5,180

3 前期に償還請求していた不渡手形￥10,360のうち、￥360を現金で回収したが、残額￥10,000は回収の見込みがなく、貸倒れの処理をした。貸倒引当金は￥5,180設定されている。

(借)現　　　　金　　　360　　(貸)不 渡 手 形　　10,360
　　貸倒引当金　　5,180
　　貸 倒 損 失　　4,820*4

＊4　￥10,000 − ￥5,180 = ￥4,820

かねて得意先より裏書譲渡されていた約束手形
¥10,000 が不渡りとなったので、得意先に対し
て手形代金の償還請求を行った。なお、償還請求
にともなう費用¥170 は現金で支払った。

借 方 科 目	金　額	貸 方 科 目	金　額
不 渡 手 形	10,170	受 取 手 形	10,000
		現　　　　金	170

不渡手形：¥10,000＋¥170＝¥10,170

▶ポイント

・過去の仕訳

　（借）　受取手形　　　10,000　（貸）　売掛金等　　　10,000

・「約束手形の金額」と「償還請求にともなう費用」の合計額を『不渡手形』
　で処理します。

Check!
裏書譲渡

　手形は振出人が倒産などにより支払いを拒絶しても、当社よりも前に
裏書人がいれば、裏書人はその手形の支払いを保証したことになるので、
当社は、裏書人に手形代金の支払いを請求することができます（このとき
に償還請求費用や利息も併せて請求できます）。

問題 6 手形の不渡り② ／／／

不用になった備品を取引先埼玉商店に売却した際、代金として同店振出しの約束手形¥8,000 を受け取っていたが、支払期日を迎えたにもかかわらず、この手形が決済されていなかった。

借方科目	金　額	貸方科目	金　額
不 渡 手 形	8,000	営業外受取手形	8,000

➤ポイント

・ 支払期日に手形が決済されていなければ、不渡手形となります。

・ 営業外取引で受け取った手形なので、売却時に『営業外受取手形』として処理しています。

・ 仕訳上『営業外受取手形』として処理しているだけで、通常の手形と変わりません。そのため、不渡りとなった場合、『不渡手形』として処理します。

コラム 手形トリビア 1

"空手形を切る" というと、「守るつもりもない約束をする」という意味で使われますね。このように、手形は日本の社会になじんでいるようで、手形そのものにもいろいろなアダ名（？）がつけられています。ここで少し紹介しておきましょう。

せんべい手形
➡ 「せんべいはどこでも割れる」ということから、振出人などに、絶対的な信用があり、倒産するなどと考えられないため、「どこの金融機関でも割り引いてもらえる（信用度の高い）手形」という意味。

鉄板手形
➡ 「鉄板は割りようがない」ということから、振出人に信用がなく、「どこの金融機関でも割り引いてもらえない手形」という意味。

　　かねて得意先東京商店から売掛金の決済のために受け取り、すでにＮＳ銀行で割引きに付していた、同店振出し、当店宛の約束手形￥18,000 が満期日に支払拒絶されたため、同銀行より償還請求を受け、小切手を振り出して決済した。また、満期日後の延滞利息￥30 は現金で支払い、手形金額とともに東京商店に対して支払請求した。

借　方　科　目	金　　額	貸　方　科　目	金　　額
不　渡　手　形	18,030	当　座　預　金	18,000
		現　　　　　金	30

不渡手形：￥18,000＋￥30＝￥18,030

▶ ポイント

・過去の仕訳（金額等は仮に設定しています）

　手形受取時
　(借)受 取 手 形　　18,000　(貸)売　掛　金　　18,000

　手形割引時
　(借)当 座 預 金 等　　17,500　(貸)受 取 手 形　　18,000
　　手 形 売 却 損　　　　500

・「約束手形の金額」と「満期日後の延滞利息」の合計額を『不渡手形』で処理します。

問題8 手形の不渡り④ / / /

神奈川商会に対する買掛金の支払いのため、同商会に1か月前に裏書譲渡した、静岡商事振出し、当店宛の約束手形¥10,000が不渡りとなり、同商会から手形金額とともに、償還請求にかかわる費用¥170と満期日以降の利息¥30の請求を受け、小切手を振り出して支払った。

借 方 科 目	金 額	貸 方 科 目	金 額
不 渡 手 形	10,200	当 座 預 金	10,200

不渡手形：¥10,000＋¥170＋¥30＝¥10,200

▶ポイント

・過去の仕訳

(借)買 掛 金　10,000　(貸)受 取 手 形　10,000

・「約束手形の金額」、「償還請求にかかわる費用」および「満期日以降の利息」の合計額を『不渡手形』で処理します。

コラム 手形トリビア2

台風手形
➡「台風は210日」ということから、満期日までの期間が長い手形。さらに長いものを「お産手形」(十月十日)といいます。ちなみに現在、わが国では手形の満期までの期間は長くても90日程度といわれています。

飛行機手形
➡「飛行機は滅多に落ちない」ということから、「滅多に決済(支払い)してもらえない手形」という意味。最悪…。

得意先山梨商店に対して前期に償還請求していた不渡手形の額面￥10,000と償還請求費用と利息の合計￥200のうち、￥3,000を現金で回収したが、残額は回収の見込みがなく、貸倒れの処理をした。なお、この手形に対する貸倒引当金が￥5,100設定されている。

借 方 科 目	金 額	貸 方 科 目	金 額
現　　　　　金	3,000	不 渡 手 形	10,200
貸 倒 引 当 金	5,100		
貸 倒 損 失	2,100		

不渡手形：￥10,000＋￥200＝￥10,200
貸倒損失：￥10,200－￥3,000－￥5,100＝￥2,100

▶ ポイント

・償還請求したときに、「不渡手形の額面」と「償還請求費用と利息」の合計額を『不渡手形』として処理しています。

・貸倒引当金を計上している場合、先に『貸倒引当金』を取り崩し、貸倒引当金の残高を超えた分は、『貸倒損失』として処理します。

Check!
不渡手形のその後

　振出人から直接受け取った手形が不渡りになり、先方が倒産してしまうと、その後2年ぐらいを掛けて先方の残余財産の分配が行われます。
　したがって、この間に決算となるので、会社は通常の債権よりも高い繰入率で貸倒引当金を設定することになります。
　そして、回収できない金額が判明したときに、このような処理を行います。

前期に不渡手形の全額を『貸倒損失』として処理し、当期に¥3,000を現金で回収したら

回収額¥3,000を『償却債権取立益』（営業外収益）として処理します。

・損失処理時（前期）

（借）貸 倒 損 失	10,200	（貸）不 渡 手 形	10,200

・回収時（当期）

（借）現　　　金	3,000	（貸）償却債権取立益	3,000

コラム　手形がなくなる!?

2026年に商業上の手形がなくなると言われています。

元々、先進国の中で手形を用いているのは日本だけ、という状況でしたから「やっと世界に追いつく」という状況でしょうか。

ただ、業界によっては手形の活用が根強く残っているところもあり「ほんとうになくなってしまうのか」は微妙な状況のようです。

手形を発行している銀行としては、流通にコストのかかる手形をなくして、電子記録債権にシフトさせていきたいのが本音で、銀行によっては従来50枚つづりで2,000円くらいで売っていた約束手形（の用紙）を30,000円に値上げしたところもあり、徐々に使わなくなるように仕向けていっています。

ただ、手形法がすぐに廃止されるわけではないでしょうし、手形貸付などの個人間での取引に使われていること、さらに様式さえ整えれば個人でも手形が作成できることを思うと、すぐに世の中から消えてなくなるということはないのではないかと思われます。

しかし、主に商業流通を前提として作成される簿記検定試験の出題からは、近い将来外されることになるのではないかと思っています。

3. 電子記録債権

売却した

譲渡した

電子記録債権の売却　〜手形の割引のイメージ〜

① A社は、電子記録債権¥300を取引先に¥295で売却し、代金は
当座預金とした。

| (借)当 座 預 金 | 295 | (貸)電子記録債権 | 300 |
| 電子記録債権売却損 | 5 | | |

・仮に手形の割引であった場合には、以下の仕訳となります。

| (借)当 座 預 金 | 295 | (貸)受 取 手 形 | 300 |
| 手 形 売 却 損 | 5 | | |

電子記録債権の譲渡　〜手形の裏書のイメージ〜

② A社は、電子記録債権の残額¥200を仕入先に譲渡し、買掛金と
相殺した。

| (借)買 　 掛 　 金 | 200 | (貸)電子記録債権 | 200 |

・仮に手形の裏書譲渡であった場合には、以下の仕訳となります。

| (借)買 　 掛 　 金 | 200 | (貸)受 取 手 形 | 200 |

問題 10　電子記録債権の売却（割引き）　／／／

A社は、電子記録債権 ¥300 を取引銀行に ¥295 で売却し、代金は当座預金とした。

借 方 科 目	金　額	貸 方 科 目	金　額
当 座 預 金	295	電子記録債権	300
電子記録債権売却損	5		

▶ポイント

・ 銀行などの金融機関などに電子記録債権を売却することがあります。金融機関などは、売却日から満期日までの期間の利息として割引料を控除した金額で買い取ってくれます。この割引料を『電子記録債権売却損』で処理します。

問題 11　電子記録債権の譲渡　／／／

A社は、電子記録債権 ¥200 を仕入先に譲渡し、買掛金と相殺した。

借 方 科 目	金　額	貸 方 科 目	金　額
買 　 掛 　 金	200	電 子 記 録 債 権	200

▶ポイント

・ 譲渡人が電子債権記録機関に「譲渡記録」の請求を行い、同機関が記録を行うことで、電子記録債権を譲渡できます。

以下の取引の内容を言ってみましょう。

また、第1部を学習した翌日に、もう一度復習しておきましょう。

問題1

| 当 座 預 金 | 2,000 | 買 掛 金 | 2,000 |

問題2

| 当 座 預 金 | 2,000 | 未 払 金 | 2,000 |

問題3

| 支 払 手 形 | 4,000 | 支 払 手 形 | 4,000 |
| 支 払 利 息 | 120 | 現 金 | 120 |

問題4

受 取 手 形	4,120	受 取 手 形	4,000
		受 取 利 息	120
受 取 利 息	80	前 受 利 息	80

問題5

| 不 渡 手 形 | 10,710 | 受 取 手 形 | 10,000 |
| | | 現 金 | 170 |

問題6

| 不 渡 手 形 | 8,000 | 営業外受取手形 | 8,000 |

問題7

| 不 渡 手 形 | 18,030 | 当 座 預 金 | 18,000 |
| | | 現 金 | 30 |

問題8

| 不 渡 手 形 | 10,200 | 当 座 預 金 | 10,200 |

問題9

現 金	3,000	不 渡 手 形	10,200
貸 倒 引 当 金	5,100		
貸 倒 損 失	2,100		

問題10

| 当 座 預 金 | 295 | 電 子 記 録 債 権 | 300 |
| 電子記録債権売却損 | 5 | | |

問題11

| 買 掛 金 | 200 | 電 子 記 録 債 権 | 200 |

第2部

有価証券（株式・債券）

1.有価証券(1)売買目的有価証券

買った	また買った	またまた買った
①	②	③

① 売買目的の有価証券として、N 社株式 15 株を 1 株￥600 で購入し、代金￥9,000 は次月末に支払うことにした。

(借)売買目的有価証券*¹　　9,000　　(貸)未　払　金　　9,000

* 1 　『売買目的有価証券』には、必ず時価があります。時価がない有価証券は売買に適さないからです。なお、『売買目的有価証券』は、貸借対照表上、『有価証券』として流動資産の区分に表示されます。

② 売買目的の有価証券として、N 社株式 20 株を 1 株￥635 で購入し、代金￥12,700 は次月末に支払うことにした。移動平均法による記帳を行っている。

(借)売買目的有価証券*²　　12,700　　(貸)未　払　金　　12,700

* 2 　平均単価：$\dfrac{@￥600 \times 15株 + @￥635 \times 20株}{15株 + 20株} = @￥620$

③ 売買目的の有価証券として、N 社株式 25 株を 1 株￥680 で購入し、代金￥17,000 は次月末に支払うことにした。移動平均法による記帳を行っている。

(借)売買目的有価証券*³　　17,000　　(貸)未　払　金　　17,000

* 3 　平均単価：$\dfrac{@￥620 \times 35株 + @￥680 \times 25株}{35株 + 25株} = @￥645$

売った

決算になった

④ 売買目的で保有している N 社株式 60 株のうち 40 株を 1 株 ¥750 で売却し、代金 ¥30,000 は次月末に受け取ることにした。移動平均法による記帳を行っており、平均単価は @¥645 である。

(借)未 収 入 金	30,000	(貸)売買目的有価証券	25,800 *4
		有価証券売却益 *5	4,200

* 4 @¥645×40株=¥25,800
* 5 売却価額（¥30,000）と帳簿価額（¥25,800）との差額（¥4,200）が売却損益（ここでは売却益）となります。

 売却手数料が¥300発生していたら（手数料別建て）

(借)未 収 入 金	29,700	(貸)売買目的有価証券	25,800
支 払 手 数 料 *6	300	有価証券売却益	4,200

* 6 手数料を『支払手数料』で処理します。

 売却手数料が¥300発生していたら（売却損益と相殺）

(借)未 収 入 金	29,700	(貸)売買目的有価証券	25,800
		有価証券売却益 *7	3,900

* 7 手数料を『有価証券売却損（益）』に加減します。

⑤ 決算にあたり、売買目的で保有している N 社株式（@¥645、20 株）を時価法によって評価する。決算日の時価は @¥700 である。

(借)売買目的有価証券	1,100	(貸)有価証券評価益 *8	1,100

* 8 決算にあたり、時価で評価し、帳簿価額との差額を『有価証券評価損（益）』で処理します。　¥14,000（時価）－¥12,900（帳簿価額）=¥1,100（益）

翌期になった

売った

⑥ 翌期首を迎えた。

切放法の場合

　　仕　訳　な　し*9

*9　切放法の場合、前期末の時価(@¥700)を引き継ぐことになるので、「仕訳なし」となります。

洗替法の場合

(借)有価証券評価益*10　　1,100　　(貸)売買目的有価証券　　1,100

*10　洗替法の場合、取得原価(@¥645)に戻します。

⑦ 売買目的で保有している株式20株（取得原価@¥645、前期末の時価@¥700）を1株¥680で売却し、代金¥13,600は次月末に受け取ることにした。

切放法の場合

(借)未　収　入　金　　13,600　　(貸)売買目的有価証券　　14,000*11
　　有価証券売却損　　　 400*12

*11　切放法の場合、帳簿価額は前期末時価の¥14,000（＝@¥700×20株）となります。
*12　¥13,600（売却価額）－¥14,000（帳簿価額）＝△¥400（損）

洗替法の場合

(借)未　収　入　金　　13,600　　(貸)売買目的有価証券　　12,900*13
　　　　　　　　　　　　　　　　　　有価証券売却益　　　 700*14

*13　洗替法の場合、帳簿価額は取得原価の¥12,900（＝@¥645×20株)に戻っています。
*14　¥13,600（売却価額）－¥12,900（帳簿価額）＝¥700（益）

問題1　売買目的有価証券(株式)の購入

／／／

売買目的の有価証券として、大阪商事株式会社の株式15株を1株¥590で購入し、代金は証券会社への手数料¥150を含めて次月末に支払うことにした。

借方科目	金額	貸方科目	金額
売買目的有価証券	9,000	未　払　金	9,000

売買目的有価証券:@¥590 × 15株 + ¥150 = ¥9,000
この結果、この有価証券は1株あたり¥600となります。

▶ポイント

・商品や固定資産と同様に、付随費用は取得原価に含めて処理します。
・保有目的により、有価証券の勘定科目は異なります。売買目的なので、『売買目的有価証券』として処理します。
・代金は、次月末の支払いであり、営業外取引の未払いとなるので、『未払金』で処理します。

コラム　なぜ、移動平均法を用いるのか?

1. 先入先出法を用いない理由

食品などと異なり、有価証券の場合、1株は1株で先に買ったものも、後から買ったものも同じ株式です。
そのため、先入先出法を用いる理由はありません。

2. 総平均法を用いない理由

総平均法では、当期中の最後の取得が終わるまで、当期の平均単価を求めることができません。つまり、期中に売却した時点では、売却した有価証券の単価は決まっていないのです。
これでは期中売却の仕訳ができません。
そのため、総平均法を用いるのは非常に難しいのです。

これらの理由から、有価証券の単価の計算には、通常、移動平均法を用いることになると考えられます。

問題2　売買目的有価証券（株式）の売却

売買目的で保有している大阪商事株式会社の株式60株のうち40株を1株¥750で売却し、代金は次月末に受け取ることにした。なお、大阪商事株式会社株式はこれまで@¥600で15株、@¥635で20株、@¥680で25株を順次購入しており、移動平均法による記帳を行っている。

借 方 科 目	金 額	貸 方 科 目	金 額
未 収 入 金	30,000	売買目的有価証券	25,800
		有価証券売却益	4,200

売 却 価 額：@¥750×40株＝¥30,000

帳 簿 価 額：@¥645×40株＝¥25,800

第2回目購入時の単価：$\dfrac{@¥600×15株＋@¥635×20株}{15株＋20株}=@¥620$

第3回目購入時の単価：$\dfrac{@¥620×35株＋@¥680×25株}{35株＋25株}=@¥645$

有価証券売却益：¥30,000（売却価額）－¥25,800（帳簿価額）＝¥4,200（益）

▶ポイント

・60株のうち、40株を売却していることに注意しましょう。

・移動平均法による記帳を行っているので、購入の都度、平均単価を算定する必要があります。

・代金は、次月末の受取りであり、営業外取引の未収となるので、『未収入金』で処理します。

問題3 売買目的有価証券（決算時） / / /

売買目的の有価証券として、大阪商事株式会社の株式20株（1株¥645）を保有しているが、決算日を迎えたため期末時価（1株¥700）で評価替えを行う。

借方科目	金　額	貸方科目	金　額
売買目的有価証券	1,100	有価証券評価益	1,100

有価証券評価益：（@¥700 − @¥645）× 20株 = ¥1,100

➤ ポイント

・売買目的有価証券は、決算時に**時価(期末時価)**に評価替えします。

・帳簿価額と期末時価との差額は、当期の運用の結果として、損益計算に反映させます。

・期末時価の方が帳簿価額より高くなっていれば『有価証券評価益』が計上され、期末時価の方が帳簿価額より低くなっていれば『有価証券評価損』が計上されることになります。

・仮に期末時価が1株¥600となっている場合には、以下の仕訳となります。

(借) 有価証券評価損 　　900* (貸) 売買目的有価証券 　　900

＊　有価証券評価損：（@¥600 − @¥645）×20株 = △¥900

2.有価証券(2)その他有価証券

買った

①

決算になった

②

①
> その他有価証券としてK社株式を¥12,900で購入し、代金は小切手を振り出して支払った。

(借)その他有価証券*¹　12,900　(貸)当 座 預 金　12,900

＊1　その他有価証券には、株式であれば取引先との関係強化のために保有する「持ち合い株式」、また、債券であれば、満期までは持たないが長期的に保有する「長期投資」が挙げられます。

②
> ×1年度決算となったので、その他有価証券として保有するK社株式¥12,900を時価¥14,000に評価替えし、全部純資産直入法で処理した（税効果は考慮不要）。

(借)その他有価証券*³　1,100*²　(貸)その他有価証券評価差額金*⁴　1,100

＊2　¥14,000－¥12,900＝¥1,100（評価益相当）

＊3　その他有価証券は時価で評価され、貸借対照表上は『投資有価証券』として表示されます。

＊4　『その他有価証券評価差額金』は、貸借対照表上、純資産の部に表示されます。

貸借対照表

資産の部		純資産の部	
II　固定資産			
投資その他の資産		II　評価・換算差額等	
投資有価証券	14,000	その他有価証券評価差額金	1,100

翌期になった

③

また決算になった

④

③ ×2年度期首となったため、K社株式を原価¥12,900に振り戻した。

(借)その他有価証券評価差額金　　1,100　　(貸)その他有価証券*5　　1,100

＊5　その他有価証券には洗替法が適用されるため、翌期首には取得原価に振り
　　戻す処理(決算で行った仕訳の貸借逆の仕訳)が行われます。

④ ×2年度決算となったので、その他有価証券として保有するK社株
　式¥12,900を時価¥11,000に評価替えし、全部純資産直入法で
　処理した（税効果は考慮不要）。

(借)その他有価証券評価差額金*7　　1,900　　(貸)その他有価証券　　1,900*6

＊6　¥11,000 － ¥12,900 ＝△¥1,900（評価損相当）

＊7　このときの貸借対照表は次のようになります。

貸借対照表

資産の部		純資産の部	
Ⅱ　固定資産			
投資その他の資産		Ⅱ　評価・換算差額等	
投資有価証券	11,000	その他有価証券評価差額金	△1,900

その他有価証券として、京都商事株式会社の株式20株（1株¥645）を保有しているが、決算日を迎えたため期末時価（1株¥700）で評価を行う。全部純資産直入法（税効果は考慮不要）で処理する。

借方科目	金額	貸方科目	金額
その他有価証券	1,100	その他有価証券評価差額金	1,100

その他有価証券評価差額金：（@¥700 − @¥645）× 20株 ＝ ¥1,100

▶ ポイント

・ その他有価証券についても、決算時に**時価(期末時価)**に評価替えします。

・ ただし、売買目的有価証券と異なり、評価差額は、評価損・評価益ともに損益計算に反映させず、『その他有価証券評価差額金』（純資産）で処理します。この方法を**全部純資産直入法**といいます。

・ 仮に期末時価が1株¥600となっていた場合には、以下の仕訳となります。

(借) その他有価証券評価差額金　　　900*　　(貸) その他有価証券　　　　　　　900

＊　その他有価証券評価差額金：（@¥600 − @¥645）×20株 ＝ △¥900

問題5　その他有価証券（決算時②）　／／／

　その他有価証券として京都商事株式会社の株式
20株を保有しており、当期の決算となり、時価
への評価替えを行う。なお、取得原価は@¥645、
前期末時価は@¥700、当期末時価は@¥600で
ある（税効果は考慮不要）。

借　方　科　目	金　　額	貸　方　科　目	金　　額
その他有価証券評価差額金	900	その他有価証券	900

その他有価証券評価差額金：（@¥600 －@¥645）× 20株＝△¥900

ポイント

・期首に、以下の振戻しの処理を行っているため、京都商事株式会社の
　株式の帳簿価額は、前期末時価の@¥700ではなく、取得原価の@¥645
　に戻っています。したがって@¥645と@¥600の差額が『その他有価
　証券評価差額金』となります。

（借）その他有価証券評価差額金　　　1,100　　（貸）その他有価証券　　　1,100

・その他有価証券は売却を前提とするものではありませんが、「いつかは
　売却されるもの」と考えられるので、決算では時価で評価を行います。

Check!
時価は一夜限りのステージ衣装

　その他有価証券は、売買するためのものではないので、日頃は原価と
いう普段着を着ています。しかし決算日には、大勢の人々が注目する貸
借対照表という舞台に上がるために、時価というステージ衣装に着替え
ます。
　そして翌日には、ステージ衣装を脱ぎ捨て、また普段着の原価に戻る
のです。

税効果会計を適用した場合

　その他有価証券は、会計上、期末に時価で評価しますが、税務上は、時価への評価替えを認めていません。そのため、**会計上のその他有価証券の金額(時価)と税務上の金額(取得原価)の差**が、**一時差異**となり、税効果会計の対象となります。

　ただし、**全部純資産直入法**では、評価差額が損益に計上されない(純資産の部に計上される)ため、『法人税等調整額』は用いません。

　そこで、評価差額のうち、税金相当額を『**繰延税金資産**』または『**繰延税金負債**』で処理し、残額を『**その他有価証券評価差額金**』(純資産)で処理します。

・**株式20株(1株¥645)の期末時価が1株¥700となった場合(実効税率30%)**

(借) その他有価証券	1,100 *1	(貸) 繰延税金負債	330 *2
		その他有価証券評価差額金	770 *3

　＊1　その他有価証券の増加額：(@¥700 − @¥645)×20株 = ¥1,100

　＊2　繰延税金負債：¥1,100×30% = ¥330

　＊3　その他有価証券評価差額金：¥1,100 − ¥330 = ¥770

・**株式20株(1株¥645)の期末時価が1株¥600となった場合(実効税率30%)**

(借) 繰延税金資産	270 *2	(貸) その他有価証券	900 *1
その他有価証券評価差額金	630 *3		

　＊1　その他有価証券の減少額：(@¥600 − @¥645)×20株 = △¥900

　＊2　繰延税金資産：¥900×30% = ¥270

　＊3　その他有価証券評価差額金：¥900 − ¥270 = ¥630

Check!

嬉しい⇒繰延税金負債、哀しい⇒繰延税金資産

　税効果、つまり税の効果は、儲かっている人から取って厳しい状況の人に配分することですから、嬉しい状況となれば、あとで税金を取られるので『繰延税金負債』が、哀しい状況となれば、後で税金を支払わなくて済むようになるので『繰延税金資産』が計上されるのです。

3.有価証券(3)利付債券の売買

端数利息(前回の利払日の翌日から売却日までの利息)

買った　　　　　　　利払日　　　　　　売った

① 売買目的の有価証券として社債¥19,600を購入し、代金は小切手を振り出して支払った。

(借)売買目的有価証券　19,600　(貸)当座預金　19,600

② 利払日を迎え、利息¥300が当座預金口座に振り込まれた。

(借)当座預金　300　(貸)有価証券利息　300

③ 売買目的で保有している社債¥19,600を¥19,200で売却し、売却代金は端数利息(前回の利払い日の翌日から売却日までの期間)¥240とともに当座預金口座に振り込まれた。

(借)当座預金　　　19,440　(貸)売買目的有価証券　19,600
　　有価証券売却損*2　400　　　有価証券利息*1　　　240

* 1　前回の利払日の翌日から売却日までの利息を受け取ります。
* 2　¥19,200(売却価額) − ¥19,600(帳簿価額) = △¥400(損)

Check!
端数利息

　前回の利払日の翌日から売却日までの期間に対応する利息(端数利息)を日割りで計算し、購入者側が売却者側に支払います。
　購入者側は、前回の利払日の翌日から次回の利払日までの利息を社債の発行会社から受け取ることになります。
　なお、問題によっては、「前回の利払日の翌日から売却前日までの期間」とされることがあるので、注意しましょう。

47

×2年2月23日、売買目的の有価証券として、他社が発行する額面総額￥20,000の社債（利率年3％、利払日は3月末と9月末の年2回）を額面￥100につき￥96の裸相場で買い入れ、代金は直前の利払日の翌日から本日までの期間にかかわる端数利息とともに小切手を振り出して支払った。なお、端数利息の金額については、1年を365日として日割りで計算する。

借方科目	金　額	貸方科目	金　額
売買目的有価証券	19,200	当 座 預 金	19,440
有 価 証 券 利 息	240		

売買目的有価証券：$¥20,000 × \dfrac{@¥96}{@¥100} = ¥19,200$

有 価 証 券 利 息：$¥20,000 × 3\% × \dfrac{146日}{365日} = ¥240$

当　座　預　金：$¥19,200 + ¥240 = ¥19,440$

▶ポイント

・保有目的により、有価証券の勘定科目は異なります。売買目的なので、『売買目的有価証券』として処理します。

・直前の利払日の翌日（×1年10月1日）から本日（×2年2月23日）までの期間は146日となります。

　　10月：31日　　　11月：30日　　　12月：31日　　　1月：31日
　　2月：23日

・端数利息の支払いとして、借方に『有価証券利息』を計上することに注意しましょう。

問題7　売買目的有価証券（債券）の売却　／／／

　　　×2年2月23日、売買目的で保有している額面総額￥20,000の社債（利率年3％、利払日は3月末と9月末の年2回、期間5年、償還日は×5年3月31日）を、額面￥100につき￥96の裸相場で売却し、売却代金は端数利息とともに受け取り、直ちに当座預金とした。この社債は、×1年12月12日に額面￥100につき￥98の裸相場で買い入れたものである。なお、端数利息の計算期間は、前回の利払日の翌日から売却日までの期間とし、1年を365日として日割りで計算する。

借 方 科 目	金 額	貸 方 科 目	金 額
当 座 預 金	19,440	売買目的有価証券	19,600
有価証券売却損	400	有 価 証 券 利 息	240

売 却 価 額：$¥20,000×\dfrac{@¥96}{@¥100}=¥19,200$

帳 簿 価 額：$¥20,000×\dfrac{@¥98}{@¥100}=¥19,600$

有価証券売却損：￥19,200（売却価額）－￥19,600（帳簿価額）＝△￥400（損）

有 価 証 券 利 息：$¥20,000×3％×\dfrac{146日}{365日}=¥240$

当 座 預 金：￥19,200＋￥240＝￥19,440

▶ ポイント

・裸相場とは、端数利息を含まない社債そのものの相場です。

・裸相場で算定した売却価額と帳簿価額との差額を『有価証券売却損(益)』で処理します。

・前回の利払日の翌日（×1年10月1日）から売却日（×2年2月23日）までの期間は146日となります。

4.有価証券(4)満期保有目的債券

買った

決算になった

① ×1年4月1日に満期保有目的債券としてM社社債（額面総額 ¥10,000、満期日×6年3月31日）を発行と同時[1]に¥9,400 で購入し、代金は現金で支払った。

(借)満期保有目的債券　　9,400　　(貸)現　　　　金　　9,400

[1]　満期保有目的債券は利付債券ですから、購入が発行時や利払日でなければ、 端数利息を支払って購入することになります。

② M社社債の額面金額と取得原価との差額は金利の調整と認められる ため、決算（×2年3月31日）において償却原価法（定額法）を 適用して評価替えを行う。

(借)満期保有目的債券[3]　　120　　(貸)有価証券利息[2]　　120

[2]　償却原価の計算は月割りで行い、貸方の収益は『有価証券利息』で処理します。 （¥10,000 − ¥9,400）÷ 60か月（5年）= ¥10/月 ¥10/月 × 12か月 = ¥120

[3]　償却原価法では、『満期保有目的債券』の帳簿価額を増加させます。また、満 期保有目的債券は、貸借対照表上は投資有価証券として表示されます。

貸借対照表

資産の部	
Ⅱ　固定資産	
投資その他の資産	
投資有価証券	9,520

問題 8　満期保有目的債券（発行時取得）　／／／

×1年4月1日にA社の社債100口（額面金額
¥100、満期日×6年3月31日）を発行と同時
に1口¥94で取得している。額面金額と取得原
価との差額は金利の調整と認められるため、決算
（×2年3月31日）において償却原価法（定額法）
を適用する。

借方科目	金額	貸方科目	金額
満期保有目的債券	120	有価証券利息	120

（¥10,000 −¥9,400）÷60か月（×1年4月1日～×6年3月31日）＝¥10/月
¥10/月×12か月（×1年4月1日～×2年3月31日）＝¥120

ポイント

・利息を受け取ることを目的として、満期まで保有する社債・国債など
の債券を満期保有目的債券といい、『満期保有目的債券』で処理します。

・満期保有目的債券は、売却するという前提がないので、決算時に時価
による評価替えはしません。

・額面金額と取得原価との差額が、**金利の調整**と認められる場合は、**償
却原価法(定額法)**を適用して評価替えを行います。
　償却原価法（定額法）とは、額面金額と取得原価との差額を、取得日か
ら満期日（償還日）までの間に、毎期均等額を取得原価に加減して、満
期日までに帳簿価額を額面金額にする方法です。

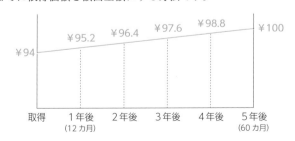

×2年2月1日にA社の社債100口（額面金額¥100、発行日×1年4月1日、満期日×6年3月31日）を1口¥94で取得している。額面金額と取得原価との差額は金利の調整と認められるため、決算（×2年3月31日）において償却原価法（定額法）を適用する。

借方科目	金　額	貸方科目	金　額
満期保有目的債券	24	有価証券利息	24

（¥10,000 −¥9,400）÷ 50か月（×2年2月1日〜×6年3月31日）=¥12/ 月
¥12/ 月×2か月（×2年2月1日〜×2年3月31日）=¥24

▶ポイント

・満期保有目的債券を期中に取得した場合の償却額は、月割りで計算します。

$$当期分の償却額 = （額面金額 − 取得原価）× \frac{当期の保有月数}{取得日から満期日までの月数}$$

・額面金額と取得原価の差額を、当社の保有予定期間（取得日から満期日）で割って1か月あたりの償却額を計算し、それに当期の保有月数を掛けて計算します。

・有価証券の計算は、本試験の第2問でも出題されるので、注意しておきましょう。

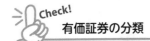

Check! 有価証券の分類

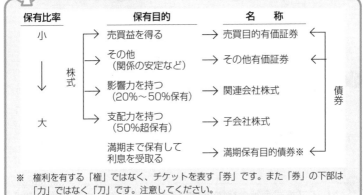

保有比率	保有目的	名　称
小	売買益を得る	売買目的有価証券
↓ 株式	その他（関係の安定など）	その他有価証券
	影響力を持つ（20%～50%保有）	関連会社株式
大	支配力を持つ（50%超保有）	子会社株式
	満期まで保有して利息を受取る	満期保有目的債券※

（右側：債券）

※ 権利を有する「権」ではなく、チケットを表す「券」です。また「券」の下部は「力」ではなく「刀」です。注意してください。

コラム　**有価証券の勘定科目は保有目的で変わる**

　同じように株式を保有していても、時価が上がったらすぐに売ろうと思って持つのであれば「売買目的有価証券」、相手の会社の活動に影響を与えるために持つのであれば「関連会社株式」、さらに相手の会社を支配するために（発行済み株式の50%を超えて）持つのであれば「子会社株式」と、目的によって勘定科目も貸借対照表の表示区分も、評価方法（原価か時価か）も変わるというのが有価証券の特徴です。

　また債券にも時価があり、売買目的で「売買目的有価証券」として持つ場合もあれば、「満期保有目的債券」として、長期間の利息の受取りを目的として持つ場合もあり、やはり勘定科目も表示区分も評価方法も変わります。

5.有価証券(5)保有目的の変更

関係を強化したい　　影響力を持ちたい　　支配したい

1 スレイブ株式会社との関係を強化するため、同社の株式￥100 を現金で購入した。

(借)その他有価証券	100	(貸)現　　　金	100

2 スレイブ株式会社の経営方針に影響を与えるため、同社の株式￥1,000 を追加購入し、代金は現金で支払った。

(借)関連会社株式[1]	1,100	(貸)その他有価証券	100
		現　　　金	1,000

*1　相手先の経営方針に影響を与える目的で保有する株式を『関連会社株式』といい、通常は相手先の発行済株式総数の20%〜50%を保有したときに用います。

3 スレイブ株式会社を支配するため、同社の株式￥10,000 を追加購入し、代金は現金で支払った。

(借)子 会 社 株 式[2]	11,100	(貸)関連会社株式	1,100
		現　　　金	10,000

*2　相手先を支配する目的で保有する株式を『子会社株式』といい、通常は相手先の発行済株式総数の50%超を保有したときに用います。

問題 10　保有目的の変更　　／／／

これまでバディ社の発行済株式総数の10%を¥8,000で購入し、その他有価証券として処理していたが、先方からの要望もあり追加で45%の株式を¥40,000で取得し、同社を子会社とし、代金は小切手を振り出して支払った。

借方科目	金　額	貸方科目	金　額
子会社株式	48,000	その他有価証券	8,000
		当座預金	40,000

▶ポイント

・有価証券の保有目的の変更は、試験範囲の区分上、1級の範囲となっています。しかし、2級での出題実績があるので本書では掲載することにしました。

・『関連会社株式』と『子会社株式』は、貸借対照表上では合算されて『関係会社株式』として、固定資産の「投資その他の資産」の区分に記載されます。

・関連会社株式や子会社株式は売却を前提としないので、決算となっても時価への評価替えは行わず、取得原価のままで貸借対照表に記載されます。

有価証券の評価と表示

　有価証券は保有目的ごとに、評価方法(貸借対照表価額の決め方)や処理方法が異なります。一覧表に示すと次のとおりです。

勘定科目	貸借対照表 表示場所と科目	評価方法 (貸借対照表価額)	処理方法	評価差額・償却額	
				表示科目	表示区分
(1)売買目的 有価証券	流動資産 有価証券	時　価	切放法 または洗替法	有価証券 評価益(損)	損益計算書 営業外収益 (営業外費用)
(2)満期保有 目的債券	投資その他の資産 投資有価証券	原則：取得原価	—	—	—
		償却原価	定額法	有価証券 利息	損益計算書 営業外収益
(3)その他 有価証券		時　価	洗替法 (全部純資産直入法)	その他有価証券 評価差額金	貸借対照表 純資産の部
(4)子会社株式・ 関連会社株式	投資その他の資産 関係会社株式	取得原価			

コラム　**配当権利落ちとは？**

　株主への配当は、「決算日の3営業日前」の株式の所有者に対して行われます。

　仮に、3月31日が決算日だとして、その3営業日前の3月28日の株式の所有者に対して、3月末決算の配当が行われるのです。

　例えば、3月28日の株価が1株¥1,000だとして、その株式会社が1株につき¥20の配当を行うことを表明していれば、3月28日の株価(1株¥1,000)には、配当分の¥20が含まれていると考えることができます。

　したがって、その翌日、または、それに近い3月31日の決算日の同社の株価は、理論的には1株¥980程度に下がることになるはずで、これを『権利落ち』(配当金を受け取る権利がなくなることによる株価の下落)といいます。

　有価証券は、決算日の時価で評価されるので、1株¥980程度での評価となるのですが、3月28日時点で所有しているのであれば¥20の配当をもらう権利が確定しているので、この¥20についての処理を行います。

　(借)未収配当金　　　20　　(貸)受取配当金　　　20

　この処理を「権利落ちの処理」といいます。

 **以下の取引の内容を言ってみましょう。**

また、第2部を学習した翌日に、もう一度復習しておきましょう。

問題1

売買目的有価証券	9,000	未　　払　　金	9,000

問題2

未　収　入　金	30,000	売買目的有価証券	25,800
		有価証券売却益	4,200

問題3

売買目的有価証券	1,100	有価証券評価益	1,100

問題4

その他有価証券	1,100	その他有価証券評価差額金	1,100

問題5

その他有価証券評価差額金	900	その他有価証券	900

問題6

売買目的有価証券	19,200	当　座　預　金	19,440
有価証券利息	240		

問題7

当　座　預　金	19,440	売買目的有価証券	19,600
有価証券売却損	400	有価証券利息	240

問題8

満期保有目的債券	120	有価証券利息	120

問題9

満期保有目的債券	24	有価証券利息	24

問題10

子　会　社　株　式	48,000	その他有価証券	8,000
		当　座　預　金	40,000

人間貸借対照表論

　人は裸で生まれてきて、自分の力で歩み始める。そして就職し、働くことを覚える。

　第1段階は、誰しもが体1つを資本としての出発である。

　貸借対照表でいうと、できたばかりの会社、つまり資本金（＝体）だけがあり、その分の資産しかない状態である。

　そしてその人が頑張り始めると、第2段階に入っていく。そうすると頑張った分で少しずつ経験を積み、小さいながらも自信が持ててくるようになる。損益計算書でいうと、努力（＝費用）よりも成果（＝収益）が大きくなり利益が出た状態。そして貸借対照表でいうと、損益計算書で上がった当期純利益の分（＝自信）が貸借対照表の純資産（＝自己資本）に加わり、元手（その人の中身、価値）が少しだけ増える。

　さらに、周りのことを思って頑張っていくと、今度は周りがその人を信用し始める。

　これが第3段階。周りからの信用は、『君に任せた』という言葉とともに、相手の人の資産を預かって、自分が運用することになる。貸借対照表でいうと、他人資本（＝負債）の発生である。そうしてその信託に応え、きっちり運用して返していくと、別の人がそれを見ていて『君は信用できる』と、さらに大きな資産を預けてくれる。

　つまり貸借対照表でいうと、負債が発生して、借方や貸方の合計額（＝その人が運用できる範囲）が格段に大きくなり、発展してきた状態を示している。このまま他人の信用を大事にして発展しつづけないといけない。

　逆に、ちょっとサボって信用に応えない（＝負債を返さない）と周りはそれを敏感に察知し『返さないやつに貸すなんてとんでもない』と、もう二度と資産を預けてくれなくなる。

　このときに、また体1つに戻って頑張れればいいが、そうでないと倒産、破滅ということになる。

　信用は何よりも大事にしなければいけない。

　これが、私の知人が教えてくれた「人間貸借対照表論」です。

第3部

固定資産I
建物
リース
ソフトウェア

1. 固定資産Ⅰ.(1)建物

① 依頼した

② 完成した

①

建物の建設工事と工場の増設工事を建設会社に依頼し、手付金として¥520,000を小切手を振り出して支払った。

(借) 建設仮勘定*1　520,000　　(貸) 当 座 預 金　520,000

＊1 『建設仮勘定』は、作りかけのモノを意味する勘定です。

②

建物の完成にともない、工事代金の残額¥300,000を小切手を振り出して支払い、建物の引渡しを受けた。この建物に対しては、工事代金としてすでに¥600,000を前払いしている。

(借) 建　　　　物*2　900,000　　(貸) 建設仮勘定　600,000
　　　　　　　　　　　　　　　　　　　 当 座 預 金　300,000

＊2 建物が完成し、引渡しを受けたときに、『建物』に振り替えます。

3A

工場の増設工事の完成にともない、工事代金の残額¥220,000を小切手を振り出して支払い、建設仮勘定に計上した。また、建設仮勘定に計上した¥660,000を、建物¥550,000と既存の工場の修繕費¥110,000に振り替えた。

(借) 建設仮勘定　220,000　　(貸) 当 座 預 金　220,000
(借) 建　　　　物　550,000　　(貸) 建設仮勘定　660,000
　　　修 繕 費*3　110,000

＊3 増設工事の途中に、一部、既存の建物に修繕を加え、『修繕費』として処理することがあります。

増設した

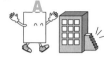

3B

工場の増設工事が完成し、建設仮勘定に計上した¥660,000を固定資産等の勘定に振替計上を行った。なお、共通工事費は各勘定の金額比で配賦する（配賦率：10%）。

工事の明細

建物¥300,000　　構築物¥200,000　　修繕費¥100,000

共通工事費¥60,000

（借）建 物	330,000*4	（貸）建設仮勘定	660,000
構 築 物*5	220,000*4		
修 繕 費	110,000*4		

*4　各勘定への配賦額

　　建　物：¥300,000×10%＝¥30,000
　　構築物：¥200,000×10%＝¥20,000
　　修繕費：¥100,000×10%＝¥10,000

*5　『構築物』とは、敷地を囲う塀や桟橋など、「地面についていて居住用でないもの」を示す勘定科目です。

Check!

資本的支出と収益的支出

　固定資産の機能を上げる（または耐用年数を延長させる）ための支出は、資本的支出に該当するため、固定資産の取得原価とします。また、元の機能に戻すための支出は、収益的支出となるため、『修繕費』として処理します。

④ 焼失した

④ 建物（取得原価￥900,000、減価償却累計額￥135,000）が火災
で焼失した。この建物には火災保険￥900,000 が掛けられていた
ので、当期の減価償却費￥22,500 を計上し、火災発生日の帳簿価
額￥742,500 を未決算勘定に振り替えるとともに、保険金の支払
いを直ちに請求した。

(借)	建物減価償却累計額	135,000	(貸)	建	物	900,000
	減価償却費	22,500				
	未 決 算*6	742,500				

*6　決算（金額を決める）に「未」が付いて、「まだ、金額が決まっていない」ということを意味する勘定です。

火災保険が掛けられていなかったら

火災発生日の帳簿価額を『火災損失』（特別損失）として処理します。

(借)	建物減価償却累計額	135,000	(貸)	建	物	900,000
	減価償却費	22,500				
	火 災 損 失	742,500*7				

*7　火災発生日の帳簿価額がすべて費用（損失）となります。

保険金もらえた

5 請求していた保険金について、¥700,000 を支払う旨の連絡を保険会社から受けた。なお、火災発生日の帳簿価額¥742,500 を未決算勘定に振り替えている。

(借)未 収 入 金　　700,000　　(貸)未　決　算　　742,500
　　火 災 損 失　　 42,500*8

＊8　¥700,000 − ¥742,500 = △¥42,500（損）

保険金の受取りが¥800,000であったら

　焼失した固定資産の帳簿価額よりも多く、保険金を受け取る場合、差額を『保険差益』（特別利益）として処理します。

(借)未 収 入 金　　800,000　　(貸)未　決　算　　742,500
　　　　　　　　　　　　　　　　　　保 険 差 益　　 57,500 *9

＊9　¥800,000 − ¥742,500 = ¥57,500（益）

Check!

損害保険の請求と受取り

　生命保険と違って、損害保険を¥900,000 掛けていても、全額を受け取ることができるわけではありません。あくまでも「損害」保険なので、当社が損害を受けた分しか補償してくれません。
　したがって、火災などが生じると、当社は損害額を計算し、それを保険会社に請求します。保険会社では、請求額を精査して金額を確定し、その金額を当社は受け取ることになるのです。

| 問題 1 | 手付金の支払い | / / / |

店舗用の建物の建設工事（工事代金¥900,000）と工場の増設工事（工事代金¥660,000）を建設会社に依頼し、契約総額¥1,560,000を3回均等分割支払いの条件で締結した。契約締結にさいし、第1回目の支払いを当座預金から行った。

借 方 科 目	金 額	貸 方 科 目	金 額
建 設 仮 勘 定	520,000	当 座 預 金	520,000

建設仮勘定：¥1,560,000 ÷ 3回 = ¥520,000

▶ポイント

・前払いした工事代金は、建物などが完成し、引渡しを受けるまで、『建設仮勘定』で処理します。

Check!
『建設仮勘定』でひとつの勘定科目

『建設仮勘定』という名前の勘定科目であり、貸借対照表の有形固定資産の区分に表示されます。なお、構築物や機械などの製造を依頼したときにも、この勘定を用います（建物とは限りません）。

・『建設仮勘定』は、減価償却の対象とはなりません。建設中の建物などに支払ったものであり、使用しておらず、収益に貢献していないからです。

Check!
工事代金の支払い

建設会社への支払いは、契約時に総額の1/3、中間時点（棟上式）に1/3、引渡し（内覧会）後に1/3というのが多いようです。

問題2 完成・引渡し①   / / /

建設中の店舗用の建物の完成にともない、最終回（第3回目）の支払いを当座預金から行い、建物の引渡しを受けた。この建物に対しては、工事代金¥900,000を3回均等分割支払いの条件で締結しており、2回分をすでに支払っている。

借方科目	金　額	貸方科目	金　額
建　　　　　物	900,000	建 設 仮 勘 定	600,000
		当 座 預 金	300,000

1回分の支払額：¥900,000 ÷ 3回 = ¥300,000
建設仮勘定：¥300,000 × 2回 = ¥600,000
建　　物：¥600,000 + ¥300,000 = ¥900,000

 ポイント

・建物が完成し、引渡しを受けたときに、『建設仮勘定』に計上した金額を『建物』に振り替えます。

・建物を使用開始した時点から、減価償却の対象となります。期中に使用開始した場合、月割で減価償却を行います。

IF 最終回の支払いについて手形を振り出して支払ったら

営業外取引となるので、『営業外支払手形』で処理することになります。

（借）建　　　物　　900,000　　（貸）建設仮勘定　　600,000
　　　　　　　　　　　　　　　　　　営業外支払手形　300,000

| 問題3 | 完成・引渡し② | / / / |

既存の工場の増設工事について、3回に分けて各¥220,000を分割払いする建設工事契約を締結し、それぞれ建設仮勘定に計上している。これが完成して最終回(第3回目)の支払いを当座預金から行い、また、建設工事代金の総額¥660,000を、建物と既存の工場の修繕費¥110,000に振り替えた。

借 方 科 目	金　額	貸 方 科 目	金　額
建 設 仮 勘 定	220,000	当 座 預 金	220,000
建　　　　　物	550,000	建 設 仮 勘 定	660,000
修　　繕　　費	110,000		

建物：¥660,000 － ¥110,000 ＝ ¥550,000

ポイント

・「それぞれ建設仮勘定に計上している」ということから、最終回(第3回目)でも同じ処理を要求していると判断します。

・建設工事代金の総額が『建設仮勘定』に計上されることになります。

・『建設仮勘定』に計上した金額を『建物』と『修繕費』に振り替えます。

・既存の工場の修繕費は、収益的支出となるので、『修繕費』で処理します。

Check!
「仮」と見たら「とりあえず」と訳そう

「建設仮勘定」だけでなく、「仮払消費税」「仮受消費税」「仮払法人税等」と、「仮」の付いた勘定科目が多くあります。
これらはすべて「とりあえず」計上された科目と見ることができます。ですから、状況が整えば別の勘定科目に振り替えられます。

問題4　完成・引渡し③

　工場の増設工事（工事代金¥660,000は3回分割で小切手により支払済み）が完成し、固定資産等の勘定に振替計上を行った。工事の明細は、建物¥300,000、構築物¥200,000、修繕費¥100,000、共通工事費¥60,000であり、共通工事費は各勘定の金額比で配賦することとした。

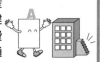

借方科目	金　額	貸方科目	金　額
建　　　　物	330,000	建 設 仮 勘 定	660,000
構　　築　　物	220,000		
修　　繕　　費	110,000		

配賦率：$\dfrac{¥60,000}{¥300,000+¥200,000+¥100,000}=0.1$

各勘定への配賦額
　建　物：¥300,000×0.1＝¥30,000
　構築物：¥200,000×0.1＝¥20,000
　修繕費：¥100,000×0.1＝¥10,000

▶ポイント

・「工事代金は支払済み」とあるので、工事代金の総額が『建設仮勘定』に計上されていると判断します。

・共通工事費は、すべての工事に共通して発生した金額となるので、基準(本問では各勘定の金額比)を設けて配賦することになります。

コラム　どのように振り替える？

　実務上、固定資産とするか修繕費とするかの判断は微妙なものがあります。当期に利益が上がっていて、費用を増やすことで「できるだけ課税所得を減らしたい」などといった場合に「できるだけ修繕費として処理する」などということがあります。

×7年1月31日、建物（取得原価￥900,000、減価償却累計額￥135,000）が火災で焼失した。この建物には火災保険￥900,000が掛けられていたので、当期の減価償却費を月割りで計上するとともに、保険会社に保険金の支払いを直ちに請求した。なお、建物の減価償却は定額法（耐用年数30年、残存価額は取得原価の10％、間接法により記帳）により行っており、また、決算日は3月31日（会計期間は1年）である。

借 方 科 目	金 額	貸 方 科 目	金 額
建物減価償却累計額	135,000	建　　物	900,000
減 価 償 却 費	22,500		
未 決 算	742,500		

減価償却費：￥900,000×0.9÷30年×$\dfrac{10か月}{12か月}$＝￥22,500

未　決　算：￥900,000－￥135,000－￥22,500＝￥742,500

▶ポイント

・ 決算日は3月31日（会計期間は1年）なので、当期首から建物の焼失時点まで10か月（×6年4月1日から×7年1月31日まで）経過しています。

・ 有形固定資産が減少する取引では、減少した時点での有形固定資産の帳簿価額（取得原価－減価償却累計額－減価償却費）の算定に注力してください。

・「帳簿価額（￥742,500）＜保険金の額（￥900,000）」なので、帳簿価額を『未決算』に振り替えます。

金額が決まっていないときは？

建物の焼失時点では、保険金の額は確定していません。そのため、「いまだ金額が決まっていないもの」を表す『未決算』を用いることになります。

掛けていた保険金の額が¥600,000であったら

帳簿価額¥742,500のうち、¥600,000を『未決算』に振り替え、残額¥142,500を『火災損失』として処理します。保険金の上限が¥600,000なので、この時点で¥142,500の損失が確定するためです。

(借)	建物減価償却累計額	135,000	(貸)	建　　　物	900,000
	減価償却費	22,500			
	未　決　算	600,000			
	火　災　損　失	142,500			

費用や損失は早めに計上

簿記では「費用や損失は早めに計上する」というルール(保守主義の原則といいます)があるので、保険金を超えた分の資産の減少は、補償される可能性がないので、すぐに『火災損失』とします。

火災により焼失した建物（取得原価：¥900,000、残存価額：取得原価の10%、耐用年数30年、定額法により償却、間接法で記帳）に関し請求していた保険金について、本日、¥700,000を翌月末に支払う旨の連絡を保険会社から受けた。当該建物は、×1年4月1日に取得したもので、×7年1月31日に火災があり、火災発生日現在の簿価の全額を未決算勘定に振り替えていた。なお、決算日は3月31日（会計期間は1年）であり、減価償却は月割計算で行っている。

借方科目	金額	貸方科目	金額
未　収　入　金	700,000	未　　決　　算	742,500
火　災　損　失	42,500		

年間の減価償却費：¥900,000×0.9÷30年＝¥27,000

建物減価償却累計額：¥27,000×5年＝¥135,000

減価償却費：$¥27,000 \times \dfrac{10か月}{12か月} = ¥22,500$

未　決　算：¥900,000－¥135,000－¥22,500＝¥742,500

火　災　損　失：¥700,000－¥742,500＝△¥42,500（損）

▶ポイント

・ 決算日は3月31日（会計期間は1年）なので、取得日から前期末まで5年（×
  1年4月1日から×6年3月31日まで）、当期首から火災発生日まで10か月
  （×6年4月1日から×7年1月31日まで）経過しています。

・ 請求した保険金を支払う旨の連絡を受けただけであり、営業外取引の
  未収となるので、『未収入金』で処理します。

・ 未決算（いまだ金額が決まっていないもの）の金額が確定したので、『未
  決算』を取り消します。

・「保険金の確定額（¥700,000）＜ 未決算（¥742,500）」なので、差額
  ¥42,500を『火災損失』で処理します。

・『未収入金』は貸借対照表の流動資産の区分に、『火災損失』は損益計算
  書の特別損失の区分に表示されます。

・「保険金の確定額＞未決算」の場合は、差額を『保険差益』（特別利益）
  として処理します。

Check! 前提となる過去の仕訳は必ずしよう

　仕訳問題の中の難易度の高いもののパターンとして、過去に行った仕
訳を前提としたものがあります。
　このような問題のときには、必ず下書き用紙に過去の仕訳を行うよう
にしてください。こうすることで確実に正解を導くことができます。
　前の問題では、こんな感じです。

（借）建　　累　　135,000　（貸）建　　物　　900,000
　　　減　　費　　 22,500
　　　未　　決　　742,500

＊建累：建物減価償却累計額　　減費：減価償却費　　未決：未決算

　ちなみに私は、過去の仕訳を行う際に、必ず（カッコ）でくくるように
しています。『カッコ（過去）の仕訳』というダジャレです（笑）。

2. 固定資産Ⅰ.(2)リース資産

① 締結した

② 支払った

《ファイナンス・リース取引(リース契約締結時)》

① 当社は、期首(×1年4月1日)にA社と機械のリース契約を、年間のリース料¥600(毎年3月末日払い)、期間5年の条件で締結した。なお、リース料総額¥3,000、見積現金購入価額¥2,760である。

(イ)利子抜き法による場合

(借)リース資産　　2,760*1　(貸)リース債務　　2,760

＊1　見積現金購入価額

(ロ)利子込み法による場合

(借)リース資産　　3,000*2　(貸)リース債務　　3,000

＊2　リース料総額

《ファイナンス・リース取引(リース料支払時)》

② 当社は、期首(×1年4月1日)にA社と機械のリース契約を、年間のリース料¥600(毎年3月末日払い)、期間5年の条件で締結した。なお、リース料総額に含まれる利息相当額は¥240である。また、利息の期間配分は定額法によること。
1回目(×2年3月31日)のリース料支払時(当座預金口座より支払い)の処理を行う。

(イ)利子抜き法による場合

(借)リース債務　　　552*4　(貸)当座預金　　　600
　　支払利息　　　　 48*3

＊3　支払利息を先に計算　¥240 ÷ 5年 = ¥48
＊4　残額がリース債務の返済額　¥600 - ¥48 = ¥552

(ロ)利子込み法による場合

(借)リース債務　　　600　(貸)当座預金　　　600

決算迎えた

支払った

《ファイナンス・リース取引（決算時）》

3 決算にあたり、リース資産（¥3,000）の減価償却（間接法）を行う。リース期間は5年、リース資産の耐用年数は6年、残存価額はゼロ（所有権が移転する場合）である。

(1) 所有権移転外ファイナンス・リース取引の場合

（借）減 価 償 却 費　　　600*5 （貸）リース資産減価償却累計額　　　600

*5　残存価額はゼロ
耐用年数はリース期間
¥3,000 ÷ 5年 = ¥600

※日商2級では所有権移転外ファイナンス・リース取引の処理が出題されています。

(2) 所有権移転ファイナンス・リース取引の場合

（借）減 価 償 却 費　　　500*6 （貸）リース資産減価償却累計額　　　500

*6　¥3,000 ÷ 6年 = ¥500

《オペレーティング・リース取引》

4 次の資料にもとづいて、×1年4月1日（リース取引開始時）と×2年3月31日（リース料支払時）の仕訳を行う。当社は、期首（×1年4月1日）にA社と機械のリース契約（オペレーティング・リース取引）を締結した。リース料総額は¥3,000であり、これを毎年3月末日に¥600ずつ当座預金口座より支払う。

×1年4月1日（リース取引開始時）の仕訳

仕 訳 な し

×2年3月31日（リース料支払時）の仕訳

（借）支払リース料　　　600　（貸）当 座 預 金　　　600

ファイナンス・リース取引 (契約締結時) / / /

期首（×1年4月1日）において、リース会社と機械のリース契約を締結した。契約条件は年間のリース料￥600（毎年3月末日払い）、期間5年である。なお、リース料総額￥3,000、見積現金購入価額￥2,760である。利子抜き法により処理する。

借 方 科 目	金 額	貸 方 科 目	金 額
リ ー ス 資 産	2,760	リ ー ス 債 務	2,760

▶ポイント

・ファイナンス・リース取引は、解約不能などの一定の条件を満たすリース取引です。「資金の借入と同時に、その額で固定資産を取得した売買取引」と考えるので、『リース資産』とともに『リース債務』を計上します。

・利子抜き法（原則法）によった場合には、リース料総額からこれに含まれている利息相当額を差し引いた金額をリース資産、リース債務として計上します。

IF 利子込み法（簡便法）によった場合

リース料総額をリース資産、リース債務として計上します。

（借）リース資産　　　　3,000　　（貸）リース債務　　　　3,000

Check!
「リース資産」「リース債務」の計上額

・利子抜き法（原則法）…リース料総額－利息相当額
・利子込み法（簡便法）…リース料総額

問題8 ファイナンス・リース取引（支払時） ／／／

　期首（×1年4月1日）において、リース会社と機械のリース契約を締結した。契約条件は年間のリース料￥600（毎年3月末日払い）、期間5年である。なお、リース料総額に含まれる利息相当額は￥240である。また、利息の期間配分は定額法によること。
　1回目（×2年3月31日）のリース料支払時（当座預金口座より支払い）の処理について利子抜き法による処理を行う。

借　方　科　目	金　　額	貸　方　科　目	金　　額
リ ー ス 債 務	552	当 座 預 金	600
支 払 利 息	48		

支払利息（先に計算）：￥240 ÷ 5回 ＝ ￥48
リース債務：￥600 － ￥48 ＝ ￥552

 ポイント

・リース料は、**元本部分**（リース債務の返済額）と**利息部分**から構成されています。そのため、利子抜き法の場合、支払ったリース料をリース債務（元本）の返済分と利息分とに分けて処理します。

IF **利子込み法（簡便法）によった場合**

　リース料の支払額がそのままリース債務の減少となります。

（借）リース債務　　　　　　600　（貸）当 座 預 金　　　　　　600

決算にあたり、取得原価￥3,000のリース資産（所有権移転外）の減価償却を間接法で行う。リース期間は5年、リース資産の耐用年数は6年、残存価額はゼロである。

借 方 科 目	金 額	貸 方 科 目	金 額
減 価 償 却 費	600	リース資産減価償却累計額	600

減価償却費：￥3,000 ÷ 5 年 ＝ ￥600

▶ポイント

・ファイナンス・リース取引の場合、決算時にリース資産の減価償却を行います。なお、所有権が移転するかどうかによって、耐用年数と残存価額が異なります。

・所有権移転外ファイナンス・リース取引の場合は、リース期間終了後にリース物件をリース会社に返却するので、リース期間を耐用年数として減価償却費を計算します。また、リース物件は返却するので、残存価額はゼロとします。

所有権が移転する場合

所有権が移転する場合は、そのリース物件は結局、自社の所有資産となるので、自己所有の資産と同様の方法で減価償却を行います。

借 方 科 目	金 額	貸 方 科 目	金 額
減 価 償 却 費	500	リース資産減価償却累計額	500

減価償却費：￥3,000 ÷ 6 年 ＝ ￥500

問題 10　オペレーティング・リース取引　　/ / /

期首（×1年4月1日）に機械のリース契約（オペレーティング・リース取引）を締結した。リース料総額は¥3,000であり、これを毎年3月末日に¥600ずつ当座預金口座より支払う。
1回目（×2年3月31日）のリース料支払いの処理を行う。

借方科目	金　額	貸方科目	金　額
支払リース料	600	当 座 預 金	600

▶ポイント

・オペレーティング・リース取引については、賃貸借処理を行います。借手側は、リース料の支払時に『支払リース料』として処理します。

・リース資産とリース債務は計上しませんので、リース取引開始時の仕訳も不要です。

Check!
リースを活用する理由

利息を取られることをわかっていながら、どうしてわざわざリースを活用するのでしょうか？
その理由の1つにメンテナンスがあります。

当社でもコピー機だけはリースを活用しています。
それは、購入してしまうと、コピー機が壊れたときにメーカーに連絡して修理に来てもらうことになるでしょうから、どうしても時間がかかり、その間、コピー機が使えなくなります。
しかし、リースでメンテナンス契約をしておけば、午前中に壊れれば午後にはもう直してくれています。
出版社でもある当社は、コピー機が壊れると仕事の効率がとても悪くなるので、これだけはリースを活用しているのです。

3. 固定資産Ⅰ. (3)ソフトウェア

依頼した　　　　　払った　　　　　　完成した

①　社内利用目的のソフトウェアの開発を外部に依頼し、3回均等分割
　　支払いの条件で契約総額￥600,000の全額を未払計上した。

（借）ソフトウェア仮勘定*1　600,000　（貸）未　払　金　600,000

*1　製作の途中で依頼を中止することができないことを考えると、契約した段階で『未
　　払金』という負債を計上しておく方が、より適正な処理だと言えるでしょう。

②　第1回目の支払い（￥200,000）を普通預金から行った。

（借）未　払　金　200,000　（貸）普　通　預　金　200,000

③　第2回目の支払い（￥200,000）を普通預金から行った。

（借）未　払　金　200,000　（貸）普　通　預　金　200,000

④　ソフトウェア（契約総額￥600,000）の製作が完成し使用を開始
　　したため、ソフトウェアの勘定に振り替えるとともに、最終回（第
　　3回目）の支払い（￥200,000）を普通預金から行った。

（借）ソフトウェア*2　600,000　（貸）ソフトウェア仮勘定　600,000
（借）未　払　金　200,000　（貸）普　通　預　金　200,000

*2　ソフトウェアの製作が完成し、引渡しを受けたときに、『ソフトウェア』に振り替
　　えます。

使った

使用止めた

⑤ 決算にあたり、当期首より使用を開始したソフトウェア￥600,000について、5年間の定額法で償却する。

| (借) ソフトウェア償却 | 120,000*3 | (貸) ソフトウェア | 120,000 |

* 3　￥600,000÷5年＝￥120,000

⑥ ソフトウェア（帳簿価額￥120,000）が不要となったため、当期の償却費￥80,000の計上と除却処理を行った。

| (借) ソフトウェア償却 | 80,000 | (貸) ソフトウェア | 120,000 |
| 　　固定資産除却損*4 | 40,000 | | |

* 4　償却後の残高￥40,000（＝￥120,000 −￥80,000）を『固定資産除却損』で処理します。

コラム　**ソフトウェアは複合勘定**

　研究開発費は、研究開発に携わる人の給料から実験器具の購入代金など、研究開発に関わるすべての費用をまとめた勘定でした。

　これと同じくソフトウェアも、ソフトウェアの制作に関わる人の給料から外部に支払う制作費など、ソフトウェアの取得に関わる費用をまとめた勘定で、このような勘定のことを**複合勘定**といいます。

社内利用目的のソフトウェアの開発を外部に依頼し、3回均等分割支払いの条件で契約総額￥600,000の全額を未払計上し、2回分をすでに支払っていた。本日、このソフトウェアの製作が完成し使用を開始したため、ソフトウェアの勘定に振り替えるとともに、最終回（第3回目）の支払いを普通預金から行った。

借方科目	金額	貸方科目	金額
ソフトウェア	600,000	ソフトウェア仮勘定	600,000
未　払　金	200,000	普　通　預　金	200,000

未払金：￥600,000 ÷ 3回 ＝ ￥200,000（1回分の支払額）

▶ ポイント

・ソフトウェアが完成し、引渡しを受けるまで、『ソフトウェア仮勘定』で処理し、契約総額の全額を未払計上しています。営業外取引の未払いとなるので、『未払金』で処理します。

（借）ソフトウェア仮勘定　600,000　（貸）未　払　金　600,000

Check!

『ソフトウェア仮勘定』でひとつの勘定科目

『ソフトウェア仮勘定』という名前の勘定科目であり、貸借対照表の無形固定資産の区分に表示されます。

・『ソフトウェア仮勘定』は、償却の対象とはなりません。製作中のソフトウェアに対して支払ったものであり、使用しておらず、収益に貢献していないからです。

問題12 ソフトウェアの除却 / / /

新たなシステムＢの稼働に伴い、システムＡ（取得原価：¥600,000、期首で取得後４年経過）が不要となったため、11月末の帳簿価額にもとづき、期末（３月31日　会計期間１年）で償却費の計上と除却処理を行った。なお、ソフトウェアは５年間の定額法で償却しており、月割りによる。

借 方 科 目	金　　額	貸 方 科 目	金　　額
ソフトウェア償却	80,000	ソフトウェア	120,000
固定資産除却損	40,000		

前期末までの償却累計額：$¥600,000 \times \dfrac{4年}{5年} = ¥480,000$

ソフトウェア：$¥600,000 - ¥480,000 = ¥120,000$（１年分の償却額）

ソフトウェア償却：$¥120,000 \times \dfrac{8か月}{12か月} = ¥80,000$

固定資産除却損：$¥120,000 - ¥80,000 = ¥40,000$

▶ ポイント

・ 無形固定資産の償却は、残存価額をゼロとし、直接法によって処理します。

・ 期首で取得後４年経過しているため、期首時点のソフトウェアの残高は、１年分の償却額となります。

・ 当期の償却後のソフトウェアの残高を『固定資産除却損』で処理します。

 **以下の取引の内容を言ってみましょう。**

また、第3部を学習した翌日に、もう一度復習しておきましょう。

問題1

建 設 仮 勘 定	520,000	当 座 預 金	520,000

問題2

建 物	900,000	建 設 仮 勘 定	600,000
		当 座 預 金	300,000

問題3

建 設 仮 勘 定	220,000	当 座 預 金	220,000
建 物	550,000	建 設 仮 勘 定	660,000
修 繕 費	110,000		

問題4

建 物	330,000	建 設 仮 勘 定	660,000
構 築 物	220,000		
修 繕 費	110,000		

問題5

建物減価償却累計額	135,000	建 物	900,000
減 価 償 却 費	22,500		
未 決 算	742,500		

問題6

未 収 入 金	700,000	未 決 算	742,500
火 災 損 失	42,500		

3

問題7

リース資産	2,760	リース債務	2,760

問題8

リース債務	552	当座預金	600
支払利息	48		

問題9

減価償却費	600	リース資産減価償却累計額	600

問題10

支払リース料	600	当座預金	600

問題11

ソフトウェア	600,000	ソフトウェア仮勘定	600,000
未払金	200,000	普通預金	200,000

問題12

ソフトウェア償却	80,000	ソフトウェア	120,000
固定資産除却損	40,000		

流星哲学

　毎年、夏になると流星群がやってくる。

　大阪にいた頃には、流星群がくるたびに三重と奈良の県境に出かけ、望遠鏡で流れ星を追ったものでした。

　ところで、みなさんは『流れ星に願いごとをすると、その願いごとが叶う』という話、信じておられますか？

　『そんなお伽話、今どき信じている人はいないよ』とお思いでしょう。

　でも、私は信じています。

　信じているどころか、『流れ星に願いごとをすると、その願いごとが叶う』と保証します。

　夜、星空を見上げて、流れ星を探してみてください。

　晴れた日ばかりではなく、雨の日も曇りの日もあります。つまり、必ず星空が見えるとは限りません。

　また、運よく星空が見え、さらに運よく流れ星が流れたとしましょう。しかし、広い夜空の下、そこを見ていなければ流れ星に気づくことはありません。

　さらに、流れ星などほんの一瞬です。

　その一瞬の間に自分の願いごとを言う。

　それは本当に多くの偶然が重なった、その一瞬に願いごとを言うということになります。

　つまり、一日24時間四六時中、自分が本当に願っていることでないと、とてもとてもその瞬間に言葉になるものではないのです。

　もう、おわかりでしょう。

　私が『流れ星に願いごとをすると、その願いごとが叶う』ことを保証するわけが。そうです。

　一人の人間が24時間四六時中、寝ても醒めても本当に願っていることならば、当然にそのための努力を厭うこともなく、それは必然的に実現するのです。

　あっ、流れ星だ！

　間に合いましたか？　そして、あなたは何を願いましたか？

第4部

固定資産Ⅱ
備品
車両運搬具

1.固定資産Ⅱ.(1)備品

買った

使った

1A ×1年4月1日、備品10台（総額￥105,000）を購入し、割戻額
￥5,000を控除した残額を小切手を振り出して支払った。

(借) 備　　　　品　　　100,000*1　(貸) 当 座 預 金　　　100,000

＊1　割戻しを受けた側（購入側）は、取得原価から控除します。

1B ×2年3月31日、決算にあたり、上記備品について200%定率法
（償却率年40%）により減価償却を行う（間接法）。

(借) 減 価 償 却 費　　　40,000*2　(貸) 備品減価償却累計額　　　40,000

＊2　￥100,000 × 40% = ￥40,000

1C ×3年3月31日、決算にあたり、上記備品について200%定率法
（償却率年40%）により減価償却を行う（間接法）。

(借) 減 価 償 却 費　　　24,000*3　(貸) 備品減価償却累計額　　　24,000

＊3　（￥100,000 − ￥40,000）× 40% = ￥24,000

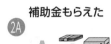  

補助金もらえた　　　　買った　　　　　　　圧縮～

2A 備品の購入にあたり、国庫補助金¥4,000 の助成が受けられることになり、当座預金口座に振り込まれた。

(借) 当 座 預 金　　　4,000　　　(貸) 国庫補助金受贈益*4　　　4,000

* 4　受け取った国庫補助金は、『国庫補助金受贈益』(特別利益)で処理します。

2B 国庫助成対象の備品¥10,000 を購入し、代金は小切手を振り出して支払った。

(借) 備　　　品　　10,000　　　(貸) 当 座 預 金　　10,000

2C 国庫補助金¥4,000 を返還しないことが確定したので、直接控除方式による圧縮記帳の処理を行った。

(借) 固定資産圧縮損*5　　　4,000　　　(貸) 備　　　品　　　4,000

* 5　補助金相当額を『固定資産圧縮損』(特別損失)で処理します。

割賦購入した

引き落とされた

③A 3月1日、備品10台（総額￥100,000）を割賦で購入した。代金は、今月末より月末ごとに支払期限が順次到来する額面￥21,000の約束手形5枚（総額￥105,000）を振り出して支払った。なお、利息相当額￥5,000については、前払利息を用いて処理する。

| (借)備　　　品 | 100,000*6 | (貸)営業外支払手形 | 105,000 |
| 前　払　利　息 | 5,000 | | |

＊6　備品の購入代価が取得原価となります。原則として、利息を取得原価に加えないのは、リース会計と同じです。

③B 3月31日、約束手形￥21,000の支払期限が到来し、当座預金口座から引き落とされた。また、前払利息￥1,000を支払利息に振り替える。

| (借)営業外支払手形 | 21,000 | (貸)当　座　預　金 | 21,000 |
| 支　払　利　息 | 1,000 | 前　払　利　息 | 1,000 |

売った

4 備品（取得原価¥10,000、減価償却累計額¥6,400、間接法）を¥3,000で売却し、代金は翌月中旬に受け取ることにした。なお、売却にさいして、当期首から売却時までの減価償却費¥480を計上すること。

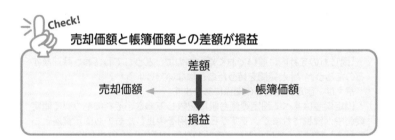

（借）備品減価償却累計額	6,400	（貸）備　　　品	10,000
減価償却費	480	→ 帳簿価額 ¥3,120	
未 収 入 金	3,000	← 売却価額	
固定資産売却損	120	← 差額（損益）	

Check!
売却価額と帳簿価額との差額が損益

差額

売却価額 ←——————→ 帳簿価額

損益

使用止めた

5 使用中の備品 ¥10,000（減価償却累計額 ¥6,400、間接法）を期首に除却*7 した。この備品の処分価値は ¥2,000 と見積もられた。

```
                            ┌─→ 帳簿価額 ¥3,600
(借) 備品減価償却累計額    6,400   (貸) 備    品    10,000
     貯   蔵   品*8        2,000 ◀── 処分価値（売却予定価額）
     固定資産除却損        1,600 ◀── 差額（損益）
```

*7　除却とは、「使用から外し、倉庫の片隅に置いておくこと」のイメージですが、実際には「帳簿上、固定資産として取り除くこと」です。

*8　『貯蔵品』は、「その他の資産」という意味で用いられる勘定科目で、郵便切手や収入印紙の期末有高にも用いられます。

Check!
除却の意味

「同じものを社内に置いておくだけなのに、どうしてわざわざ除却をするのだろうか？」と疑問を持ったことはないでしょうか。

答えは、固定資産税との関係にあります。

固定資産はすべて固定資産台帳に記帳しておき、それに基づいて固定資産税が課税されます。ですから、使用を中止したものも固定資産として計上し続けると固定資産税を支払わなければならなくなります。

ですから「除却」を行って、固定資産台帳から外して貯蔵品として扱うことに意味があるのです。

つまり、除却の本質は、固定資産台帳から外すことなのです。

買い換えた

6

⑥ 使用していた備品（取得原価￥10,000、減価償却累計額￥6,400、間接法）を新しい備品￥9,000に買い換えた。旧備品の下取価額は￥3,000であり、下取価額を差し引いた代金￥6,000は月末に支払うことにした。なお、買換えにさいして当年度の減価償却費￥480を計上すること。

下取価額 ￥3,000

帳簿価額 ￥3,120

(借)	備品減価償却累計額	6,400	(貸)	備 品	10,000
	減価償却費	480		未 払 金	6,000
	固定資産売却損	120			
	備 品	9,000			

差額（損益）

IF 直接法で記帳していたら

旧備品の金額は取得原価ではなく、帳簿価額（取得原価から前期末までの減価償却累計額を差し引いた金額）となっています。

下取価額 ￥3,000

帳簿価額 ￥3,120

(借)	減価償却費	480	(貸)	旧 備 品	3,600
	固定資産売却損	120		未 払 金	6,000
	新 備 品	9,000			

差額（損益）

問題1　割戻し

備品 10 台（@¥10,500）を購入し、割戻額 ¥5,000 を控除した残額を小切手を振り出して支払った。

借 方 科 目	金 額	貸 方 科 目	金 額
備　　　　品	100,000	当 座 預 金	100,000

備品：@¥10,500 × 10台 − ¥5,000 ＝ ¥100,000

➤ ポイント

・ 備品の購入代価¥105,000（＝@¥10,500 × 10台）から割戻額¥5,000を差し引いた金額が、備品の取得原価となります。

Check!
支払った金額が取得原価

　固定資産に対して支払った金額が、固定資産の取得原価となります。そのため、「割戻し」の分の金額は、その分を支払わないので取得原価になりません。

　付随費用がある場合は購入代価に加算し、取得原価として、その取得原価をもとに減価償却が行われます。

問題 2 　固定資産の圧縮記帳 　　/ / /

　備品¥10,000の取得にあたり、国庫補助金¥4,000を受け取り、これにかかわる会計処理も適切に行われていたが、当該国庫補助金を返還しないことが本日確定したため、直接控除方式により圧縮記帳の処理を行った。

借 方 科 目	金　額	貸 方 科 目	金　額
固定資産圧縮損	4,000	備　　　　　品	4,000

▶ポイント

・「国庫補助金の受取時」と「備品の取得時」の仕訳は、すでに行われています。

〈国庫補助金の受取時〉
(借) 当座預金等　　　　4,000　　　(貸) 国庫補助金受贈益　　　4,000
〈備品取得時〉
(借) 備　　　品　　　10,000　　　(貸) 当座預金等　　　　10,000

・直接控除方式による圧縮記帳は、補助金相当額を固定資産の取得原価から直接、控除します。

・圧縮記帳後の金額¥6,000（＝¥10,000 − ¥4,000）が取得原価となり、この取得原価をもとに減価償却を行うことになります。

　耐用年数5年、定額法の場合の年間減価償却費(残存価額ゼロ)
　¥6,000 ÷ 5年 ＝ ¥1,200/年

Check!
課税の繰延べ

　『国庫補助金受贈益』(収益)と『固定資産圧縮損』(費用)を同額計上することにより、国庫補助金にかかわる利益はゼロとなります。
　ただし、圧縮記帳後の取得原価を用いて減価償却を行うため、毎年の減価償却費(費用)の計上が少なくなり、圧縮記帳をしない場合に比べ、利益が多くなります。その結果、償却期間に渡って課税所得が多くなることから、圧縮記帳は課税の繰延べといえます。

3月1日、全従業員に支給するため、備品（現金購入価格@¥10,000）10台を割賦で購入した。代金は、今月末より月末ごとに支払期限が順次到来する額面¥21,000の約束手形5枚を振り出して相手先に交付した。なお、利息相当額については、資産の勘定（前払利息）を用いて処理することとする。

借 方 科 目	金 額	貸 方 科 目	金 額
備　　　　　品	100,000	営業外支払手形	105,000
前 払 利 息	5,000		

備　　品：@¥10,000×10台＝¥100,000
営業外支払手形：¥21,000×5枚＝¥105,000
前 払 利 息：¥105,000－¥100,000＝¥5,000

▶ポイント

・備品の購入代価¥100,000（＝@¥10,000×10台）が取得原価となります。

・約束手形の総額¥105,000（＝¥21,000×5枚）と購入代価との差額は、利息相当額となります。

・営業外取引における手形の振出しとなるので、『営業外支払手形』で処理します。

・3月末日(期中取引)：約束手形の決済時に振替処理する場合

(借) 営業外支払手形　　　　21,000　　(貸) 当 座 預 金　　　　21,000
　　　支 払 利 息　　　　　 1,000*1　　　　前 払 利 息　　　　　1,000
　＊1　　¥5,000÷5枚＝¥1,000

利息の振替処理

決算時に、期間経過分の振替処理をする場合もあります。

費用の勘定（支払利息）を用いて処理していたら

利息相当額を『支払利息』で処理します。また、決算時に未経過分を『支払利息』から『前払利息』に振替処理することになります。

3月1日
(借) 備　　　　品　　100,000　　(貸) 営業外支払手形　　105,000
　　支 払 利 息　　　5,000

3月末日（期中取引）
(借) 営業外支払手形　　21,000　　(貸) 当 座 預 金　　　21,000

3月末日（決算整理）
(借) 前 払 利 息　　4,000*2　(貸) 支 払 利 息　　　4,000
*2　¥5,000 ÷ 5 枚 = ¥1,000
　　¥5,000 − ¥1,000 = ¥4,000 （前払い計上額）

前払費用は1年基準を適用

費用の未経過分のうち、決算日の翌日から1年超となるものは、『長期前払費用』として処理します。

×3年7月31日に備品を¥3,000で売却し、代金は翌月中旬に受け取ることにした。この備品は、×1年4月1日に購入したものであり（購入代価¥9,800、据付費用¥200）、耐用年数は5年、償却方法は200％定率法、記帳方法は間接法によって減価償却を行っている。なお、決算日は3月31日で、当期首から売却時までの減価償却費は月割計算して計上する。

借方科目	金額	貸方科目	金額
備品減価償却累計額	6,400	備品	10,000
減価償却費	480		
未収入金	3,000		
固定資産売却損	120		

備　　　品：¥9,800＋¥200＝¥10,000

償　却　率：$\dfrac{1}{5年} \times 200\% = 0.4$

備品減価償却累計額：¥4,000＋¥2,400＝¥6,400

　1年目：¥10,000×40％＝¥4,000

　2年目：（¥10,000－¥4,000）×40％＝¥2,400

減価償却費：（¥10,000－¥6,400）×40％×$\dfrac{4か月}{12か月}$＝¥480

売却時点での帳簿価額：¥10,000－¥6,400－¥480＝¥3,120

固定資産売却損：¥3,000－¥3,120＝△¥120（損）

➤ ポイント

・ 決算日は3月31日なので、取得日から前期末まで2年(×1年4月1日から×3年3月31日まで)、当期首から売却時まで4か月(×3年4月1日から×3年7月31日まで)経過しています。

・ 代金は、翌月中旬の受取りであり、営業外取引の未収となるので、『未収入金』で処理します。

・ 備品の取得原価は、購入代価に据付費用を加えた金額となります。

・ 200%定率法の償却率は、次の算式により求めます。

$$200\%定率法 \quad 償却率：\frac{1}{耐用年数} \times 200\%$$

・「売却価額(¥3,000)＜ 売却時点での帳簿価額(¥3,120)」なので、差額¥120を『固定資産売却損』で処理します。

(借)	備品減価償却累計額	6,400	(貸)	備　　　品	10,000
	減 価 償 却 費	480	→ 帳簿価額 ¥3,120		
	未 収 入 金	3,000 ← 売却価額			
	固定資産売却損	120 ← 差額（損益）			

売却価額が¥4,000であったら

「売却価額(¥4,000)＞ 売却時点での帳簿価額(¥3,120)」なので、差額¥880を『固定資産売却益』で処理します。

			→ 帳簿価額 ¥3,120		
(借)	備品減価償却累計額	6,400	(貸)	備　　　品	10,000
	減 価 償 却 費	480		固定資産売却益	880
	未 収 入 金	4,000 ← 売却価額		差額（損益）	

使用中の備品￥10,000（減価償却累計額￥6,400、間接法）を期首に除却した。その備品の処分価値は￥2,000と見積もられた。

借方科目	金額	貸方科目	金額
備品減価償却累計額	6,400	備　　　　品	10,000
貯　蔵　品	2,000		
固定資産除却損	1,600		

除却時点での帳簿価額：￥10,000 −￥6,400 ＝￥3,600
固定資産除却損：￥2,000 −￥3,600 ＝△￥1,600（損）

▶ ポイント

・通常、期首に除却（または売却）した場合、減価償却は行いません。

・売却するまで、備品の処分価額（価値）を『貯蔵品』で処理しておきます。

・処分価額（価値）と除却時点での帳簿価額との差額を『固定資産除却損』で処理します。

　　　　　　　　　　　　　　　　┌→ 帳簿価額 ￥3,600
（借）備品減価償却累計額　　6,400　（貸）備　　　品　　10,000
　　　貯　蔵　品　　　　　　2,000 ◀── 処分価額
　　　固定資産除却損　　　　1,600 ◀── 差額（損益）

 除却にさいして、除却費用￥1,000を現金で支払っていたら

除却費用も含めて、『固定資産除却損』で処理します。

（借）備品減価償却累計額　　6,400　（貸）備　　　品　　10,000
　　　貯　蔵　品　　　　　　2,000　　　　現　　　金　　　1,000
　　　固定資産除却損　　　　2,600[*1]
＊1　￥1,600 ＋￥1,000 ＝￥2,600

最後はどうなる200%定率法

　耐用年数を5年、残存価額をゼロとした場合の200%定率法による償却率は40%（＝1÷5年×200%）となります。

　しかし、取得原価（¥100,000とする）に60%（＝100%－40%：償却後に簿価として残るもの）を5回掛けても残存価額のゼロにはなりません。

　　¥100,000×60%×60%×60%×60%×60%＝¥7,776

　そこで、保証率を用い、当期の減価償却費が「取得原価×保証率」を割り込んだら、その時点から、未償却残高に改定償却率を掛けて減価償却費の金額として処理します。

　取得原価¥100,000、残存価額ゼロ、耐用年数5年（償却率40%）、保証率0.10800（したがって償却保証額¥10,800）、改定償却率0.500（50%）として、計算してみましょう。

　1年目：¥100,000×40%＝¥40,000
　2年目：（¥100,000－¥40,000）×40%＝¥24,000⇒累計額¥64,000
　3年目：（¥100,000－¥64,000）×40%＝¥14,400⇒累計額¥78,400
　4年目：（¥100,000－¥78,400）×40%＝¥8,640＜¥10,800
　　　　　　　　　　　　　　　　　　⇒改定償却率を採用
　　　　　（¥100,000－¥78,400）×50%＝¥10,800
　　　　　　　　　　　　　　　　　　⇒償却保証額を確保
　5年目：6年目以降も使い続けるのであれば、
　　　　　残存価額ゼロでも、備忘価額1円を残して償却
　　　　　（¥100,000－¥78,400）×50%－¥1＝¥10,799

　残存価額をゼロとして固定資産台帳から外してしまうと、簿外資産となり、帳簿上管理できなくなってしまうので、使い続ける限り備忘記録として1円を残しておくのです。

問題6　固定資産の買換え（間接法）

　×3年7月31日に備品（取得日×1年4月1日、取得原価¥10,000、耐用年数5年、200%定率法により償却、間接法で記帳）を新しい備品に買い換えた。新しい備品の取得原価は¥9,000であり、旧備品の下取価額は¥3,000であった。下取価額を差し引いた代金は月末に支払うことにした。なお、決算日は3月31日とし、買換えにさいして当年度の減価償却費を月割計算により計上すること。

借方科目	金額	貸方科目	金額
備品減価償却累計額	6,400	備　　　　品	10,000
減価償却費	480	未　払　金	6,000
固定資産売却損	120		
備　　　　品	9,000		

償　却　率：$\dfrac{1}{5年} \times 200\% = 0.4$

備品減価償却累計額：¥4,000 + ¥2,400 = ¥6,400
　1年目：¥10,000 × 0.4 = ¥4,000
　2年目：（¥10,000 − ¥4,000）× 0.4 = ¥2,400

減価償却費：（¥10,000 − ¥6,400）× 0.4 × $\dfrac{4か月}{12か月}$ = ¥480

買換え時点での帳簿価額：¥10,000 − ¥6,400 − ¥480 = ¥3,120
固定資産売却損：¥3,000 − ¥3,120 = △¥120（損）
未　払　金：¥9,000 − ¥3,000 = ¥6,000

ポイント

- 決算日は3月31日なので、取得日から前期末まで2年(×1年4月1日から×3年3月31日まで)、当期首から売却時まで4か月(×3年4月1日から×3年7月31日まで)経過しています。
- 代金(購入価額と下取価額との差額)は、月末の支払いであり、営業外取引の未払いとなるので、『未払金』で処理します。
- 200%定率法の償却率は、次の算式により求めます。

  200%定率法　償却率：$\dfrac{1}{耐用年数} \times 200\%$

- 「下取価額(¥3,000)＜ 買換え時点での帳簿価額(¥3,120)」なので、差額¥120を『固定資産売却損』で処理します。
- 仕訳の「借方の備品」は新備品であり、「貸方の備品」は旧備品なので、相殺しないように注意しましょう。

下取価額 ¥3,000
帳簿価額 ¥3,120

(借)	備品減価償却累計額	6,400	(貸)	旧 備 品	10,000
	減価償却費	480		未 払 金	6,000
	固定資産売却損	120		差額(損益)	
	新 備 品	9,000			

コラム **買掛金と未払金の違い**

　購買担当が商品(販売を目的とするもの)を仕入れた際に、仕入先に対する債務を管理するための勘定として『買掛金』を用い、それ以外の相手先に対する債務(購買担当が管理していない債務)を管理するための勘定として『未払金』を用います。

　ですから、固定資産の購入では『未払金』を用いることになります。

　実務上、『買掛金』を用いるか、『未払金』を用いるかの判断は、通常、その債務を管理する部署によって決まるもので、必ずしも「商品仕入だから買掛金」、「商品仕入以外だから未払金」といった決め方をするものではありません。

　しかし、簿記の問題では「商品仕入であれば買掛金、そうでなければ未払金」として処理したものが正解となりますので、この点を注意しておきましょう。

×3年7月31日に備品（取得日×1年4月1日、取得原価￥10,000、耐用年数5年、200%定率法により償却、直接法で記帳）を新しい備品に買い換えた。新しい備品の取得原価は￥9,000であり、旧備品の下取価額は￥3,000であった。下取価額を差し引いた代金は月末に支払うことにした。なお、決算日は3月31日とし、買換えにさいして当年度の減価償却費を月割計算により計上すること。

借 方 科 目	金　額	貸 方 科 目	金　額
減 価 償 却 費	480	備　　　　品	3,600
固定資産売却損	120	未　払　金	6,000
備　　　　品	9,000		

償　却　率：$\dfrac{1}{5年} \times 200\% = 0.4$

前期末までの減価償却累計額：￥4,000＋￥2,400＝￥6,400

　1年目：￥10,000×0.4＝￥4,000

　2年目：（￥10,000－￥4,000）×0.4＝￥2,400

備　　　　品：￥10,000－￥6,400＝￥3,600

減価償却費：$￥3,600 \times 0.4 \times \dfrac{4か月}{12か月} = ￥480$

買換え時点での帳簿価額：￥3,600－￥480＝￥3,120

固定資産売却損：￥3,000－￥3,120＝△￥120（損）

未　払　金：￥9,000－￥3,000＝￥6,000

▶ポイント

- 直接法で記帳しているので、旧備品の金額は取得原価ではなく、帳簿価額(取得原価から前期末までの減価償却累計額を差し引いた金額)となっていることに注意しましょう。

- 決算日は3月31日なので、取得日から前期末まで2年(×1年4月1日から×3年3月31日まで)、当期首から売却時まで4か月(×3年4月1日から×3年7月31日まで)経過しています。

- 代金(購入価額と下取価額との差額)は、月末の支払いであり、営業外取引の未払いとなるので、『未払金』で処理します。

- 200%定率法の償却率は、次の算式により求めます。

  $$200\%定率法：\frac{1}{耐用年数} \times 200\%$$

- 「下取価額(¥3,000)< 買換え時点での帳簿価額(¥3,120)」なので、差額¥120を『固定資産売却損』で処理します。

- 仕訳の「借方の備品」は新備品であり、「貸方の備品」は旧備品なので、相殺しないように注意しましょう。

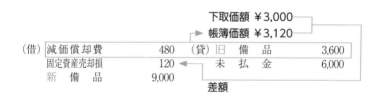

	下取価額 ¥3,000			
	▶ 帳簿価額 ¥3,120			
(借) 減価償却費	480	(貸) 旧 備 品	3,600
固定資産売却損	120 ◀	未 払 金	6,000
新 備 品	9,000	差額	

2. 固定資産Ⅱ.(2)車両運搬具

① 買った

② 使った

① 営業用車両¥600,000 を購入し、代金は自動車税¥8,000 ととも に現金で支払った。

(借) 車両運搬具　　 600,000　(貸) 現　　　金　　 608,000
　　　租 税 公 課*1　　 8,000

* 1　自動車税は『租税公課』で処理します。なお、自動車取得税のように取得原 価に算入する税金もあります。問題文の指示に従いましょう。

② 決算にあたり、上記の営業用車両について生産高比例法により減価 償却を行う（間接法）。
　　　残存価額は取得原価の 10%
　　　総走行可能距離　8,000km　　　当期の走行距離　1,600km

(借) 減価償却費　　 108,000*2 (貸) 車両運搬具減価償却累計額　 108,000

* 2　$¥600,000 \times 0.9 \times \dfrac{1,600km}{8,000km} = ¥108,000$

Check!
生産高比例法

　生産高比例法では、耐用年数や当期の利用月数などの期間に関する情 報は不要です。
　生産高比例法は、車両、船舶、航空機といった総利用可能量や当期の 利用量がわかる固定資産に対してのみ適用できます。

買い換えた

③ 前述の営業用車両（前期末における減価償却累計額¥324,000、
間接法で記帳）を下取りさせて、新たな営業用車両¥700,000 を
購入した。なお、旧車両の当期の走行距離は 800km、下取り価額
は¥200,000 で、購入価額との差額¥500,000 は月末に支払うこ
ととした。

下取価額 ¥200,000 ─┐
帳簿価額 ¥222,000 ─┤

(借)	車両運搬具減価償却累計額	324,000	(貸)	車両運搬具	600,000
	減価償却費	54,000*3		未払金	500,000
	固定資産売却損	22,000			
	車両運搬具	700,000		差額（損益）	

$$* 3 \quad ¥600,000 \times 0.9 \times \frac{800\text{km}}{8,000\text{km}} = ¥54,000$$

直接法で記帳していたら

旧車両の金額は取得原価ではなく、帳簿価額（取得原価から前期末ま
での減価償却累計額を差し引いた金額）となっています。

下取価額 ¥200,000 ─┐
帳簿価額 ¥222,000 ─┤

(借)	減価償却費	54,000	(貸)	旧車両運搬具	276,000
	固定資産売却損	22,000		未払金	500,000
	新車両運搬具	700,000		差額（損益）	

問題8　生産高比例法

決算にあたり、保有している営業用車両の減価償却を生産高比例法にて行う。記帳は間接法によること。当該車両の取得原価は¥600,000、残存価額は取得原価の10％、総走行可能距離は8,000km、当期の走行距離は1,600kmであった。

借方科目	金　額	貸方科目	金　額
減 価 償 却 費	108,000	車両運搬具減価償却累計額	108,000

減価償却費：$¥600,000 × 0.9 × \dfrac{1,600\text{km}}{8,000\text{km}} = ¥108,000$

ポイント

・生産高比例法では、耐用年数にもとづいた償却を行うのではなく、総利用可能量（総走行可能距離など）にもとづいた償却を行います。

・残存価額が取得原価の10％ということは、取得原価の90％を償却することになります。

取得原価（100％）		
償却する金額（90％）		残存価額（10％）

・この営業用車両を1km運転すると、ガソリン代に加え、¥67.5/kmの費用（減価償却費）が発生していることを意味しています。

　　$¥600,000 × 0.9 ÷ 8,000\text{km} = ¥67.5/\text{km}$

Check!　残存価額の有無を確認しよう

減価償却を生産高比例法で行うさい、残存価額があるにもかかわらず、取得原価から残存価額を差し引くことを忘れた解答をよく見ます。注意しましょう。

問題 9 　車両の買換え（間接法）

　営業用車両（取得原価￥600,000、残存価額は取得原価の10%、前期末における減価償却累計額￥324,000、生産高比例法による減価償却、見積総走行可能距離8,000km、間接法で記帳）を下取りさせて、新たな営業用車両（購入価額￥700,000）を購入した。なお、旧車両の当期の走行距離は800km、下取り価額は￥200,000で、購入価額との差額は月末に支払うこととした。

借方科目	金　額	貸方科目	金　額
車両運搬具減価償却累計額	324,000	車両運搬具	600,000
減価償却費	54,000	未払金	500,000
固定資産売却損	22,000		
車両運搬具	700,000		

減価償却費：￥600,000×0.9×$\frac{800\text{km}}{8,000\text{km}}$＝￥54,000

買換え時点での帳簿価額：￥600,000－￥324,000－￥54,000＝￥222,000

固定資産売却損：￥200,000－￥222,000＝△￥22,000（損）

未　払　金：￥700,000－￥200,000＝￥500,000

▶ポイント

・ 代金（購入価額と下取り価額との差額）は、月末の支払いであり、営業外取引の未払いとなるので、『未払金』で処理します。

・ 残存価額が取得原価の10%ということは、取得原価の90%を償却することになります。

・ 「下取価額（￥200,000）＜買換え時点での帳簿価額（￥222,000）」なので、差額￥22,000を『固定資産売却損』で処理します。

・仕訳の「借方の車両運搬具」は新車両であり、「貸方の車両運搬具」は旧車両なので、相殺しないように注意しましょう。

下取価額 ￥200,000
帳簿価額 ￥222,000

(借)	車両運搬具減価償却累計額	324,000	(貸)	旧車両運搬具	600,000
	減 価 償 却 費	54,000		未 払 金	500,000
	固定資産売却損	22,000		差額（損益）	
	新 車 両 運 搬 具	700,000			

問題 10　車両の買換え（直接法）　　／　／　／

　営業用車両（取得原価￥600,000、残存価額は取得原価の 10％、前期末における帳簿価額￥276,000、生産高比例法による減価償却、見積総走行可能距離 8,000km、直接法で記帳）を下取りさせて、新たな営業用車両（購入価額￥700,000）を購入した。なお、旧車両の当期の走行距離は 800km、下取り価額は￥200,000 で、購入価額との差額は月末に支払うこととした。

借 方 科 目	金 額	貸 方 科 目	金 額
減 価 償 却 費	54,000	車 両 運 搬 具	276,000
固定資産売却損	22,000	未 払 金	500,000
車 両 運 搬 具	700,000		

減価償却費：$¥600,000 \times 0.9 \times \dfrac{800km}{8,000km} = ¥54,000$

買換え時点での帳簿価額：￥276,000 － ￥54,000 ＝ ￥222,000

固定資産売却損：￥200,000 － ￥222,000 ＝ △￥22,000（損）

未　払　金：￥700,000 － ￥200,000 ＝ ￥500,000

► ポイント

・直接法で記帳しているので、旧車両の金額は取得原価ではなく、帳簿価額(取得原価から前期末までの減価償却累計額を差し引いた金額)となっていることに注意しましょう。

・仕訳の「借方の車両運搬具」は新車両であり、「貸方の車両運搬具」は旧車両なので、相殺しないように注意しましょう。

```
                        下取価額 ¥200,000
                      → 帳簿価額 ¥222,000
(借) 減価償却費   54,000   (貸) 旧車両運搬具  276,000
    固定資産売却損  22,000 ◄      未 払 金   500,000
    新車両運搬具  700,000      差額(損益)
```

 夜寝る前に **以下の取引の内容を言ってみましょう。**

また、第4部を学習した翌日に、もう一度復習しておきましょう。

問題1

備 品	100,000	当 座 預 金	100,000

問題2

固定資産圧縮損	4,000	備 品	4,000

問題3

備 品	100,000	営業外支払手形	105,000
前 払 利 息	5,000		

問題4

備品減価償却累計額	6,400	備 品	10,000
減 価 償 却 費	480		
未 収 入 金	3,000		
固定資産売却損	120		

問題5

備品減価償却累計額	6,400	備　　　　品	10,000
貯　　蔵　　品	2,000		
固定資産除却損	1,600		

問題6

備品減価償却累計額	6,400	備　　　　品	10,000
減 価 償 却 費	480	未　　払　　金	6,000
固定資産売却損	120		
備　　　　品	9,000		

問題7

減 価 償 却 費	480	備　　　　品	3,600
固定資産売却損	120	未　　払　　金	6,000
備　　　　品	9,000		

問題8

減 価 償 却 費	108,000	車両運搬具減価償却累計額	108,000

問題9

車両運搬具減価償却累計額	324,000	車 両 運 搬 具	600,000
減 価 償 却 費	54,000	未　　払　　金	500,000
固定資産売却損	22,000		
車 両 運 搬 具	700,000		

問題10

減 価 償 却 費	54,000	車 両 運 搬 具	276,000
固定資産売却損	22,000	未　　払　　金	500,000
車 両 運 搬 具	700,000		

第5部

引当金
外貨建取引
研究開発費
法定福利費
流動・固定の分類

1. 引当金(1)退職給付引当金

繰り入れた

支払った

① 決算にあたり、退職給付引当金￥800,000 を繰り入れた。

(借)退職給付費用*1 800,000   (貸)退職給付引当金 800,000

* 1 引当金の繰入れには、通常、『○○引当金繰入』を用います。ただし、『退職給付引当金』を設定する場合だけは、『退職給付費用』を用います。

② 従業員が退職したので、退職金￥500,000 を現金で支払った。

(借)退職給付引当金 500,000   (貸)現　　　金 500,000

| 問題 1 | 退職給付引当金の取崩し | / / / |

従業員の退職時に支払われる退職一時金の給付に備えて退職給付引当金￥800,000 を計上していたが、本日、従業員が退職したため退職一時金として￥500,000 を現金で支払った。

借 方 科 目	金 額	貸 方 科 目	金 額
退職給付引当金	500,000	現　　　金	500,000

▶ ポイント

・退職金の支払いに備えて『退職給付引当金』を設定します。

(借) 退職給付費用　800,000　(貸) 退職給付引当金　800,000

・退職金を払ったときは、『退職給付引当金』を取り崩します。

よい人生にするために
～主語を大きく～

『心構えを変えれば、行動が変わる。行動を変えれば、習慣が変わる。習慣が変われば、器が変わる。器が変われば、人生が変わる。』という話を聞いたことがある。

つまり、よい人生にしていくには、よい心構えを持つことなんだ。という結論になっていた。

確かに瞬間的に心構えを変えて、瞬間的に行動を変える、ということは誰にでもできる。また根性論と体力の範囲でなら少しは続けることもできるだろう。

しかし、問題はそれを長く継続させて習慣の域にまで高めることにある。それには、信念と、成功体験が必要になる。

つまり、信念と成功体験がなければ習慣にまで高めることは難しく、しかもそれらを持って生れてきた者などいやしない。

では、どうすればそれらが得られるのだろうか？

この話はそれに応えてくれてはいないし、決定的な答えもありはしないのだろう。

ただ、私が思うところ、『主語を大きくする』ことによって、そのきっかけにできると思っている。

日常使う主語を『自分』から『あなた』そして『みんな』さらに『会社』『地域』『国』『世界』と、どんどん主語を大きくしていく。するとそこに、自分の為すべき事や、物事の真理が見えてくる。

これが、信念につながり、それに基づいた行動によってこそ、仮にどんなに小さいことであっても、その人の成功体験になる。

『主語を大きく』

偉人は皆大きな主語を使っている。これがよい人生への第一歩なのではないだろうか。

2.引当金⑵修繕引当金

① 引き当てた

② なおした

---

① 決算にあたり、機械および建物に対して、修繕引当金をそれぞれ ¥8,000 計上する。

(借)修繕引当金繰入*1　16,000　(貸)修 繕 引 当 金*2　16,000

* 1　引当金の繰入れには、通常、『○○引当金繰入』を用います。
* 2　定期的に修繕を行う場合、修繕見積額のうち、当期に関する部分を『修繕引当金』として計上します。

② 機械の定期修繕を期末に行い、代金 ¥12,000 は翌月末の支払いとした。前期末までに計上された修繕引当金は ¥8,000 である。

(借)修 繕 引 当 金　8,000　(貸)未 払 金　12,000
　　修 繕 費*3　4,000

* 3　『修繕引当金』の残高を超えた分は、その期の費用として、『修繕費』で処理します。

IF **修繕代金が¥7,000であったら**

取り崩した後の引当金の残高を『修繕引当金戻入』として処理します。

(借)修 繕 引 当 金　8,000　(貸)未 払 金　7,000
　　　　　　　　　　　　　　修繕引当金戻入　1,000

価値が上がった

③ 建物の修繕を行い、代金¥24,000は小切手を振り出して支払った。このうち¥14,000は建物の耐震機能を向上させる効果があるものと認められた。修繕引当金の残高は¥8,000である。

(借)建　　　　物*4　14,000　（貸)当 座 預 金　24,000
　　修 繕 引 当 金　 8,000
　　修　繕　費　 2,000

＊4 「耐震機能を向上させる効果がある」ということは、資本的支出に該当するため、『建物』として処理します。

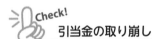
Check!

引当金の取り崩し

いつ発生したものか

「前期以前のもの」
➡引当金を取り崩す（引当金の設定対象となっている）

「当期に発生したもの」
➡当期の費用（決算でしか引当金を設定しないので、設定対象となっていない）

「引当金の残高＞支出額」
➡引当金を取り崩す

「引当金の残高＜支出額」
➡引当金を取り崩し、不足分を当期の費用とする

2. 引当金(2)修繕引当金

機械の定期修繕を期末に行い、代金￥12,000
は翌月末の支払いとした。前期末までに計上され
た修繕引当金は￥8,000である。

借 方 科 目	金 　額	貸 方 科 目	金 　額
修 繕 引 当 金	8,000	未 　払 　金	12,000
修 　繕 　費	4,000		

修繕費：￥12,000 − ￥8,000 = ￥4,000

▶ポイント

・修繕引当金を計上している場合、先に『修繕引当金』を取り崩し、修繕
　引当金の残高を超えた分は、『修繕費』として処理します。

・代金は、翌月末の支払いであり、営業外取引の未払いとなるので、『未
　払金』で処理します。

Check!
　引当金とは

　引当金は、当期の収益と当期の費用を対応させて、適正な当期利益を
算定するために設定されます。また、その取り崩しは、設定対象となっ
たものに対してのみ行います。

コラム　ここで一句

『引当金　オーバーしたなら　当期費用』

　設定した引当金を超えて支払いが発生してしまい、寒々とした気持ちを
詠んだ句(笑)
　なお、「オーバー」は上着を表す冬の季語でもある。

問題3　資本的支出・収益的支出

当期首に、建物（取得原価：¥160,000、残存価額：¥16,000、耐用年数：20年、定額法により償却、間接法により記帳）について修繕を行い、代金¥24,000は小切手を振り出して支払った。なお、このうち¥14,000は建物の耐震機能を向上させる効果があるものと認められた。修繕引当金の残高は¥8,000である。

借　方　科　目	金　　額	貸　方　科　目	金　　額
建　　　　　　物	14,000	当　座　預　金	24,000
修　繕　引　当　金	8,000		
修　　繕　　費	2,000		

修繕費：¥24,000 − ¥14,000 − ¥8,000 = ¥2,000

ポイント

・「建物の耐震機能を向上させる効果がある」ということから、建物の価値が増加したと考えます。資本的支出に該当するため、その分を『建物』で処理します。

高い

「機能アップ または 耐用年数の延長」
資本的支出 ⇒ 固定資産の増加

元の機能
レ ベ ル

低い

「下がった機能の回復」
収益的支出 ⇒ 修繕費（修繕引当金があれば取り崩す）

3.引当金(3)賞与引当金

《従業員の賞与》

引き当てた　　　もっと引き当てた　　　支払った

---

① 月次決算にあたり、¥600 を賞与引当金として計上する。

| (借)賞与引当金繰入*2 | 600 | (貸)賞 与 引 当 金*1 | 600 |

* 1　年2回、従業員賞与を支給する会社があるとします。このような会社で月次決算を行う場合、月割りで賞与の支給見積額を『賞与引当金』として計上することがあります。

* 2　当月の費用として、『賞与引当金繰入』で処理します。

---

② 月次決算において、従業員賞与の支給に備えて毎月¥600（合計¥3,000）を賞与引当金として計上してきたが、決算日に支給見積額が¥4,000となり追加計上を行う。

| (借)賞与引当金繰入*4 | 1,000 | (貸)賞 与 引 当 金*3 | 1,000 |

* 3　決算にあたり、当期末に必要な『賞与引当金』の残高を算定し、月次決算で計上してきた『賞与引当金』の残高との差額を追加計上します。なお、『賞与引当金』は、貸借対照表の流動負債の区分に表示されます。

* 4　損益計算書の販売費及び一般管理費の区分に表示されます。

---

③ 従業員賞与の支給日につき、¥4,000 を普通預金口座から支払った。

| (借)賞 与 引 当 金 | 4,000 | (貸)普 通 預 金 | 4,000 |

《役員の賞与》

引き当てた

支払った

1 決算日において、当年度に属する役員賞与￥6,000を見積り計上する。当社は、株主総会において役員賞与の支給に関する議案の承認を受けることとしている。

(借)役員賞与引当金繰入*6　　6,000　　(貸)役員賞与引当金*5　　6,000

* 5　当期の業績などを考慮して、取締役会などで役員賞与の金額を決めます。また、株主総会で承認が必要な場合、引当金として計上します。なお、『役員賞与引当金』は、貸借対照表の流動負債の区分に表示されます。

* 6　損益計算書の販売費及び一般管理費の区分に表示されます。

2 株主総会において役員賞与の支給に関する議案の承認を受けたので、￥6,000を普通預金口座から支払った。

(借)役員賞与引当金*7　　6,000　　(貸)普 通 預 金　　6,000

* 7　株主総会において承認を得た後に、役員賞与を支払い引当金を取り崩します。

コラム　**役員賞与は誰が決めるのか**

　株式会社の最高の意思決定機関は通常、株主総会とされています。しかし、株主の人数が多いことなどにより、現実的に意思決定には不向きな会であることから、多くの株式会社では取締役会で決議し、株主総会ではその承認を得るだけの手続きをとることにしています。

　役員賞与についても、本来は株主総会で議論して決議することですが、実質的に取締役会で決めています。

年 2 回の従業員賞与の支給に備えて、×1 年10 月から×2 年 2 月まで、毎月¥600 を賞与引当金として計上してきたが、決算日（×2 年 3 月31 日）に支給見積額が¥4,000 となり追加計上を行う。

借 方 科 目	金　額	貸 方 科 目	金　額
賞与引当金繰入	1,000	賞 与 引 当 金	1,000

既計上額：¥600×5 か月＝¥3,000
追加計上額：¥4,000 − ¥3,000 ＝ ¥1,000

▶ポイント

・10 月から 3 月までの期間（6 か月間）を 1 回分の従業員賞与の算定期間としています。

・×1 年 10 月から×2 年 2 月までの 5 か月間、毎月¥600 を賞与引当金として計上しているため、既に計上している額は¥3,000（＝¥600×5 か月）となります。

・決算にあたり、支給見積額（期末時点に計上すべき賞与引当金の残高）が¥4,000 となったので、差額¥1,000（＝¥4,000 − ¥3,000）を追加計上することになります。

　賞与を引当金の額（¥4,000）を超えて¥5,000 支払ったら

『賞与引当金』の残高を超えた分は、当期の費用として、『賞与』で処理します。賞与の算定期間が、期をまたいでいる場合などでは、このような処理が行われることがあります。

(借)賞 与 引 当 金　　4,000　(貸)現　金　等　　5,000
　　賞　　　　与　　1,000[*1]

＊1　¥5,000 − ¥4,000 ＝ ¥1,000

問題5 賞与引当金（役員） / / /

決算日において、当年度に属する役員賞与
¥6,000を見積り計上する。なお、当社は、株主
総会において役員賞与の支給に関する議案の承認
を受けることとしている。

借方科目	金額	貸方科目	金額
役員賞与引当金繰入	6,000	役員賞与引当金	6,000

➤ ポイント

・株主総会において、役員賞与の支給に関する議案の承認を受けること
　にしている場合、引当金を計上します。

・引当金を計上するのは、承認を受けるまで債務が確定していないため
　です。

コラム　**株式会社は誰のもの？**

「株式会社は誰のものなのか」という問いに対する答えを、現代では『株
主のもの』と位置付けています。

つまり、「株主が株式会社の所有者である」という考え方です。

このことから、株主重視の経営が営まれることになり、株主への配当金
が上がり続けています。

しかし、株主重視の経営は、裏を返せば従業員軽視の経営という面もあり、
従業員の平均給与は下がり続けています。

これでいいものなのでしょうか？

4. 外貨建取引

取引した   決済した   決算迎えた

---

1 商品 30 ドルを掛けで売り上げた。売上時の為替レートは 1 ドル＝
¥100 であった。

（借）売　掛　金　　3,000 （貸）売　　　　上　　3,000*¹

＊1　＠¥100 × 30 ドル＝¥3,000

---

2 上記売掛金のうち、10 ドルを現金で回収した。この時の為替レー
トは、1 ドル＝¥98 であった。

（借）現　　　　金　　980*³ （貸）売　掛　金　　1,000*²
　　　為替差損益　　　20*⁴

＊2　＠¥100 × 10 ドル＝¥1,000
＊3　＠¥98 × 10 ドル＝¥980
＊4　¥980 − ¥1,000 ＝△¥20（損）

---

3 決算にさいし、上記売掛金の残り 20 ドルを換算した。決算時の為
替レートは、1 ドル＝¥105 である。

（借）売　掛　金　　　100 （貸）為替差損益　　　100*⁵

＊5　＠¥100 × 20 ドル＝¥2,000
　　　＠¥105 × 20 ドル＝¥2,100
　　　¥2,100 − ¥2,000 ＝¥100（益）

なお、売掛金などの債権の評価替えをした場合には、貸倒引当金に影
響することを意識しておきましょう。

取引した ① 予約した ② 決済した ③

① 商品 30 ドルを掛けで売り上げた。売上時の為替レートは 1 ドル＝
¥100 であった。

(借) 売　掛　金　　3,000　　(貸) 売　　　　上　　3,000*¹

＊1　@¥100 × 30 ドル＝¥3,000

② 売掛金 30 ドルに為替予約を行った。予約時の為替レートは 1 ドル
101 円、予約レートは 1 ドル 103 円である。差額はすべて当期の
損益として処理する。

(借) 売　掛　金*²　　90　　(貸) 為替差損益　　　90

＊2　(@¥103 － @¥100) × 30 ドル＝¥90
　　取引発生時の為替レートと予約レートとの差額を為替差損益とします。

③ 売掛金 30 ドルを現金で回収した。回収時の為替レートは 1 ドル
95 円である。

(借) 現　　　金　　3,090　　(貸) 売　掛　金*³　　3,090

＊3　@¥103 × 30 ドル＝¥3,090
　　売掛金は予約レート@¥103で換算した¥3,090で計上されており、その金
　　額で回収されますので、為替差損益は計上されません(回収時の為替レート
　　@¥95は用いません)。

売掛金 10 ドルを現金で回収した。売上時の為替レートは1ドル 100 円、決済時の為替レートは1ドル 98 円である。

借 方 科 目	金 額	貸 方 科 目	金 額
現　　　　金	980	売　掛　金	1,000
為 替 差 損 益	20		

売　掛　金：@￥100 × 10 ドル＝￥1,000
現　　　金：@￥98 × 10 ドル＝￥980
為替差損益：￥980 −￥1,000 ＝△￥20（損）

▶ ポイント

・外貨建による商品の仕入や売上など、取引が発生したときには、取引発生時の為替レートで換算しています。

　(借) 売 掛 金　　1,000　(貸) 売　　　上　　1,000

・代金の決済時には、決済時の為替レートで換算し、取引時と決済時の為替レートとの差額は、『為替差損益』で処理します。

Check!
為替差損益の損益計算書への表示

　為替差損と為替差益は相殺して、損益計算書上は営業外収益または営業外費用のどちらか一方に記載されます。

　収益と費用の相殺は「行わない」ことがルールなのですが、為替差損益はその例外です。

　それは、為替換算という1つの事象から起きた損益なので、損益計算書の表示も1つでよいという考え方によるものです。

　これと同じものに有価証券の評価益と評価損を相殺するというものがあります。

問題 7　外貨建債権・債務の期末換算　/ / /

決算を迎えた。売掛金 20 ドル（売上時の為替レートは 1 ドル 100 円）について決算時の為替レートである 1 ドル 105 円で換算した。

借方科目	金　額	貸方科目	金　額
売　　掛　　金	100	為 替 差 損 益	100

売掛金（取引時）：@¥100 × 20 ドル＝¥2,000
売掛金（決算時）：@¥105 × 20 ドル＝¥2,100
為 替 差 損 益：¥2,100 − ¥2,000＝¥100（益）

➤ ポイント

・決算時に、外貨建ての現金や債権・債務（売掛金や買掛金など）がある場合には、決算時の為替レートで換算します。このときに生じる換算差額も、『為替差損益』で処理します。

・また、売掛金が変動した場合には、貸倒引当金に影響するので注意が必要です。

Check!　損したのか得したのか

外貨換算会計の問題を解くにあたって「損したのか得したのか」を意識すると、間違えなくなっていきます。

問題6では、当初100円／ドルで回収できると思っていた売掛金が98円／ドルになってしまったので2円／ドルの損（為替差損）、問題7では、100円／ドルしかもらえないと思っていたのに105円／ドルもらえることになったので得（為替差益）、と考えると良いでしょう。

問題 8 **取引時までに為替予約** / / /

商品 30 ドルを掛けで売り上げた。売上時の為替レートは1ドル100円であった。

なお、取引と同時に為替予約を行った。予約レートは1ドル102円である。

借 方 科 目	金 額	貸 方 科 目	金 額
売 掛 金	3,060	売 上	3,060

@¥102 × 30 ドル＝¥3,060

▶ ポイント

・為替予約とは、為替レートの変動に伴う収入の減少または支出の増加を回避するために、決済時の為替レートをあらかじめ予約しておくことです。

・取引発生時（まで）に為替予約を行った場合は、取引の金額を予約レートで換算します。そして、予約レートで換算した売掛金や買掛金は、決算時において換算替えをしません。

・また、決済時には予約レートで決済されるので、為替差損益は生じません。売掛金を現金で回収した時の仕訳は次のとおりです。
（借）現 金 3,060 （貸）売 掛 金 3,060

➢ Check!
為替差損益の損益計算書への表示

為替差損と為替差益は相殺して、損益計算書上は営業外収益または営業外費用のどちらか一方に記載されます。

収益と費用の相殺は「行わない」ことがルールなのですが、為替差損益はその例外です。

それは、為替換算という1つの事象から起きた損益なので、損益計算書の表示も1つでよいという考え方によるものです。

これと同じものに有価証券の評価益と評価損を相殺するというものがあります。

問題9 取引後に為替予約 ／／／

商品30ドルを掛けで売り上げたさいに、売上時の為替レートである1ドル100円で換算した金額を売掛金として計上していたが、その後、売掛金30ドルに為替予約を行った。

予約時の為替レートは1ドル101円、予約レートは1ドル103円である。差額はすべて当期の損益として処理する。

借方科目	金額	貸方科目	金額
売　掛　金	90	為替差損益	90

（@¥103 －@¥100）× 30ドル＝¥90

▶ポイント

・売上時に行った仕訳は、次のとおりです。
（借）売　掛　金　3,000　（貸）売　　上　3,000
@¥100×30ドル＝¥3,000

・取引発生後に為替予約を行う場合、取引発生時の為替レート（直物レート）と予約レートとの差額を『為替差損益』で処理します。これにより、売掛金の残高は¥3,090（＝@¥103×30ドル）となっています。

・決済時には予約レートで決済されるので、為替差損益は生じません。売掛金を現金で回収した時の仕訳は次のとおりです。
（借）現　　金　3,090　（貸）売　掛　金　3,090

5. 研究開発費

研究開発した

 ~

1 研究開発部門を拡張することになったため、実験専用の機器を追加購入し、代金¥12,000は小切手を振り出して支払った。

(借)研究開発費　　12,000　(貸)当座預金　　12,000

2 研究開発のみの目的で使用するために備品¥6,000を購入し、代金は翌月末払いとした。

(借)研究開発費　　6,000　(貸)未　払　金　　6,000

3 研究開発部門で働く研究員への今月分の給料および諸手当¥9,000を現金で支払った。

(借)研究開発費　　9,000　(貸)現　　　　金　　9,000

Check!
複合費

　1つの目的に対して、いろいろな形で発生する原価をまとめて「目的に合った一つの勘定科目」にして表すことがあります。これを複合費といいます。
　なお、複合費には『研究開発費』の他に『広告宣伝費』なども挙げられます。

仕入れた

研究開発専用備品買った

1 商品¥64,000を翌月末払いの条件で購入し、取引は税抜方式により記帳する（消費税¥6,400）。なお、商品に関する記帳は3分法によるものとする。

(借)仕 入	64,000	買 掛 金	70,400
仮払消費税	6,400		

2 研究開発専用で使用する測定機器備品¥12,000を翌月末払いの条件で購入し、取引は税抜方式により記帳する（消費税¥1,200）。

(借)研究開発費	12,000	未 払 金	13,200
仮払消費税	1,200		

Check!

固定資産ですらない

研究開発専用で使用する備品などは、取得原価をそのまま当期の費用として処理します。つまり、固定資産であっても資産にさえ計上しないのです。したがって、もちろん減価償却の対象ともなりません。

このように研究開発目的のものは、特別な扱いを受けるのです。

研究開発部門を拡張することになったため、実験専用の機器を追加購入し、代金¥12,000は小切手を振り出して支払った。また、研究開発のみの目的で使用するために備品¥6,000も購入し、代金は翌月末払いとした。さらに、研究開発部門で働く研究員への今月分の給料および諸手当¥9,000を現金で支払った。

借 方 科 目	金 額	貸 方 科 目	金 額
研 究 開 発 費	27,000	当 座 預 金	12,000
		未 払 金	6,000
		現 金	9,000

研究開発費：¥12,000 ＋ ¥6,000 ＋ ¥9,000 ＝ ¥27,000

▶ポイント

・実験専用の機器など研究開発のみの目的で使用するモノは、有形固定資産として計上するのではなく、購入代金を全額、『研究開発費』として処理します。そのため、減価償却の対象にはなりません。

・研究開発部門で働く研究員への給料および諸手当も『研究開発費』として処理します。

問題11 研究開発費②

／ ／ ／

長野商事から、商品¥64,000と研究開発専用で使用する測定機器備品¥12,000を、翌月末払いの条件で購入した。これらに対する消費税の税率は10%であり、取引は税抜方式により記帳する。なお、商品に関する記帳は3分法によるものとする。

借 方 科 目	金 額	貸 方 科 目	金 額
仕 入	64,000	買 掛 金	70,400
研 究 開 発 費	12,000	未 払 金	13,200
仮 払 消 費 税	7,600		

消費税額（商品）：¥64,000 × 10% ＝ ¥6,400
買 掛 金：¥64,000 ＋ ¥6,400 ＝ ¥70,400
消費税額（測定機器備品）：¥12,000 × 10% ＝ ¥1,200
未 払 金：¥12,000 ＋ ¥1,200 ＝ ¥13,200
仮 払 消 費 税：¥6,400 ＋ ¥1,200 ＝ ¥7,600

ポイント

・商品の未払いは、営業取引の未払いとなるため、消費税の額を含めて『買掛金』として処理します。

・研究開発専用で使用する測定機器の未払いは、営業外取引の未払いとなるため、消費税の額を含めて『未払金』として処理します。

Check!
出題の意図

作問者の「消費税は商品の仕入代金だけではなく、あらゆる物にかかるのですよ」という出題意図を忖度(そんたく)しなければならない忖度問題の1つ。
「商品と研究開発専用で使用する測定機器備品」を同じ相手から購入するというのは、どういう場面だろうか？などと現実的なことを考えてはいけないのが忖度問題である。

6. 法定福利費

給料支払った

納付した

1 給料の支払いにさいし、源泉所得税￥15,000、住民税￥11,200 および社会保険料￥3,800 を控除した残額￥170,000 を当座預金 から支払った。

(借)給　　　　料　200,000　(貸)従業員預り金　30,000
　　　　　　　　　　　　　　　　当 座 預 金　170,000

2 給料支払い時に控除していた源泉所得税￥15,000、住民税 ￥11,200 および社会保険料￥3,800 と会社負担の社会保険料 ￥3,800 を合わせて小切手を振り出して納付した。

(借)従業員預り金　30,000　(貸)当 座 預 金　33,800
　　法 定 福 利 費　3,800

問題12　法定福利費　／／／

鳥取商事株式会社は、給料支払い時に控除していた源泉所得税¥15,000、住民税¥11,200 および社会保険料¥3,800 と会社負担の社会保険料¥3,800 を合わせて小切手を振り出して納付した。負債の勘定科目は「従業員預り金」を使用すること。

借方科目	金　額	貸方科目	金　額
従業員預り金	30,000	当座預金	33,800
法定福利費	3,800		

従業員預り金：¥15,000 ＋¥11,200 ＋¥3,800 ＝¥30,000
当座預金：¥30,000 ＋¥3,800 ＝¥33,800

▶ポイント

・過去の仕訳

（借）給　　　料	×××	（貸）従業員預り金	30,000
		現　金　等	×××

・『従業員預り金』は、『所得税預り金』、『住民税預り金』や『社会保険料預り金』に細分化することもあります。

・社会保険料は「従業員と会社が1対1の割合で負担する」ことがルールとなっているので、会社負担分は『法定福利費』で処理します。

コラム　法定福利費

『法定福利費』の福利とは「幸福と利益」の略であり、「法律が定めた従業員の幸福と利益のための費用」ということで法定福利費という科目が用いられています。

7. 流動・固定の分類

長期だ

費用計上した

1

広告用看板の掲示に関する契約を締結し、今後3年分の広告料金 ¥54,000 を普通預金から支払った。総額を資産（長期前払費用）に計上する。

（借）長期前払費用　　54,000　　（貸）普 通 預 金　　54,000

2

資産（長期前払費用）に計上した分から、1か月分（¥1,500）の費用の計上を行った。

（借）広 告 宣 伝 費　　1,500　　（貸）長期前払費用　　1,500

Check!

前払費用だけが1年基準の適用を受ける

　前払費用、前受収益、未払費用、未収収益と、4つある経過勘定項目の中で、1年基準の適用を受けるのは前払費用だけといわれています。

　これは、①会社の意思で計上できること、②金額が多額になり得ることが、その理由です。

　確かに、費用を「1年以上支払わないぞー」などと思っても相手は請求してきますし、「1年以上回収しない収益」もないでしょうから、他の経過勘定項目には1年基準の適用は、必要ないのです。

問題13　流動・固定の分類

　広告用看板の掲示に関する契約を締結し、今後3年分の広告料金¥54,000を普通預金から支払ってその総額をいったん資産（長期前払費用）に計上し、さらに計上した資産から当月分（1か月分）の費用の計上を行った。

借方科目	金　額	貸方科目	金　額
長期前払費用	54,000	普通預金	54,000
広告宣伝費	1,500	長期前払費用	1,500

広告宣伝費：¥54,000 ÷ 36か月＝¥1,500

ポイント

・支払総額をいったん『長期前払費用』に計上した後、当月分（1か月分）を『広告宣伝費』に振り替えます。

当月末が決算日であったら

　決算日（3月31日と仮定）の翌日（4月1日）から1年以内（3月31日、結局、次の決算日まで）のものは、貸借対照表の流動資産の区分に「前払費用」として、1年を超えるものは貸借対照表の固定資産の投資その他の資産の区分に「長期前払費用」として表示されます。

　したがって、1年分¥18,000（＝¥1,500×12か月）を『前払費用』に振り替える必要があります。

（借）前払費用　　18,000　　（貸）長期前払費用　　18,000

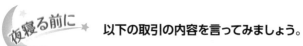 **以下の取引の内容を言ってみましょう。**

また、第5部を学習した翌日に、もう一度復習しておきましょう。

問題1

退職給付引当金	500,000	現 金	500,000

問題2

修 繕 引 当 金	8,000	未 払 金	12,000
修 繕 費	4,000		

問題3

建 物	14,000	当 座 預 金	24,000
修 繕 引 当 金	8,000		
修 繕 費	2,000		

問題4

賞与引当金繰入	1,000	賞 与 引 当 金	1,000

問題5

役員賞与引当金繰入	6,000	役員賞与引当金	6,000

問題6

現 金	980	売 掛 金	1,000
為 替 差 損 益	20		

問題7

売 掛 金	100	為 替 差 損 益	100

問題8

売 掛 金	3,060	売 上	3,060

問題9

売 掛 金	90	為 替 差 損 益	90

問題10

研 究 開 発 費	27,000	当 座 預 金	12,000
		未 払 金	6,000
		現 金	9,000

問題11

仕 入	64,000	買 掛 金	70,400
研 究 開 発 費	12,000	未 払 金	13,200
仮 払 消 費 税	7,600		

問題12

従 業 員 預 り 金	30,000	当 座 預 金	33,800
法 定 福 利 費	3,800		

問題13

長 期 前 払 費 用	54,000	普 通 預 金	54,000
広 告 宣 伝 費	1,500	長 期 前 払 費 用	1,500

会計感情論

　私の血のにじむような努力による研究成果についてお話しましょう(もちろん、真に受けないでくださいね)。

　研究の結論から申し上げると、簿記でいうところの五要素、つまり資産・負債・純資産・収益・費用は、人間の感情でいうところの4つの感情『喜・怒・哀・楽』に相当している、という新事実が発見されました!

　まず、元手(純資産)の増加要因である『収益』は人間の感情の『喜』に相当しています。

　"おぅおぅ、儲かって嬉しい嬉しい"という喜びの感情です。

　次に、返さねばならぬ『負債』は『怒』であり、"借りるときの恵比須顔・返すときの閻魔顔"といわれるとおり、閻魔様の怒りの感情を表しています。

　また、元手の減少要因の『費用』は人間感情でいう『哀』であり"あぁー、お前も出て行っちまうのか"という哀しみの感情。

　最後に、持っていて価値のある『資産』は『楽』であり"カネがあるから楽できる、株があるから将来が楽しみ"といった楽の感情です。

　えっ、五要素から『喜怒哀楽』の4つを引いた残りの1個、そうそう、『純資産』って何だって?

　おおっと、鋭い質問ですねー。そうです、『純資産』はさしずめ『幸福』ってところですかね。『喜怒哀楽』を超えた結果としてあり、『人生の究極の目的』でもあり、喜びが増加要素で良い人に分け与える(投資する)ことでも増え、哀しみを1人でしょい込むと減る、まあ、そんなものですかー。

　みなさんも、『幸福』という名の純資産をたくさん創っていきましょう。

第6部

商品売買
収益認識

1. 商品売買(1)売上原価対立法

商品を仕入れた ① **商品を販売した** ② **決算になった** ③

---

① 商品¥150,000を仕入れ、代金は掛けとした。

(借)商　　　品*1　150,000　　(貸)買　掛　金　150,000

＊1　商品の購入時には『仕入』ではなく、『商品』で処理します。

---

② 上記の商品のうち¥120,000を¥200,000で販売し、代金は掛け
とした。

(借)売　掛　金　200,000　　(貸)売　　　上　200,000
(借)売 上 原 価*2　120,000　　(貸)商　　　品　120,000

＊2　売価で『売上』を計上するとともに、払い出した商品の原価を『売上原価』
に振り替えます。

---

③ 決算となった。必要な仕訳を行いなさい。

仕 訳 な し*3

＊3　期中の処理により、商品勘定は期末残高を示しているとともに、売上原価
も判明しているため、決算整理仕訳を行う必要はありません。

問題1　売上原価対立法 ／／／

商品1,000個を、@￥200で売り上げ、代金は掛けとした。この商品は、@￥120で仕入れたものであり、売上原価対立法により処理している。

借方科目	金　額	貸方科目	金　額
売　掛　金	200,000	売　　　上	200,000
売　上　原　価	120,000	商　　　品	120,000

売　　上：@￥200×1,000個＝￥200,000
売上原価：@￥120×1,000個＝￥120,000

▶ ポイント

・三分法では、売上原価を計算し販売益を算定するのは、年に1回決算のときのみになります。これでは、儲かっていないことがわからずに1年間、放置してしまう可能性があります。

・売上原価対立法は、売上の総額がわかるとともに、取引の都度、利益額が把握できる点が優れています。

・現代の先進的企業では、この方法を用いて、日々の利益額が分かるようにして経営しています。

・勘定の流れは次のとおりです。

商　　品		売上原価	売　上
月初商品原価	（販売時）	（販売時）	売上高
（購入時）	売上原価		
当月仕入原価	月末商品原価		

⇒

工業簿記では、この売上原価対立法が前提となります。

2. 商品売買(2) クレジット売掛金

カードで売った

入金した

1 商品¥100,000 をクレジット払いの条件で顧客に販売し、信販会社へのクレジット手数料¥5,000 を販売時に認識した。販売代金に対して消費税を税抜方式で¥10,000 計上するが、クレジット手数料には消費税は課税されない。

(借)クレジット売掛金	105,000	(貸)売 上	100,000
支払手数料	5,000	仮受消費税	10,000

2 クレジット売掛金¥105,000 が普通預金口座に振り込まれた。

(借)普 通 預 金	105,000	(貸)クレジット売掛金	105,000

 クレジット手数料を回収時に認識するとしたら

販売時

(借)クレジット売掛金	110,000	(貸)売 上	100,000
		仮 受 消 費 税	10,000

回収時

(借)普 通 預 金	105,000	(貸)クレジット売掛金	110,000
支 払 手 数 料	5,000		

問題2 クレジット売掛金（消費税有り） / / /

商品￥100,000をクレジット払いの条件で顧客に販売し、信販会社へのクレジット手数料（販売代金の5%）を販売時に認識した。なお、消費税の税率は販売代金に対して10%とし、税抜方式で処理するが、クレジット手数料には消費税は課税されない。

借 方 科 目	金　額	貸 方 科 目	金　額
クレジット売掛金	105,000	売　　　　　上	100,000
支 払 手 数 料	5,000	仮 受 消 費 税	10,000

支 払 手 数 料：￥100,000 × 5% ＝￥5,000
仮 受 消 費 税：￥100,000 × 10% ＝￥10,000
クレジット売掛金：￥100,000 ＋￥10,000 －￥5,000 ＝￥105,000

▶ポイント

・消費税は、売上金額（販売代金）に対して課税されます。クレジット手数料には消費税は課税されない（非課税）ので、注意しましょう。

・「販売代金＋消費税」の額から「クレジット手数料」を差し引いた金額が、クレジット売掛金（信販会社に対する債権）となります。

コラム　クレジットカード払い

お客さんにクレジットカードで支払われると、お店は3%から5%ほど損することになります。

これを知って、「クレジットカード　ＯＫ」としているお店で「現金で払うから。3%安くして」という交渉をして、成功させたという話を聞いたことがあります。私にその勇気はありませんが（笑）。

3.役務収益・役務原価

支払った　　　直接費やされた　　　完成した

① 建築物の設計・監理を請け負っている株式会社岡山設計事務所は、給料￥14,000 および出張旅費￥3,600 を現金にて支払った。

(借)給　　　　料　　14,000　(貸)現　　　　金　　17,600
　　旅費交通費　　　3,600

② 上記の費用のうち、給料￥4,000 および出張旅費￥900 が、顧客から依頼のあった案件のために直接費やされたものであることが明らかになったので、これらを仕掛品勘定に振り替えた。

(借)仕　掛　品　　　4,900　(貸)給　　　　料　　　4,000
　　　　　　　　　　　　　　　　旅費交通費　　　　900

③ 上記の案件について、設計図が完成したので、これを顧客に提出し、対価として￥10,000 が当座預金口座に振り込まれた。役務収益の発生に伴い、対応する役務原価を計上する。

(借)当　座　預　金　　10,000　(貸)役　務　収　益　　10,000
(借)役　務　原　価　　 4,900　(貸)仕　　掛　　品　　 4,900

問題3 役務収益・役務原価 / / /

建築物の設計・監理を請け負っている株式会社岡山設計事務所は、給料￥14,000および出張旅費￥3,600を過日現金にて支払い、記帳もすでに行っていたが、そのうち給料￥4,000および出張旅費￥900が特定の案件のために直接費やされたものであることが明らかになったので、これらを仕掛品勘定に振り替えた。

借 方 科 目	金 額	貸 方 科 目	金 額
仕 掛 品	4,900	給 料	4,000
		旅 費 交 通 費	900

仕掛品：￥4,000＋￥900＝￥4,900

▶ ポイント

・役務の提供を目的とするサービス業において、給料や出張旅費という形で発生していても、「**特定の案件のために直接費やされたもの**」であれば、その案件の原価とするために『**仕掛品**』に振り替えておくことがあります。

・この案件が完了し、引き渡されたときの処理は次のとおりです。

(借) 売 掛 金[*1]　×××　(貸) 役 務 収 益　×××
(借) 役 務 原 価　4,900　(貸) 仕 掛 品　4,900

＊1　役務の提供が営業目的であるため、代金の未収は『売掛金』で処理します。

4.収益認識(1)完納後の請求(契約資産)

❶ 商品甲と乙の
販売契約をした

❷ 商品甲を
引き渡した

❶

当社は商品甲（¥20,000）と、その後に商品乙（¥30,000）を販売し引き渡す契約をした。なお、代金は商品乙を引き渡した後に請求する契約となっている。

仕 訳 な し*1

＊1 契約しただけでは仕訳はありません。

❷

当社は、相手先に商品甲（¥20,000）を引き渡した。しかし、商品甲の代金¥20,000は、まだ顧客との契約から生じた債権となっていない。なお、商品甲と商品乙の引き渡しは、それぞれ独立した履行義務として識別する。

(借)契 約 資 産*2　20,000　(貸)売　　　　上*3　20,000

＊2　この場合、「顧客との契約から生じた債権」とは、相手先に請求書を出せる『売掛金』のことをいいます。この時点では、請求書が出せない（売掛金にはできない）ので『契約資産』として処理しておきます。
　　なお、契約資産は、貸倒引当金の設定対象となることもあります。

＊3　「独立した履行義務」とは、「独立した売上」と考えてよいので、履行義務を充足した商品甲についてのみ売上を計上します。

③ 商品乙を
引き渡した

④ 代金を受け取った

③ 本日、相手先に商品乙（¥30,000）を引き渡し、請求書を発行できる状況になった。

(借)売 掛 金*5	50,000	(貸)売 上*4	30,000
		契 約 資 産	20,000

＊4 商品乙についての履行義務を充足したので、商品乙の売上を計上します。

＊5 この時点で「顧客との契約から生じた債権」となったので、商品甲の¥20,000も含めて『売掛金』に計上します。

④ 相手先より売掛金¥50,000が、当社の普通預金口座に入金された。

(借)普 通 預 金	50,000	(貸)売 掛 金	50,000

当社は商品甲（¥20,000）とともに商品乙（¥30,000）を吝嗇社へ販売する契約を締結し、商品甲を引き渡した。なお、代金は商品乙を引き渡した後に請求する契約となっており、商品甲の代金¥20,000は、まだ顧客との契約から生じた債権となっていない。また、商品甲の引き渡しと商品乙の引き渡しは、それぞれ独立した履行義務として識別する。

借 方 科 目	金 額	貸 方 科 目	金 額
契 約 資 産	20,000	売 　 上	20,000

▶ポイント

・商品甲については、当社は既に履行義務を充足させたので、売上として計上します。しかし、商品乙については、まだ履行義務を充足させていないので、売上には計上できません。

・相手先にまだ請求書を出せないものは『契約資産』として計上しておきます。

吝嗇社へ商品乙（¥30,000）を引き渡したので、月末には商品甲（¥20,000）と商品乙の代金を請求する予定である。

借 方 科 目	金 額	貸 方 科 目	金 額
売 　 掛 　 金	50,000	売 　 上	30,000
		契 約 資 産	20,000

▶ポイント

・履行義務を充足した商品乙の『売上』を計上するとともに、『契約資産』となっている商品甲の代金も含めて、『売掛金』に計上します。

簿記を学ぶことの意味

「簿記の勉強をしてなにになるのだろう」って、思われたことはありませんか？

私自身、そういう疑問をもったこともありますし、事実、教室で教えている頃の一番困った質問でした。

確かにこの勉強を進めていくと、意思決定会計や連結会計、キャッシュ・フロー会計と、実務的に必要でかつ有用な知識がいっぱい入ってきます。

しかし、簿記の有用性はそれだけではなく、もっと初歩的なところにもあります。それは「仕訳」です。

仕訳というものは、様々な状況を定型化していく作業です。そしてそれは、簿記でいう取引だけでなく、日常のすべての事象で行えるものなのです。なんせ、仕訳は企業の日記なのですから。

たとえば、「転んで怪我して血が出て痛かった」としましょう。

これも仕訳に例えることができます。

（借）痛　　い（費用）　×××　　（貸）血　液（資産）　×××

血液というのは自分にとって必要不可欠な資産です。それを失って、痛いという費用になる。血液がいっぱい出れば痛みも大きい、少なければ痛みも少ないということを示しています。

この仕訳の考え方が自由に使えるようになれば、すべての状況を定型化して、それを使って足し算も引き算もできます。つまり、置かれている状況に"これがあったら"も"これさえなければ"も、そしてその後の状況も、すべてを想定していくことができるのです。

これができるようになること。それはその人の大きな武器になるものです。

この武器を、みなさんも是非、手に入れてください。

5. 収益認識⑵リベート(売上割戻)

① 商品を販売した　　**②** 決算になった　　**③** リベートを支払った

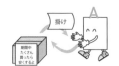

①

甲社に対し、商品¥500,000 を売り上げ、代金は掛けとした。なお、販売金額のうち甲社に返金する可能性が高いリベート*¹(売上割戻)を¥5,000 と見積もった。この¥5,000 については、取引価格に含めないものとする。

(借)売　掛　金	500,000	(貸)売　　　　上	495,000*²
		返　金　負　債*³	5,000

* 1　リベートとは、一定量以上の取引を行った場合に行う一種の値引きをいいます。
* 2　¥500,000 − ¥5,000 = ¥495,000
　　リベートの見積額¥5,000 は変動対価(変動する可能性がある対価)に該当し、そのうち「収益の著しい減額が発生する可能性が高い部分」として見積もられる金額については、取引価格(売上)に含めません。
* 3　返金負債とは、顧客に返金する義務を負債として計上したものです。

②

決算時　(甲社に対するリベートの見積額に変更はない)

(借)仕 訳 な し*⁴		(貸)	

* 4　見積額に変更がないので、処理は必要ありません。

③

甲社に対して、¥5,000 のリベートを実施する要件を満たしていることが判明したので、甲社に対する売掛金から控除した。

(借)返　金　負　債*⁵	5,000	(貸)売　掛　金	5,000

* 5　リベート支払時(または売掛金と相殺した時など)に返金負債を減らします。
　　なお、購入側は「仕入割戻」として仕入原価から控除しています。
　　(借)仕　　　　入　500,000　(貸)買　掛　金　500,000
　　(借)買　掛　金　5,000　(貸)仕　　　　入　5,000

問題6　リベート（売上割戻）　／　／　／

R社に対し、商品¥500,000を掛けで売り上げた。なお、R社に対する過去の販売実績より、販売金額の1％はR社に返金する可能性が高いリベートと見積もった。リベートについては取引価格に含めないものとする。

借　方　科　目	金　　額	貸　方　科　目	金　　額
売　　　掛　　　金	500,000	売　　　　　　　上	495,000
		返　金　負　債	5,000

返金負債：¥500,000×1％＝¥5,000
売　　上：¥500,000−¥5,000＝¥495,000

▶ポイント

・相手先から実際に受け取ると考えられる金額を『売上』として計上し、リベートの見込額は『返金負債』として計上しておきます。

・この時点では、相手先への売掛金は総額で計上しておきます。

問題7　リベート（支払い）　／　／　／

月末に調べたところ、R社は上記リベートの実施条件を満たしていることが判明したので、同額をR社に対する売掛金から控除した。

借　方　科　目	金　　額	貸　方　科　目	金　　額
返　金　負　債	5,000	売　　　掛　　　金	5,000

▶ポイント

・リベートの支払いは、費用の計上ではなく、『返金負債』の減少として処理します。

・『売掛金』を減少させるのではなく、現金などで支払うこともあります。

6.収益認識⑶履行義務の一定期間にわたる充足

① 商品と一緒に
サービスを販売した

② 決算になった

---

① 期首に、商品を¥7,200で販売するとともに、その商品の保守サービス（2年間）を¥1,800で請け負い、代金¥9,000は現金で受け取った。

(借)現　　　　金　　9,000*³ (貸)売　　　　上*¹　　7,200
　　　　　　　　　　　　　　　　契 約 負 債*²　　1,800

* 1　商品販売と保守サービスの提供は、別個の履行義務（＝売上収益）として認識します。

* 2　保守契約の履行義務は、一定期間にわたり充足されるものなので、販売時点では『契約負債』として処理します。なお、『契約負債』は前受金にあたるもので、『前受金』を用いて処理することもあります。

* 3　商品販売と保守サービスを併せることで、安く販売している場合には、それぞれの独立販売価格の割合で代金(ここでは¥9,000)を按分して、それぞれの収益とします。

---

② 決算となった。上記商品の保守サービスを行っている。

(借)契 約 負 債*⁵　　900　　(貸)役 務 収 益*⁴　　900

* 4　一定期間にわたって充足される役務収益は、原則として月割りで計上します。
¥1,800÷24か月（2年）×12か月＝¥900

* 5　契約負債は、サービスの提供による収益として『役務収益』に振り替えられます。さらに翌期の決算では、上記と同じ仕訳が行われます。

問題 8　履行義務の一定期間にわたる充足　/ / /

当期は×1年4月1日から×2年3月31日までの1年である。
(1) 当社は、甲社と商品の販売および保守サービスを提供し、代金を現金で受け取る契約を締結した。
(2) 商品の販売と2年間の保守サービスの提供の対価：¥9,000
(3) 独立販売価格
商品：¥8,000　　2年間の保守サービス：¥2,000
(4) ×1年4月1日に商品を甲社に引き渡した。甲社では検収を完了し使用可能となり、代金¥9,000を現金で受け取った。

借方科目	金額	貸方科目	金額
現　金	9,000	売　上	7,200
		契約負債	1,800

$$売上：¥9,000 \times \frac{¥8,000}{¥8,000+¥2,000}=¥7,200$$

$$契約負債：¥9,000 \times \frac{¥2,000}{¥8,000+¥2,000}=¥1,800$$

▶ポイント

・取引価格を、独立販売価格にもとづいて各履行義務に配分します。

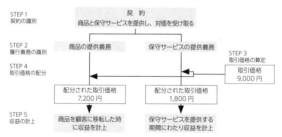

・商品の販売：
商品を引き渡し、顧客の検収が完了した時点（一時点）で収益を計上します。
・サービスの提供：
保守サービスを提供する期間（一定期間）にわたり収益を計上します。

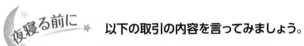

問題1

売　掛　金	200,000	売　　　　上	200,000
売　上　原　価	120,000	商　　　　品	120,000

問題2

クレジット売掛金	105,000	売　　　　上	100,000
支　払　手　数　料	5,000	仮　受　消　費　税	10,000

問題3

仕　掛　品	4,900	給　　　　料	4,000
		旅　費　交　通　費	900

問題4

契　約　資　産	20,000	売　　　　上	20,000

問題5

売　掛　金	50,000	売　　　　上	30,000
		契　約　資　産	20,000

問題6

売　掛　金	500,000	売　　　　上	495,000
		返　金　負　債	5,000

問題7

返　金　負　債	5,000	売　掛　金	5,000

問題8

現　　　　金	9,000	売　　　　上	7,200
		契　約　負　債	1,800

第7部

株式の発行
剰余金の処分
株主資本の変動
合併

1.株式の発行（設立・増資）

設立した

増資した

① 株式会社の設立にあたり株式を発行し、¥3,000,000 の当座預金への払込みがあった。払込金額のうち、会社法の定める最低限の金額（払込金額の2分の1）を資本金に組み入れ、残額は資本準備金に組み入れた。設立に伴う諸費用¥41,200 は小切手を振り出して支払った。

(借)当 座 預 金	3,000,000	(貸)資 本 金	1,500,000*²
		資本準備金	1,500,000
(借)創 立 費*¹	41,200	(貸)当 座 預 金	41,200

＊1　設立に伴う諸費用は、『創立費』（営業外費用）として処理します。

＊2　会社法の規定により、払込金の2分の1は資本金としなければなりません。残りは資本準備金とします。資本準備金は、会社法が定める（法定）準備金の1つであり、「配当の財源としてはいけないもの」となっています。

② 増資にあたって1株につき¥1,600 で 3,000 株の新株を発行し、その全株について引受け、払込みを受けた。払込金¥4,800,000 は、当座預金とし、会社法における最低限度額（払込金の2分の1）を資本金に計上した。なお、増資のために要した手数料¥60,000 は、現金で支払った。

(借)当 座 預 金	4,800,000	(貸)資 本 金	2,400,000
		資本準備金	2,400,000
(借)株式交付費*³	60,000	(貸)現 金	60,000

＊3　増資のために要した諸費用は、『株式交付費』（営業外費用）として処理します。

払い込まれた

期日になった

① 新株 200 株の募集を行い、1 株につき¥2,500 で発行することとし、申込期日までにその全額¥500,000 が申込証拠金として別段預金に払い込まれた。

(借)別 段 預 金*⁴ 500,000   (貸)株式申込証拠金*⁵ 500,000

* 4　別段預金とは、「別段の目的のための預金」という意味で、当座預金など、会社が自由に使える預金ではありません。

* 5　株式申込証拠金は、貸借対照表の純資産の区分に表示されます。

② 申込期日が到来したため、払込額¥500,000 を資本金に振り替え、別段預金¥500,000 は当座預金へと振り替えた。資本金への振替えは、会社法で認められている最低額（払込額の 2 分の 1）を計上することとした。

(借)株式申込証拠金 500,000   (貸)資 本 金   250,000
　　　　　　　　　　　　　　　　　　　資本準備金   250,000
(借)当 座 預 金   500,000   (貸)別 段 預 金*⁶   500,000

* 6　別段預金から当座預金に振り替えることにより、会社が自由に使える預金となります。

Check!
『創立費』と『開業費』

　会社を設立したからといって、すぐに営業を開始することができるとは限りません。設立登記までにかかった費用は『創立費』として処理し、設立登記後、開業までにかかった費用は『開業費』として処理します。

払込金額の2分の1は資本金とするようになった理由

むか〜しむかし、まだ株式に額面金額があった頃の話じゃった。

日本の株式会社の経営者たちは、「資本金の10%の配当を行う」いわゆる『1割配当』を優良企業のステータスとしていたのじゃった。そんな経営者からしてみれば、「できれば資本金は小さくしておきたい」というのが本音じゃった。

しかし、会計の学者は「1つの払込金額を、2つに分けるなんぞということ自体がおかしい。全部資本金じゃろ」と、至極当然なことを言って譲らんかった。

いろいろな議論があったそうじゃが、結局、「原則として全額を資本金とする。しかし、その2分の1までは資本金にしなくてもいい。」ということにしたのじゃった。

昭和49年のお話でした。

資本金とするタイミング

株式会社に対する、株主からの出資が「資本金」です。

設立に際しては、設立登記が行われるまでは株式会社ではありませんので、設立登記までの間に出資者から払い込まれていても、資本金にはできません。

そのため、設立登記が行われたタイミングで資本金とし、同時に会社が自由に使える『預金』とします。

また、公募などによる増資の場合には、「募集の締切り日が、出資者が株主になる日」と定められているので、このタイミングで『株式申込証拠金』から『資本金』に切り替え、さらに『別段預金』から会社が自由に使える『預金』に振り替えます。

問題 1　　株式会社の設立　　／／／

　　石川商会株式会社を設立し、定款に定めた発行
可能株式総数 10,000 株のうち、2,500 株を 1 株
¥1,200 で発行し、これら株式について全額の当
座預金への払込みがあった。この株式に対する払
込金額のうち、会社法の定める最低限の金額を資
本金に組み入れた。なお、設立に伴う登記費用等
¥7,200 と株式発行に伴う諸費用¥34,000 は小
切手を振り出して支払った。

借方科目	金　額	貸方科目	金　額
当　座　預　金	3,000,000	資　　本　　金	1,500,000
		資　本　準　備　金	1,500,000
創　　立　　費	41,200	当　座　預　金	41,200

当座預金：@¥1,200 × 2,500 株 = ¥3,000,000

資 本 金・資本準備金：¥3,000,000 × $\frac{1}{2}$ = ¥1,500,000

創 立 費：¥7,200 + ¥34,000 = ¥41,200

ポイント

・「会社法の定める最低限の金額」とは、払込金額の2分の1となります。

・「設立し」という言葉を見逃さないようにしてください。設立に伴う登
　記費用等と株式発行に伴う諸費用は、『株式交付費』ではなく、『創立費』
　として処理します。

Check!
設立時の株式発行数

　　会社の設立に際して、発行可能株式総数（授権株式総数ともいう）のう
ち、「最低でも 4 分の 1 は発行しなければならない」ということが、会社
法で定められています。

/ / /

　兵庫商事株式会社は、増資にあたって1株につき¥1,600で新株を発行した。ただし、定款に記載された発行可能株式総数は4,000株であり、会社設立時に1,000株発行していたので、今回は発行可能な株式数の上限まで発行し、その全株について引受け、払込みを受けた。払込金は、当座預金とし、会社法における最低限度額を資本金に計上した。なお、増資のために要した手数料¥60,000は、現金で支払った。

借　方　科　目	金　　額	貸　方　科　目	金　　額
当　座　預　金	4,800,000	資　　本　　金	2,400,000
		資　本　準　備　金	2,400,000
株　式　交　付　費	60,000	現　　　　　金	60,000

当座預金：@¥1,600 ×（4,000株 － 1,000株）＝ ¥4,800,000

資本金・資本準備金：¥4,800,000 × $\dfrac{1}{2}$ ＝ ¥2,400,000

▶ ポイント

・「発行可能な株式数の上限まで発行」とあるので、設立時に発行した1,000株を除いて、残りの3,000株の発行となります。

・「会社法における最低限度額」とは、払込金の2分の1となります。

コラム　国際会計基準では

　国際会計基準では、株式の発行費用は、受け入れた資本の額から控除します。

　したがって、次のような処理となります（簡略化して示します）。

（借）当　座　預　金　4,740,000　　（貸）資　本　金　等　4,740,000

問題 3　**増資②**　／／／

新株 200 株の募集を行い、1 株につき ¥2,500 で発行することとし、申込期日までにその全額が申込証拠金として別段預金に払い込まれていたが、申込期日が到来したため、その払込額を資本金に振り替え、別段預金は当座預金へと振り替えた。資本金への振替えは、会社法で認められている最低額を計上することとした。

借 方 科 目	金 額	貸 方 科 目	金 額
株式申込証拠金	500,000	資 本 金	250,000
		資 本 準 備 金	250,000
当 座 預 金	500,000	別 段 預 金	500,000

株式申込証拠金・別段預金：@¥2,500 × 200 株 ＝ ¥500,000

資本金・資本準備金：¥500,000 × $\frac{1}{2}$ ＝ ¥250,000

▶ ポイント

・「新株200株の募集を行い」というところから増資の処理であることを認識します。

・「会社法で認められている最低額」とは、払込額の2分の1となります。

・過去に行った仕訳を下書用紙に記入するようにしましょう。

過去の仕訳

（借）別 段 預 金 500,000 （貸）株式申込証拠金 500,000

2. 剰余金の処分・欠損のてん補

儲かった

配当した
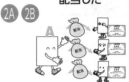

---

① 決算を行い、当期純利益￥100,000を計上した。

（借）損　　　益　　100,000　　（貸）繰越利益剰余金　　100,000

---

②A 繰越利益剰余金の処分を次のとおり決定した。
　　配当金：￥54,000　　　利益準備金の積立て：￥4,000
　　別途積立金の積立て：￥10,000
　　新築積立金の積立て：￥12,000

（借）繰越利益剰余金　　80,000　　（貸）未 払 配 当 金　　54,000
　　　　　　　　　　　　　　　　　　　　利 益 準 備 金　　 4,000
　　　　　　　　　　　　　　　　　　　　別 途 積 立 金　　10,000
　　　　　　　　　　　　　　　　　　　　新 築 積 立 金　　12,000

---

②B 剰余金の配当を次のように決定した。
　　株主への配当：￥50,000
　　　内訳 ｛￥40,000 は繰越利益剰余金を財源
　　　　　　￥10,000 はその他資本剰余金を財源
　　利益準備金の積立て：￥4,000　　資本準備金の積立て：￥1,000

（借）繰越利益剰余金　　44,000　　（貸）未 払 配 当 金　　40,000
　　　　　　　　　　　　　　　　　　　　利 益 準 備 金　　 4,000
（借）その他資本剰余金　　11,000　　（貸）未 払 配 当 金　　10,000
　　　　　　　　　　　　　　　　　　　　資 本 準 備 金　　 1,000

① 損した

② てん補しよう

① 決算を行い、当期純損失を¥6,000計上した。

(借)繰越利益剰余金　6,000　(貸)損　　益　6,000

② 繰越利益剰余金の借方残高が¥6,000となったので、別途積立金¥4,000を取り崩すことにした。

(借)別途積立金　4,000　(貸)繰越利益剰余金　4,000

Check! 新築積立金のその後

　新築していた建物が完成し、新築積立金を取り崩す時の仕訳を見てみましょう。

(借)建　　物　　×××　(貸)現　　金　×××
(借)新築積立金　12,000　(貸)繰越利益剰余金　12,000

　つまり、『新築積立金』は、積立時に「新築を行うための積立金」として、利益剰余金の一部を区別しておき、建物が完成したときに、また元(繰越利益剰余金)に戻すのです。
　一時的に「繰越利益剰余金に色を付けていたようなもの」なのです。

7
2. 剰余金の処分・欠損のてん補

剰余金の処分① / / /

定時株主総会を開催し、繰越利益剰余金￥100,000の処分を次のとおり決定した。なお、資本金は￥1,600,000、資本準備金は￥240,000、利益準備金は￥156,000であり、発行済株式数は60株である。

株主配当金：1株につき￥900
利益準備金：会社法が定める金額
別途積立金：￥10,000
新築積立金：￥12,000

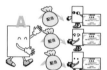

借方科目	金 額	貸方科目	金 額
繰越利益剰余金	80,000	未 払 配 当 金	54,000
		利 益 準 備 金	4,000
		別 途 積 立 金	10,000
		新 築 積 立 金	12,000

未 払 配 当 金：@￥900 × 60株 ＝￥54,000
利 益 準 備 金：

$￥1,600,000 × \dfrac{1}{4} ＝￥400,000$（資本金の4分の1）

$￥400,000 －（￥240,000 ＋￥156,000）＝￥4,000 ⋯ A$

$￥54,000 × \dfrac{1}{10} ＝￥5,400$（配当金の10分の1）⋯ B

A＜Bより、￥4,000
繰越利益剰余金：￥54,000 ＋￥4,000 ＋￥10,000 ＋￥12,000 ＝￥80,000

➤ ポイント

・繰越利益剰余金の全額を処分するわけではありません。

・利益準備金の積立額は、次の**AとBの少ない方の金額**となります。

 A 資本金の4分の1-(資本準備金+利益準備金)

 B 配当金の10分の1

・図に示すと、次のようになります。

③繰越利益剰余金による配当×$\frac{1}{10}$

 ¥54,000 × $\frac{1}{10}$ = ¥5,400

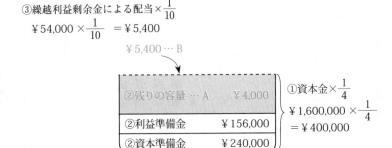

①資本金の4分の1の大きさ(¥400,000)の容器を描きましょう。(非常用の水や食料を蓄えておく容器のイメージ)

②この容器に、配当時点での資本準備金(¥240,000)、利益準備金(¥156,000)を入れ、容器の容量との差額である、残りの容量(¥4,000)を計算します。

③配当金の10分の1(¥5,400)を容器に加えます。残りの容量(¥4,000)の方が小さいので、残りの容量(¥4,000)を積み立てます。

定時株主総会を開催し、剰余金の配当を次のように決定した。なお、資本金は￥1,600,000、資本準備金は￥240,000、利益準備金は￥150,000である。

株主への配当：￥50,000

内訳 { ￥40,000 は繰越利益剰余金を財源
{ ￥10,000 はその他資本剰余金を財源

利益準備金及び資本準備金：会社法が定める金額

借 方 科 目	金 額	貸 方 科 目	金 額
繰越利益剰余金	44,000	未 払 配 当 金	40,000
		利 益 準 備 金	4,000
その他資本剰余金	11,000	未 払 配 当 金	10,000
		資 本 準 備 金	1,000

準備金の積立額

$¥1,600,000 \times \dfrac{1}{4} = ¥400,000$（資本金の4分の1）

$¥400,000 - (¥240,000 + ¥150,000) = ¥10,000 \cdots A$

$¥50,000 \times \dfrac{1}{10} = ¥5,000$（配当金の10分の1）$\cdots B$

A＞Bより、￥5,000

利 益 準 備 金：$¥40,000 \times \dfrac{1}{10} = ¥4,000$

資 本 準 備 金：$¥10,000 \times \dfrac{1}{10} = ¥1,000$

繰 越 利 益 剰 余 金：$¥40,000 + ¥4,000 = ¥44,000$

その他資本剰余金：$¥10,000 + ¥1,000 = ¥11,000$

▶ポイント

・日商簿記の本試験で解答するときは、**各勘定科目の使用は、借方・貸方の中でそれぞれ1回ずつと指示されている**ため、次のように解答しないと不正解になってしまいます。

(借)	繰越利益剰余金	44,000	(貸)	未払配当金	50,000
	その他資本剰余金	11,000		利益準備金	4,000
				資本準備金	1,000

考え方が理解出来たら、解答の仕方に注意するようにしましょう。

・準備金の積立額は、次のAとBの少ない方の金額となります。

　　A　資本金の4分の1－（資本準備金＋利益準備金）

　　B　配当金の10分の1

・繰越利益剰余金を財源とする配当については、その10分の1に相当する金額を『繰越利益剰余金』から『利益準備金』に積み立てます。

・その他資本剰余金を財源とする配当については、その10分の1に相当する金額を『その他資本剰余金』から『資本準備金』に積み立てます。

・図に示すと、次のようになります。

③繰越利益剰余金による配当 $\times \dfrac{1}{10}$　　　③その他資本剰余金による配当 $\times \dfrac{1}{10}$

$\qquad ¥40,000 \times \dfrac{1}{10} = ¥4,000 \qquad\qquad ¥10,000 \times \dfrac{1}{10} = ¥1,000$

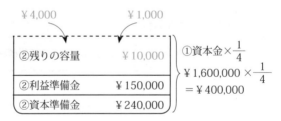

①資本金の4分の1の大きさ（¥400,000）の容器を描きましょう。（非常用の水や食料を蓄えておく容器のイメージ）

②この容器に、配当時点での資本準備金（¥240,000）、利益準備金（¥150,000）を入れ、容器の容量との差額である、残りの容量（¥10,000）を計算します。

③配当金の10分の1（¥4,000＋¥1,000）を容器に加えます。残りの容量（¥10,000）の方が大きいので、配当金の10分の1はそのまま容器に入れられます。

問題6　欠損のてん補

会社の累積赤字をてん補するために、別途積立金
¥4,000 を取り崩すことを株主総会で決定した。な
お、株主総会直前における繰越利益剰余金の借方
残高は¥6,000 である。

借 方 科 目	金　　額	貸 方 科 目	金　　額
別 途 積 立 金	4,000	繰越利益剰余金	4,000

 ポイント

・「繰越利益剰余金の借方残高（¥6,000）」は、これまでに累積した損失（赤
字）額を示しています。このうち¥4,000 を『別途積立金』を取り崩すこ
とによりてん補(補填と同じ意味です)します。

Check!
繰越利益剰余金

通常、繰越利益剰余金は貸方残高となり、利益の累積額を示します。

・¥4,000 をてん補しただけなので、繰越利益剰余金は借方残高（¥2,000）
のままです。

コラム　別途積立金

　別途積立金は「別の用途のための積立金」ですが、この用途は、積み立て
た時点では決まっていませんので、「無目的の積立金」と言われます。
　ここでは、無目的だったものに「欠損のてん補」という目的が与えられ、
そのために取り崩されました。

3. 株主資本の計数の変動

組み入れた 　　　　　　　取り崩した

① 株主総会の決議を経て、その他資本剰余金¥600,000を資本準備金に、繰越利益剰余金¥400,000を利益準備金にそれぞれ組み入れた。

| (借)その他資本剰余金 | 600,000 | (貸)資 本 準 備 金 | 600,000 |
| (借)繰越利益剰余金 | 400,000 | (貸)利 益 準 備 金 | 400,000 |

② 株主総会の決議を経て、資本準備金¥300,000を取り崩してその他資本剰余金とし、利益準備金¥200,000を取り崩して繰越利益剰余金とした。

| (借)資 本 準 備 金 | 300,000 | (貸)その他資本剰余金 | 300,000 |
| (借)利 益 準 備 金 | 200,000 | (貸)繰越利益剰余金 | 200,000 |

Check!

なすがまま…。

一定の手続きを経ることが条件とはなりますが、株主資本の計数の変動は、ありとあらゆることができます。
結果として、「問題文の指示に従って解答するだけ」で良いことになります。

準備金への組入れ　　／／／

　株主総会の決議を経て、その他資本剰余金 ¥600,000 および繰越利益剰余金 ¥400,000 を それぞれ準備金に組み入れることとした。

借方科目	金　額	貸方科目	金　額
その他資本剰余金	600,000	資本準備金	600,000
繰越利益剰余金	400,000	利益準備金	400,000

▶ ポイント

・株主資本の計数の変動とは、株主資本の項目間で金額を振り替えることをいい、株主総会の決議などにより、行うことができます。

Check!
　組入れる準備金は？

・その他資本剰余金 → 資本準備金
・繰越利益剰余金　 → 利益準備金

問題 8　準備金の取崩し　　／／／

　株主総会の決議を経て、資本準備金 ¥300,000 を取り崩してその他資本剰余金とし、利益準備金 ¥200,000 を取り崩して繰越利益剰余金とした。

借方科目	金　額	貸方科目	金　額
資本準備金	300,000	その他資本剰余金	300,000
利益準備金	200,000	繰越利益剰余金	200,000

4.合併・買収

合併した⑴

① 和歌山商事株式会社を吸収合併し、新たに株式（時価総額￥130,000）を同社の株主に交付した。同社から承継した資産（時価）および負債（時価）は、次のとおりである。なお、株式の交付に伴って増加する株主資本は、すべて資本金とする。

現　金￥100,000　　売掛金￥ 76,000
備　品￥ 64,000　　借入金￥140,000

(借)現 金	100,000	(貸)借 入 金	140,000
売 掛 金	76,000	資 本 金	130,000
備 品	64,000		
の れ ん*1	30,000		

＊1　『のれん』とは超過収益力（他社に比べて、より儲けることができる力）を示したものであり、合併や買収の場合に限り、計上が認められる無形固定資産です。

受け入れたもの

資産（時価）￥240,000	負債（時価）￥140,000
	差額 ￥100,000
￥ 30,000	

増加する株主資本

￥130,000

→ のれん

合併した(2)

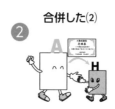

② 香川商事株式会社を吸収合併し、新たに当社の株式（時価総額
¥1,000,000）を発行し、これを香川商事の株主に交付した。その
ときの香川商事の諸資産（時価）は¥1,740,000、諸負債（時価）
は¥680,000であった。また、合併にあたっては、取得の対価の
うち¥600,000を資本金、残り¥400,000を資本準備金として計
上することとした。

(借)諸　資　産	1,740,000	(貸)諸　負　債	680,000
		資　本　金	600,000
		資本準備金	400,000
		負ののれん発生益*2	60,000

*2 『負ののれん発生益』とは、合併や買収に際して、「受け入れた諸資産（時価）
と諸負債（時価）の差額」より低い金額で取得した場合に計上される勘定科目
で、損益計算書の特別利益の区分に表示されます。

受け入れたもの

資産（時価） ¥1,740,000	負債（時価） ¥680,000	増加する株主資本
	差額 ¥1,060,000	¥1,000,000
		¥60,000

負ののれん発生益 ◄

買収した

③ 新潟商店を現金￥100,000 で買収した。なお、新潟商店を買収した際の資産・負債（時価）は、受取手形￥48,000、商品￥60,000、および買掛金￥32,000 であった。なお、商品に関する記帳は3分法によるものとする。

(借)受 取 手 形	48,000	(貸)買 掛 金	32,000
仕 入	60,000	現 金	100,000
の れ ん	24,000		

買収したもの

資 産 ￥108,000	負 債 ￥ 32,000		現 金
	差額 ￥ 76,000		￥100,000
￥ 24,000			

→ のれん

Check! 「合併」と「買収」の違い

合併は株式を発行して行いますが、買収は現金等を支払って行います。他は、特に違いはありません。

コラム 「のれん」になるとき、「負ののれん発生益」になるとき

相手先の会社を買収することにより、企業の成長を促進すると考えられる場合に、会社は多額の資金を支払って吸収するので『のれん』が計上されます。

一方、創業社長が退任するにあたり後継者もいない場合に、「時価よりも安くても良いので、従業員の雇用を保証してほしい」といった要望が出ることがあります。このような場合には『負ののれん発生益』が計上されます。

当社は、和歌山商事株式会社を吸収合併し、新たに当社の株式 100 株（時価@¥1,300）を同社の株主に交付した。同社から承継した資産および負債は、次のとおりである。なお、株式の交付に伴って増加する株主資本は、すべて資本金とする。

現　金（帳簿価額¥100,000、時価¥100,000）
売掛金（帳簿価額¥ 76,000、時価¥ 76,000）
備　品（帳簿価額¥ 60,000、時価¥ 64,000）
借入金（帳簿価額¥140,000、時価¥140,000）

借 方 科 目	金 額	貸 方 科 目	金 額
現　　　　　金	100,000	借　　入　　金	140,000
売　　掛　　金	76,000	資　　本　　金	130,000
備　　　　　品	64,000		
の　　れ　　ん	30,000		

増加する株主資本：@¥1,300 × 100 株＝¥130,000
受け入れた資産合計：¥100,000 ＋¥76,000 ＋¥64,000 ＝¥240,000
受け入れた負債合計：¥140,000
受け入れた資産と負債の差額：¥240,000 －¥140,000 ＝¥100,000
の　　れ　　ん：¥130,000 －¥100,000 ＝¥30,000

ポイント

・承継した資産および負債は、時価で評価します。

・交付した株式も時価で評価します。

・「受け入れた純資産（資産－負債）＜ 増加する株主資本」となる場合、借方に『のれん』を計上します。

問題10　吸収合併②

/　/　/

四国に拠点を築くために香川商事株式会社を吸収合併し、新たに当社の株式 200 株 (合併時点の時価@¥5,000) を発行し、これを香川商事の株主に交付した。そのときの香川商事の諸資産 (時価) は¥1,740,000、諸負債 (時価) は¥680,000であった。また、合併にあたっては、取得の対価のうち 60%を資本金、残り 40%を資本準備金として計上することとした。

借 方 科 目	金 額	貸 方 科 目	金 額
諸　資　産	1,740,000	諸　　負　　債	680,000
		資　　本　　金	600,000
		資 本 準 備 金	400,000
		負ののれん発生益	60,000

増加する株主資本：@¥5,000 × 200 株＝¥1,000,000
受け入れた諸資産と諸負債の差額：¥1,740,000 －¥680,000 ＝¥1,060,000
負ののれん発生益：¥1,060,000 －¥1,000,000 ＝¥60,000
資　　本　　金：¥1,000,000 × 60%＝¥600,000
資 本 準 備 金：¥1,000,000 × 40%＝¥400,000

▶ポイント

・承継した諸資産および諸負債は、時価で評価します。

・交付した株式も時価で評価します。

・「受け入れた純資産 (資産 − 負債) ＞ 増加する株主資本」となる場合、貸方に『負ののれん発生益』(特別利益) を計上します。

Check!
資本構成

　合併により、資本金が増加する場合には「最低でも払込金額の2分の1を資本金としなければならない」といった規定はなく、資本構成を自由に決めることができます。

新潟商店を現金￥100,000 で買収した。なお、新潟商店を買収した際の資産・負債（時価）は、受取手形￥48,000、商品￥60,000、および買掛金￥32,000 であった。なお、商品に関する記帳は3分法によるものとする。

借方科目	金　額	貸方科目	金　額
受　取　手　形	48,000	買　　掛　　金	32,000
仕　　　　　入	60,000	現　　　　　金	100,000
の　　れ　　ん	24,000		

受け入れた資産合計：￥48,000 ＋￥60,000 ＝￥108,000
受け入れた負債合計：￥32,000
受け入れた資産と負債の差額：￥108,000 －￥32,000 ＝￥76,000
の　　れ　　ん：￥100,000 －￥76,000 ＝￥24,000

▶ ポイント

・商品に関する記帳は3分法によるため、『仕入』で処理します。

・「受け入れた純資産（資産－負債）＜ 現金」となる場合、借方に『のれん』を計上します。

Check!
「のれん」ってなに？

　のれんは「超過収益力を資産化したもの」といわれ、つまり「よく儲ける力がある」ことを認めて資産に計上したものです。
　では、超過収益力の源泉にはどんなものがあるのでしょう。

　例えば、「取引先が良くて安定的に収益が上がる」とか、「従業員が優秀でよく儲かる」といったことが挙げられます。
　いずれにしても、貸借対照表には現れない要素で儲ける力があるという場合に、それを評価して合併会社は対価を支払い、その分が「のれん」となるのです。

 **以下の取引の内容を言ってみましょう。**

また、第7部を学習した翌日に、もう一度復習しておきましょう。

問題1

当 座 預 金	3,000,000	資 本 金	1,500,000
		資 本 準 備 金	1,500,000
創 立 費	41,200	当 座 預 金	41,200

問題2

当 座 預 金	4,800,000	資 本 金	2,400,000
		資 本 準 備 金	2,400,000
株 式 交 付 費	60,000	現 金	60,000

問題3

株 式 申 込 証 拠 金	500,000	資 本 金	250,000
		資 本 準 備 金	250,000
当 座 預 金	500,000	別 段 預 金	500,000

問題4

繰 越 利 益 剰 余 金	80,000	未 払 配 当 金	54,000
		利 益 準 備 金	4,000
		別 途 積 立 金	10,000
		新 築 積 立 金	12,000

問題5

繰 越 利 益 剰 余 金	44,000	未 払 配 当 金	40,000
		利 益 準 備 金	4,000
その他資本剰余金	11,000	未 払 配 当 金	10,000
		資 本 準 備 金	1,000

問題6

別 途 積 立 金	4,000	繰越利益剰余金	4,000

問題7

その他資本剰余金	600,000	資 本 準 備 金	600,000
繰越利益剰余金	400,000	利 益 準 備 金	400,000

問題8

資 本 準 備 金	300,000	その他資本剰余金	300,000
利 益 準 備 金	200,000	繰越利益剰余金	200,000

問題9

現　　　　　金	100,000	借　　入　　金	140,000
売　掛　　金	76,000	資　本　　金	130,000
備　　　　品	64,000		
の　れ　　ん	30,000		

問題10

諸　資　産	1,740,000	諸　　負　　債	680,000
		資　　本　　金	600,000
		資 本 準 備 金	400,000
		負ののれん発生益	60,000

問題11

受　取　手　形	48,000	買　掛　　金	32,000
仕　　　　入	60,000	現　　　　金	100,000
の　れ　　ん	24,000		

第8部

税金の処理
本支店会計

1. 税金の処理(1)法人税等

 中間納付した

 利息受けた

 配当受けた

① 法人税等の中間申告を行い、¥31,000 を現金で納付した。

(借)仮払法人税等*1　31,000　(貸)現　　　金　31,000

＊1　中間納付額を『仮払法人税等』で処理します。

② 定期預金¥300,000 が満期となった。この満期額に、仮払法人税等に計上する源泉所得税（¥600）控除後の受取利息手取額¥2,400 を加えた金額を、さらに定期預金として継続した。

(借)定 期 預 金　302,400　(貸)定 期 預 金　300,000
　　仮払法人税等*2　　　600　　　受 取 利 息　　3,000*3

＊2　源泉所得税の額を『仮払法人税等』で処理します。
＊3　¥2,400 + ¥600 = ¥3,000（受取利息の総額）

③ 期末配当金¥4,800（源泉所得税¥1,200 を控除後）が当座預金口座に振り込まれた。

(借)当 座 預 金　4,800　(貸)受取配当金　6,000*4
　　仮払法人税等　1,200

＊4　¥4,800 + ¥1,200 = ¥6,000（期末配当金の総額）

法人税等決まった

④

納付した

⑤

④

決算にあたり、法人税、住民税および事業税￥74,000 を見積もった。中間申告時に￥31,000 を現金で納付し、源泉所得税￥1,800 を仮払法人税等に計上している。

| (借)法人税, 住民税及び事業税*5 | 74,000 | (貸)仮払法人税等 | 32,800 |
| | | 未払法人税等*6 | 41,200 |

＊5 『法人税、住民税及び事業税』は、『法人税等』を用いることもあります。
＊6 未払分を『未払法人税等』で処理します。

⑤

未払法人税等￥41,200 を現金で納付した。

| (借)未払法人税等 | 41,200 | (貸)現　　金 | 41,200 |

Check!

源泉徴収制度

　日本ではあらゆる場面で源泉徴収制度が採用されています。
　例えば、給料を支払うにあたっても、本来なら給料の全額を従業員に渡し、従業員がそこから所得税や社会保険料を支払うはずですが、徴税の効率化などを理由に、会社に給料から徴収分を天引きさせておき、源泉（支払元＝会社）から徴収しているのです。
　この源泉徴収制度は、銀行が利息を支払う際にも、また会社が配当金を株主に支払う際にも適用されており、受け取る側にとっては法人税の一部を先に支払っていることになるのです。

問題 1　源泉所得税（受取利息）

/ / /

定期預金（1年満期、利率年1％）¥300,000 を銀行に預け入れていたが、この定期預金が満期となった。この満期額に、仮払法人税等に計上する源泉所得税（20％）控除後の受取利息手取額を加えた金額を、さらに1年満期の定期預金として継続した。

借 方 科 目	金 額	貸 方 科 目	金 額
定 期 預 金	302,400	定 期 預 金	300,000
仮 払 法 人 税 等	600	受 取 利 息	3,000

受 取 利 息：¥300,000 × 1 ％ = ¥3,000

仮払法人税等：¥3,000 × 20％ = ¥600

定期預金(借方)：¥300,000 +（¥3,000 − ¥600）= ¥302,400

ポイント

・受取利息手取額＝受取利息の総額 − 源泉所得税

・継続する定期預金の金額＝満期額 + 受取利息手取額

・仕訳の「借方の定期預金」は継続する定期預金、「貸方の定期預金」は満期となった定期預金なので、相殺しないように注意しましょう。

・源泉所得税の額は、『仮払法人税等』で処理します。

Check!
利息から税金が引かれている

これだけ低金利な時代が続いているので、あまり感じなくなっていますが、我々が銀行から受け取っている利息からも約20％の税金が差し引かれています。

会社にとって、この利息分は当期の税金の一部を支払っていることになるので、中間納付などと同様に「仮払法人税等」勘定で処理しておき、決算で整理します。

問題 2　源泉所得税（受取配当金）　／／／

当座預金口座に、山形商会の株式に対する期末配当金¥4,800（源泉所得税20%を控除後）の入金があった旨の通知があった。

借方科目	金　額	貸方科目	金　額
当 座 預 金	4,800	受 取 配 当 金	6,000
仮 払 法 人 税 等	1,200		

受取配当金：¥4,800 ÷ 80% = ¥6,000
仮払法人税等：¥6,000 × 20% = ¥1,200

8

1. 税金の処理⑴法人税等

▶ **ポイント**

・ 入金額（80%）＝期末配当金の総額（100%）－源泉所得税（20%）

・ 入金額¥4,800が期末配当金の総額の80%となるので、割り戻すことにより、期末配当金の総額を求めることができます。

　期末配当金の総額：¥4,800 ÷ 80% = ¥6,000

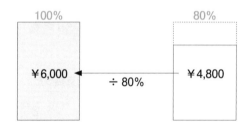

・ 源泉所得税の額は、『仮払法人税等』で処理します。

2. 税金の処理(2)消費税

商品を仕入れた

商品を販売した

中間納付した

① 商品￥100,000 を仕入れ、代金は消費税￥10,000 とともに掛けとした（三分法）。

(借)仕　　　　入　　100,000　(貸)買　掛　金*¹　110,000
　　仮 払 消 費 税　　 10,000

＊1　消費税分を合わせて相手先に請求するので、買掛金に含めて処理します。

② 商品を￥300,000 で販売し、代金は消費税￥30,000 とともに掛けとした。

(借)売　掛　金　　330,000　(貸)売　　　　上　　300,000
　　　　　　　　　　　　　　　　仮 受 消 費 税　　 30,000

③ 消費税の中間納付として、現金￥8,000 を支払った。

(借)仮 払 消 費 税*²　　8,000　(貸)現　　　　金　　 8,000

＊2　中間納付した場合も『仮払消費税』で処理しておきます。
　　この時点での消費税に関する勘定は次のようになっています。

仮払消費税	
￥10,000	
￥ 8,000	

仮受消費税	
	￥30,000

固定資産を買った ④

決算になった ⑤

消費税が戻った ⑥

④ 備品¥500,000 を購入し、代金は消費税¥50,000 とともに月末に支払うこととした。

(借)備　　　品　　500,000　　(貸)未　払　金*³　550,000
　　　仮払消費税　　 50,000

*3　備品などの固定資産を購入した場合にも、消費税を代金に上乗せして支払うことになります。

⑤ 決算となったので、仮払消費税の残高¥68,000 と仮受消費税の残高¥30,000 とを相殺し、差額を未収還付消費税に計上した。

(借)仮受消費税　　 30,000　　(貸)仮払消費税　　 68,000
　　　未収還付消費税*⁴　38,000

*4　「仮受消費税<仮払消費税」となった場合には、消費税が還付され、『未収還付消費税』として計上します。**3級**では「仮受消費税>仮払消費税」が前提となっており、『未払消費税』が計上されていました。

⑥ 未収還付消費税¥38,000 が還付され、普通預金口座に入金された。

(借)普　通　預　金　　38,000　　(貸)未収還付消費税　　38,000

仮払消費税		仮受消費税	
¥10,000			¥30,000
¥ 8,000	¥68,000 ⟷ ¥30,000		
¥50,000	相殺		

決算となった。当期の仮払消費税の残高は
¥68,000であり、仮受消費税の残高は¥30,000
であった。差額は未払消費税または未収還付消費
税に計上する。なお、仮払消費税のうち¥8,000
は、消費税の中間納付によるものである。

借方科目	金　額	貸方科目	金　額
仮 受 消 費 税	30,000	仮 払 消 費 税	68,000
未収還付消費税	38,000		

未収還付消費税：¥68,000 − ¥30,000 = ¥38,000

ポイント

・消費税の授受が行われるのは、商品売買だけではありません。

・中間納付の処理は、法人税のときの『仮払法人税等』と同様に『仮払消
　費税』として処理しておきます。

・仮受消費税と仮払消費税の大小関係に注意しましょう。
　　「仮受消費税＞仮払消費税」⇒未払消費税
　　「仮受消費税＜仮払消費税」⇒未収還付消費税

コラム　簡易課税制度

　個人でやっているお店で、消費税を売上や仕入と区分して把握し処理する
のは大変です。そこで、消費税には簡易課税制度が設けられており、事業
区分ごとに「みなし仕入率」が定められています。
　例えば、小売業であれば、みなし仕入率は80%と定められており、110
万円の売上があった場合にその仕入は80%の88万円とみなして、差額の
22万円を課税対象とし（売価に10%の消費税を上乗せしていると仮定）、
2万円の消費税を納付することになるのです。

必然的な偶然

　実は、幸運にも合格した人は口を揃えてこう言います。

　「いやー、たまたま会場に行く途中に見たところが出てねー」

　と、いかにも偶然に運が良かったかのように。

　また逆に、実力はありながら惜しくも不合格となった人は口を揃えて
こう言います。

　「いやー、あそこでケアレスミスをしてしまって……」

　と、あたかも偶然にミスしたかのように。

　しかし、私から見るとそれは偶然ではなく必然です。

　幸運にも合格した方も、試験会場に行く途中に勉強しなかったら、そ
の幸運は起こらなかったのです。また、惜しくも不合格となった方に
「そのミスをしたのは、試験のときが初めてでしたか？」と聞くと
「いや、答案練習のときにも……」と返ってくる。ケアレスミスは、その
人の持つ癖ですから、突然にはじまるものではないのです。

　つまり、最後まで諦めなかった人が必然的に幸運を手にし、自分の癖
をわかっていなかった人が、必然的にケアレスミスをして失敗するので
す。まず、この点を心しておきましょう。

　そして最後には、自分の幸運を信じることです。愛情も友情も神も仏も、
目に見えないものは信じた者のみにあるのですから。

3.税金の処理(3)税効果会計

認められない

認められた

---

1 会計上、売掛金に対して貸倒引当金繰入￥10,000 を計上したが、税法上、損金に算入することが認められなかった。税率は 30％である。

| (借)繰延税金資産*1 | 3,000 | (貸)法人税等調整額 | 3,000 |

* 1　￥10,000 × 30％ = ￥3,000

---

2 売掛金が貸倒れたため、前期に計上した貸倒引当金繰入￥10,000について税法上、損金に算入することが認められた。

| (借)法人税等調整額 | 3,000 | (貸)繰延税金資産 | 3,000 |

Check!

会計上と税法上の差異には、永久差異と一時差異がある

　税効果会計の対象とされるのは一時差異だけで、永久差異は対象となりません。

　永久差異は交際費などであり、会計上は費用であっても、税法上は永遠に費用と認められず、単にその分の税金を当期に支払うだけになります。

　社長が銀座あたりでお酒を飲んで、その交際費が税法上の費用となって節税できるなんて、おかしいですものね。

問題 4　税効果会計（差異の発生時）　／／／

　第 1 期末において、会計上、売掛金に対して貸倒引当金繰入 ¥10,000 を計上したが、税法上、損金に算入することが認められなかった。税率は 30％である。

借方科目	金　額	貸方科目	金　額
繰延税金資産	3,000	法人税等調整額	3,000

¥10,000 × 30％ = ¥3,000

▶ポイント

・差異の発生時に、『法人税等調整額』を貸方に計上して法人税等を間接的に減らし、また、法人税等の前払いを行ったと考え、『繰延税金資産』を借方に計上します。

問題 5　税効果会計（差異の解消時）　／／／

　第 2 期に売掛金が貸倒れたため、第 1 期の貸倒引当金繰入 ¥10,000 が税法上、損金に算入することが認められた。税率は 30％である。

借方科目	金　額	貸方科目	金　額
法人税等調整額	3,000	繰延税金資産	3,000

¥10,000 × 30％ = ¥3,000

▶ポイント

・差異の解消年度においては、差異の発生年度に行った仕訳の貸借逆の仕訳を行います。

8

3. 税金の処理③ 税効果会計

4.税金の処理(4)課税所得の計算

決算になった　　税金決まった　　　納付した

 ① ② ③

① 決算となり、総収益￥1,000 と総費用￥830 が確定*1 した。

| (借)総 収 益 | 1,000 | (貸)損 益 | 1,000 |
| (借)損 益 | 830 | (貸)総 費 用 | 830 |

*1　この時点での税引前当期純利益は￥170と計算されています

② 課税所得の計算にあたり判明した税法上、当期の費用と認められないものは次のとおりであった。なお、法人税等の税率は30%とする。
　　貸倒引当金繰入￥20　　減価償却費￥110

| (借)法人税,住民税及び事業税*2 | 90 | (貸)未払法人税等 | 90 |

*2　会計上は費用であっても、税法上は費用として認められないものは、税法上の費用の計算から控除されます。なお、収益も同様です。
　　税法上の費用：￥830 − ￥20 − ￥110 ＝￥700
　税法上の収益から税法上の費用を差し引いて計算された課税所得に、税率を掛けて税額を計算します。
　　法人税、住民税及び事業税：(￥1,000 − ￥700) × 30% ＝ ￥90

③ 法人税等の未払額￥90 を現金で納付した。

| (借)未払法人税等 | 90 | (貸)現 金 | 90 |

問題6　課税所得の計算　　　／　／　／

　決算を行い、法人税、住民税及び事業税の額を計算した。なお、税率は30%とする。

　　総収益¥1,015　　総費用¥830

　ただし、総収益には税法上、収益とならない受取配当金が¥15、また、総費用には税法上、費用と認められない貸倒引当金繰入¥10、減価償却費¥120が含まれていた。

借方科目	金　額	貸方科目	金　額
法人税,住民税及び事業税	90	未払法人税等	90

法人税、住民税及び事業税：¥1,015 −¥15 ＝¥1,000（益金）

　　　　　　　　　　　　　¥830 −¥10 −¥120 ＝¥700（損金）

　　　　　　　　　　　　　¥1,000 −¥700 ＝¥300（課税所得）

　　　　　　　　　　　　　¥300 × 30% ＝¥90

ポイント

・ 税法上の収益を「益金」、税法上の費用を「損金」といいます。

・ 税法上の収益（益金）と税法上の費用（損金）を算定し、その差額（課税所得）に税率を掛けて税額を計算します。

　　税法上の収益（益金）：¥1,015 − ¥15 ＝ ¥1,000

　　税法上の費用（損金）：¥830 − ¥10 − ¥120 ＝ ¥700

　　課税所得：¥1,000 − ¥700 ＝ ¥300

　　税　　額：¥300 × 30% ＝ ¥90

・ 次のように税引前当期純利益から計算しても同じ結果になります。

　　税引前当期純利益：¥1,015 − ¥830 ＝ ¥185

　　税　　額：（¥185 − ¥15 + ¥10 + ¥120）× 30% ＝ ¥90

5. 本支店会計(1)本支店間取引

《本 店 側》

支店へ現金送付した　　　　支店の費用　　　　　決算迎えた

1 本店は、富山支店に現金￥10,000を送付した。

(借)富 山 支 店　　10,000　　(貸)現　　　　金　　10,000

2 広告宣伝費￥20,000の4分の1（￥5,000）を富山支店に負担させることにした。

(借)富 山 支 店　　5,000　　(貸)広告宣伝費　　5,000

3 決算にあたり、富山支店より「当期純利益￥50,000を計上した」との連絡を受けた。なお、当社は支店独立会計制度を導入している。

(借)富 山 支 店　　50,000　　(貸)損　　　　益　　50,000

富山支店

￥10,000	
￥ 5,000	残高*1
￥50,000	￥65,000

＊1　未処理の取引がない限り、支店勘定と本店勘定の残高は、貸借を逆にして必ず一致します。

《富山支店側》

本店から現金送付　　**費用負担した**　　**決算迎えた**

 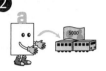 

❶ 富山支店は、本店より現金￥10,000 の送付を受けた。

| (借)現 | 金 | 10,000 | (貸)本 | 店 | 10,000 |

❷ 富山支店に、本店が支払った広告宣伝費￥5,000 を負担するように連絡があった。

| (借)広告宣伝費 | | 5,000 | (貸)本 | 店 | 5,000 |

❸ 決算にあたり、富山支店は当期純利益￥50,000 を計上した。なお、当社は支店独立会計制度を導入している。

| (借)支 店 損 益 | | 50,000 | (貸)本 | 店 | 50,000 |

本 店
￥10,000
￥5,000
￥50,000

残高*² ￥65,000

* 2　未処理の取引がない限り、支店勘定と本店勘定の残高は、貸借を逆にして必ず一致します。

決算にあたり、本店が支払った広告宣伝費
¥20,000につき、その4分の1を富山支店に負担
させることにした。なお、当社は支店独立会計制度
を導入しているが、富山支店側の仕訳は答えなくて
よい。

借方科目	金　額	貸方科目	金　額
富　山　支　店	5,000	広　告　宣　伝　費	5,000

広告宣伝費：$¥20,000 \times \dfrac{1}{4} = ¥5,000$

▶ ポイント

・過去の仕訳（本店）
　　（借）広告宣伝費　　20,000　（貸）現　金　等　　20,000

・本店が富山支店の宣伝もした ➡ 富山支店に投資をした
　➡ 富山支店勘定の増加

・支店独立会計制度とは、本店の帳簿から独立して支店の帳簿を設け、
　支店の取引を支店の帳簿に記録するしくみです。

・本店集中会計制度とは、支店の取引においても本店の帳簿に記録する
　仕組みです。

Check!
費用の負担割合

　　本店で全社的な広告を行い、それを各支店の売上高などをベースにし
て費用を割り振ることは、現実的によく行われていることです。

8

問題 8　本支店間取引②　／／／

決算にあたり、富山支店は本店より「本店が支払った広告宣伝費￥20,000 につき、その4分の1を富山支店が負担するように」との指示があったので、この指示にしたがって広告宣伝費を計上した。なお、当社は支店独立会計制度を導入しているが、本店側の仕訳は答えなくてよい。

借方科目	金　額	貸方科目	金　額
広告宣伝費	5,000	本　　店	5,000

広告宣伝費：￥20,000 × $\frac{1}{4}$ ＝￥5,000

▶ポイント

・「支店独立会計制度を導入している」ということは、支店にも帳簿を置き、記帳し、支店としての利益も算定していることを意味します。

Check!
いつまでやっているのだろう。。。

本支店会計の意義の1つに「支店に独自の損益を把握させて利益意識を高める」というのがあります。

しかし、本店と支店をネットワークで結べる現代社会では、わざわざ支店に帳簿を設置しなくても簡単に支店独自の損益を把握することができ、それをリアルタイムに支店に報告して利益意識を高めることも可能です。

本支店会計、時代遅れなんじゃないですかね。

決算にあたり、本店は富山支店より「当期純利益
¥50,000 を計上した」との連絡を受けた。なお、
当社は支店独立会計制度を導入しているが、支店側
の仕訳は答えなくてよい。

借 方 科 目	金 　額	貸 方 科 目	金 　額
富 　山 　支 　店	50,000	損 　　　　　益	50,000

▶ **ポイント**

・本店の『損益』は、本店の利益を算定するだけでなく、支店の利益も併
せて全社的な利益を算定する場所でもあります。

法人税、住民税及び事業税は、全社の利益にかかるので、帳簿上も全社の利
益を計算し、記録しておく必要があります。

問題 10　本支店間取引④

　／　／　／

決算にあたり、富山支店は当期純利益￥50,000を計上した。なお、当社は支店独立会計制度を導入しているが、本店側の仕訳は答えなくてよい。

借方科目	金　額	貸方科目	金　額
支 店 損 益	50,000	本　　　店	50,000

▶ポイント

・支店の利益を、本店の『損益』に移す際に、次の仕訳を行うことはできません。

（借）支 店 損 益　　50,000　（貸）損　　益　　50,000

・『支店損益』は支店の帳簿にあり、『損益』は本店の帳簿にあるので、異なる帳簿の勘定を1つの仕訳で処理することは出来ません。そのため、支店の利益は、いったん『本店』を通し、『支店』を経由して、本店の損益に集計されます。

6. 本支店会計(2)支店間取引

《本店集中計算制度》

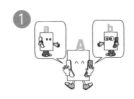

1 滋賀支店は、福井支店負担の広告宣伝費 ¥3,000 を現金で立替払い
した旨の連絡を本店に行った。なお、同社は本店集中計算制度を採
用している。

滋賀支店

(借)本　　　　店	3,000	(貸)現　　　　金	3,000

本店

(借)福 井 支 店	3,000	(貸)滋 賀 支 店	3,000

福井支店

(借)広 告 宣 伝 費	3,000	(貸)本　　　　店	3,000

> **コラム** 会計制度と計算制度
>
> 「制度」を「システム」と読み替えてみましょう。
>
> すると「会計制度」は「会計システム」となり、支店に帳簿を置いて、支店
> を独立させた会計システム（支店独立会計制度）を採用しているということ
> になります。
>
> 一方、「計算制度」は、「計算システム」ですから、「支店に帳簿を置いている」
> ということを前提にして、支店間の取引でも、本店を通したようにして処理
> する計算システムをとっていれば「本店集中計算制度」、そうでなければ「支
> 店分散計算制度」を採用しているということになります。

《支店分散計算制度》

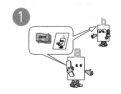

1 滋賀支店は、福井支店負担の広告宣伝費￥3,000 を現金で立替払いした旨の連絡を福井支店に行った。なお、同社は支店分散計算制度を採用している。

滋賀支店

(借)福 井 支 店　　3,000　　(貸)現　　　　金　　3,000

本店

仕 訳 な し

福井支店

(借)広 告 宣 伝 費　　3,000　　(貸)滋 賀 支 店　　3,000

コラム　**勘定科目の違いに着目**

「本店集中計算制度」と「支店分散計算制度」との違いを理解するのに、設置されている勘定科目の違いに注目するといいでしょう。

「本店集中計算制度」では、各支店は本店勘定を設けていますが、他の支店勘定は設けていません。したがって、支店間で取引を行っても、相手の支店の科目を用いることはできないのです。

一方、「支店分散計算制度」では、各支店の帳簿には、他の支店勘定も設けられていますので、直接、『○○支店』といった形で処理ができるのです。

A社の滋賀支店は、福井支店負担の広告宣伝費 ¥3,000 を現金で立替払いした旨の連絡を本店に行った。なお、同社は本店集中計算制度を採用している。滋賀支店の仕訳を示しなさい。

借 方 科 目	金 　額	貸 方 科 目	金 　額
本　　　　　店	3,000	現　　　　　金	3,000

A社の福井支店は、福井支店負担の広告宣伝費 ¥3,000 を滋賀支店が立替払いした旨の連絡を本店から受けた。なお、同社は本店集中計算制度を採用している。福井支店の仕訳を示しなさい。

借 方 科 目	金 　額	貸 方 科 目	金 　額
広 告 宣 伝 費	3,000	本　　　　　店	3,000

A社の本店は、滋賀支店が福井支店の広告宣伝費 ¥3,000 を立替払いしたとの報告を受け、この報告にもとづき処理を行った。なお、同社は本店集中計算制度を採用している。

借 方 科 目	金 　額	貸 方 科 目	金 　額
福 井 支 店	3,000	滋 賀 支 店	3,000

▶ ポイント

・本店にとっては、「福井支店の広告宣伝費を支払った滋賀支店はその分の資産を失い、福井支店は広告宣伝という形で新たに投資を受けた」と見ることができます。

　したがって、「福井支店の資産価値が上がり、滋賀支店の資産価値が下がった」という処理をすることになります。

 支店分散計算制度なら

この取引の仕訳は次のようになります。
滋賀支店
(借)福 井 支 店　　3,000　　(貸)現　　　　金　　3,000
福井支店
(借)広 告 宣 伝 費　　3,000　　(貸)滋 賀 支 店　　3,000
本店
　　仕 訳 なし
なお、本支店間の取引なら、本店集中計算制度との違いはありません。

 以下の取引の内容を言ってみましょう。

また、第8部を学習した翌日に、もう一度復習しておきましょう。

問題1

| 定 期 預 金 | 302,400 | 定 期 預 金 | 300,000 |
| 仮 払 法 人 税 等 | 600 | 受 取 利 息 | 3,000 |

問題2

| 当 座 預 金 | 4,800 | 受 取 配 当 金 | 6,000 |
| 仮 払 法 人 税 等 | 1,200 | | |

問題3

仮 受 消 費 税	30,000	仮 払 消 費 税	68,000
未収還付消費税	38,000		

問題4

繰 延 税 金 資 産	3,000	法 人 税 等 調 整 額	3,000

問題5

法 人 税 等 調 整 額	3,000	繰 延 税 金 資 産	3,000

問題6

法人税、住民税及び事業税	90	未 払 法 人 税 等	90

問題7

富 山 支 店	5,000	広 告 宣 伝 費	5,000

問題8

広 告 宣 伝 費	5,000	本 店	5,000

問題9

富 山 支 店	50,000	損 益	50,000

問題10

支 店 損 益	50,000	本 店	50,000

問題11

本 店	3,000	現 金	3,000

問題12

広 告 宣 伝 費	3,000	本 店	3,000

問題13

福 井 支 店	3,000	滋 賀 支 店	3,000

第9部

連結会計

1. 連結会計(1)連結会計の基本

投資した

① でも、内部です

資本になった

> 連結財務諸表は、企業グループ全体の状況を1つの財務諸表で表したものです。
> 連結財務諸表の作成にあたっては、「親会社の個別財務諸表」と「子会社の個別財務諸表」を合算し、企業グループ全体としての状況(=連結ベース)を示すために必要な修正[*1](連結修正仕訳)を行います。

* 1 必要な修正とは、企業グループ内での「親会社による投資と子会社の純資産(資本)」「仕入と売上」「債権と債務」といった内部取引に関する修正です。

① 親会社(P社)が子会社(S社)に現金¥100を出資し、S社の株式のすべてを取得し、完全子会社とした。このときのS社の純資産は、資本金¥100のみである。

親会社(P社)	子会社(S社)
個別上の処理:	個別上の処理:
(借)子会社株式 100 (貸)現 金 100	(借)現 金 100 (貸)資 本 金 100
親会社の投資	子会社の資本

連結ベース(企業グループ全体で見た状態):仕訳なし

連結修正仕訳

(借)**資 本 金**[*2]　　　100　　　(貸)**子会社株式**[*2]　　　100

* 2 企業グループ全体でみた状態(連結ベース)に合わせるため、親会社が計上している『子会社株式』と子会社が計上している『資本金』を相殺消去します。

問題1　完全子会社の場合・のれんなし　　／／／

親会社（P社）はS社に¥100,000の出資を行い、S社のすべての株式を買い取り、完全子会社とした。このときのS社の純資産は以下のとおりであった。

資本金¥60,000　資本剰余金¥10,000　利益剰余金¥30,000

借方科目	金　額	貸方科目	金　額
資　本　金	60,000	子 会 社 株 式	100,000
資 本 剰 余 金	10,000		
利 益 剰 余 金	30,000		

▶ポイント

・親会社が子会社の株式の100％を保有しているときの子会社を完全子会社といいます。

・親会社の投資とそれに対する子会社の純資産（資本金のみではない）は、企業グループ全体でみると内部取引に過ぎないので、相殺消去します。

・上記の連結修正仕訳を行った後で連結財務諸表が作成されるので、連結財務諸表では子会社の純資産はすべて消去され、親会社の子会社に対する投資（子会社株式）もなくなります。

・親会社の投資額（¥100,000）と子会社の純資産合計（¥100,000）とが一致しているので、『のれん』の計上はありません。

・個別会計での処理を誤った状態とし、正しい＜連結ベース＞の状態に修正するために行われるのが連結修正仕訳です。

誤		正
個別会計での処理 （個別財務諸表の状態）	連結修正仕訳	＜連結ベース＞ （連結財務諸表の状態）

2.連結会計⑵投資と資本に差額がある場合

多額に投資した

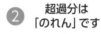

② 超過分は
「のれん」です

資本になった

Check!

> 「親会社の投資」と「それに対応する子会社の資本」との差額は『のれん』
> となる。
>> 親会社の投資＞子会社の純資産⇒のれん（無形固定資産）
>> 親会社の投資＜子会社の純資産⇒負ののれん発生益（特別利益）

② 親会社（P社）が子会社（S社）に現金¥120を出資し、S社の株式のすべてを取得し、完全子会社とした。このときのS社の純資産は、資本金¥100のみである。

連結修正仕訳（資本連結*¹）

（借）資　本　金　　　100　　（貸）子会社株式　　　　120
　　　の　れ　ん*²　　 20

＊1　親会社の投資と子会社の純資産とを相殺消去する処理を「資本連結」といいます。

＊2　純資産が¥100しかない子会社（の全株式）を¥120で買うのは、子会社の貸借対照表に現れない超過収益力（儲ける力）を評価してのことと考えられるため、『のれん』とします。

問題2　完全子会社の場合・のれんあり　／／／

　親会社（P社）はS社に¥120,000の
出資を行い、S社のすべての株式を買い
取り、完全子会社とした。このときのS
社の純資産は以下のとおりであった。

　資本金¥60,000　資本剰余金¥10,000　利益剰余金¥30,000

借方科目	金　額	貸方科目	金　額
資　　本　　金	60,000	子 会 社 株 式	120,000
資 本 剰 余 金	10,000		
利 益 剰 余 金	30,000		
の　　れ　　ん	20,000		

9

2.連結会計②投資と資本に差額がある場合

▶ポイント

・のれんは、連結貸借対照表の無形固定資産の区分に記載されます。

・のれんは、残存価額をゼロとした定額法により20年以内で償却されま
　す。のれん¥20,000を20年で償却する場合、仕訳は次のようになります。

　（借）のれん償却　　1,000　　（貸）の れ ん　　1,000

　なお、過去の出題では、償却期間を10年としているものが多いです。

親会社の投資＜子会社の純資産の場合

　親会社の投資額が¥90,000であった場合には、連結修正仕訳は次の
ようになります。

（借）資　本　金	60,000	（貸）子会社株式	90,000
資本剰余金	10,000	負ののれん発生益	10,000
利益剰余金	30,000		

　後継者問題（後を継ぐ人がいない）などにより、従業員の雇用の継続
などを条件に、純資産の金額よりも安く会社を手放す場合があります。

3. 連結会計⑶部分所有子会社の場合①

60%投資した

③ 非支配株主さん
の分を認識します

他にも株主がいる

Check!

> 「子会社の純資産×非支配株主の持分割合」で『非支配株主持分（連結財務諸表上の純資産の１つ）』の金額を計算する。
> 非支配株主持分は子会社の純資産の増減に比例的に増減する。

③ 親会社（P社）が子会社（S社）に現金￥60を出資し、S社の株式の60%を取得し、子会社とした。このときのS社の純資産は、資本金￥100のみである。

連結修正仕訳

| (借)資　本　金*1 | 100 | (貸)子会社株式*4 | 60 |
| | | 非支配株主持分*3 | 40*2 |

* 1　親会社が60%しか取得していなくても、子会社の純資産の100%を消去します。
* 2　非支配株主持分の金額の計算：￥100 ×（100% − 60%）= ￥40
* 3　「非支配株主」とは、親会社（＝支配株主）以外の株主を指します。
　　　「持分」とは、純資産の金額を指すと考えましょう。
* 4　親会社の投資額（￥60）と、それに対応する子会社の純資産（￥100 × 60%：親会社持分という）とが一致しているので、『のれん』の計上はありません。

問題3　資本連結（部分所有子会社・のれんなし）　／／／

親会社（P社）はS社に¥60,000の出資を行い、S社株式の60%を買い取り、子会社とした。このときのS社の純資産は以下のとおりであった。

資本金¥60,000　資本剰余金¥10,000　利益剰余金¥30,000

借　方　科　目	金　　額	貸　方　科　目	金　　額
資　　本　　金	60,000	子 会 社 株 式	60,000
資 本 剰 余 金	10,000	非支配株主持分	40,000
利 益 剰 余 金	30,000		

非支配株主持分：（¥60,000＋¥10,000＋¥30,000）×（100%－60%）＝¥40,000

▶ポイント

・親会社の投資額（¥60,000）と、それに対応する子会社の純資産¥60,000（親会社持分：¥100,000×60%）とが一致しているので、『のれん』の計上はありません。

・親会社の投資額と、それに対応する子会社の純資産（親会社持分）との間に差額があれば、『のれん』または『負ののれん発生益』として計上されます。

4. 連結会計⑷ 部分所有子会社の場合②

60%を高く買った

④ のれんも
認識します

他にも株主がいる

 Check!

> 親会社からの投資と親会社持分（子会社の純資産×親会社の持分割合）
> との間に差額があれば、のれんが計上されます。
> のれんは非支配株主持分の計算には関係ありません。

④ 親会社（P社）が子会社（S社）に現金￥80を出資し、S社の株
式の60%を取得し、子会社とした。このときのS社の純資産は、
資本金￥100のみである。

連結修正仕訳

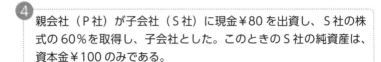

(借)資　本　金　　　100　　(貸)子 会 社 株 式　　　80
　　の　れ　ん*2　　　20　　　　非支配株主持分　　40*1

* 1　非支配株主持分の金額の計算：￥100×(100%−60%)=￥40
　　非支配株主持分の金額は、親会社からの投資額が変わっても影響はありま
　　せん。

* 2　親会社の投資額（￥80）と、それに対応する子会社の純資産（親会社持分：
　　￥60）との差額が『のれん』です。
　　のれん：￥80−(￥100×60%)=￥20
　　のれんは仕訳の貸借差額で計算することもできます。

問題 4　資本連結（部分所有子会社・のれんあり）　／／／

親会社（P社）はS社に¥80,000の出資を行い、S社株式の60%を買い取り、子会社とした。このときのS社の純資産は以下のとおりであった。

資本金¥60,000　資本剰余金¥10,000　利益剰余金¥30,000

借方科目	金額	貸方科目	金額
資　本　金	60,000	子 会 社 株 式	80,000
資 本 剰 余 金	10,000	非支配株主持分	40,000
利 益 剰 余 金	30,000		
の　れ　ん	20,000		

非支配株主持分：（¥60,000 ＋¥10,000 ＋¥30,000）×（100% － 60%）＝¥40,000
の　れ　ん：¥80,000 －（¥100,000 × 60%）＝¥20,000
　　　　　　または、仕訳の貸借差額

▶ポイント

・仮に、親会社の投資額が¥55,000（子会社株式の60%を取得）であったとすると、連結修正仕訳は次のようになります。

(借)資　本　金	60,000	(貸)子会社株式	55,000
資本剰余金	10,000	非支配株主持分	40,000
利益剰余金	30,000	負ののれん発生益	5,000

・『非支配株主持分』は、利益の計上などにより子会社の純資産が増えれば増加（貸方に計上）し、損失の計上などにより子会社の純資産が減れば減少（借方に計上）します。

5. 連結会計⑸のれんの償却と利益の計上

のれん償却します

⑤ 連結財務諸表に
反映します

利益あげたよ

『のれん』は、定額法により最長でも20年で償却され、ゼロになります。
『非支配株主持分』は、子会社の利益計上により増加し、損失の計上により減少します。
過年度の損益は、すべて利益剰余金(当期首残高)となります。

⑤ 連結財務諸表の作成上、前期末にS社株式の60％を取得したことにより計上された『のれん』￥10について、5年（定額法）で償却する。
当期に、親会社は￥30、子会社は￥20の利益をそれぞれ計上した。

連結修正仕訳

(借)のれん償却	2	(貸)の れ ん*1	2
(借)非支配株主に帰属する当期純利益*2	8	(貸)非支配株主持分	8

* 1　のれんは、発生年度または発生年度の翌年から償却が始まります。
* 2　『非支配株主に帰属する当期純利益』は連結会計上の費用であり、当期純利益の控除項目です。ちなみに私は、"ヒキリー"と略して呼んでいます。

・ 親会社が計上した利益は、そのまま連結財務諸表に反映される(修正の必要がない)ため、連結修正仕訳はありません。

・ 『のれん償却』『非支配株主に帰属する当期純利益』といった損益項目は、翌年度の連結財務諸表の作成に際して、過年度の損益となるので、『利益剰余金(当期首残高)』に置き換わります。

問題5　のれんの償却と利益の計上（当期分）　／／／

　連結財務諸表の作成上、前期末にS社株式の60%を取得したことにより計上された『のれん』¥20,000について、10年（定額法）で償却する。また、当期に子会社は¥30,000の利益を計上した。

借方科目	金　額	貸方科目	金　額
のれん償却	2,000	の　れ　ん	2,000
非支配株主に帰属する当期純利益	12,000	非支配株主持分	12,000

の れ ん 償 却：¥20,000 ÷ 10 年 ＝ ¥2,000
非支配株主持分：¥30,000 ×（100% － 60%）＝ ¥12,000

問題6　のれんの償却と利益の計上（前期分）　／／／

　問題5の翌年度の連結財務諸表の作成に関する仕訳を示しなさい。

借方科目	金　額	貸方科目	金　額
利益剰余金(当期首残高)	2,000	の　れ　ん	2,000
利益剰余金(当期首残高)	12,000	非支配株主持分(当期首残高)	12,000

▶ポイント

・前期に行った連結修正仕訳は、前期の連結財務諸表に影響を及ぼしますが、精算表上の仕訳に過ぎない（帳簿に記載されない）ため、次期に繰り越されることはありません。

　したがって、次期にはもう一度同じ仕訳をすることになるのですが、次期にとっては「前期に発生した費用」は過年度のものであるので、『利益剰余金（当期首残高）』の減少として処理します。

6. 連結会計(6)債権と債務の相殺①

貸した　　　　　　　　　　　　　借りた

⑥ 利息も含めて消去します

Check!

> 企業グループ内での貸付金と借入金は、利息も含めて消去します。

⑥ 親会社は子会社に¥500を貸し付け、利息¥5を受け取っている。

連結修正仕訳

(借)借 入 金	500	(貸)貸 付 金	500
(借)受 取 利 息	5	(貸)支 払 利 息	5

・ 企業グループ内で完結する「貸付金と借入金」や「受取利息と支払利息」
は、グループ全体でみると内部取引に過ぎないので、連結財務諸表上
は「なかったこと」になり、相殺消去されます。

・ 企業グループ内での収益と費用の相殺は、非支配株主持分に影響させ
ることはありません。

・ 個別会計上の親会社と子会社の処理は次のとおりです。

＜親会社＞				＜子会社＞			
(借)貸 付 金	500	(貸)現金など	500	(借)現金など	500	(貸)借 入 金	500
(借)現金など	5	(貸)受取利息	5	(借)支払利息	5	(貸)現金など	5

これを消去するために、上記の連結修正仕訳が必要になります。

問題7 貸付金と借入金の相殺 / / /

10月1日に、親会社は子会社に年利2%（期間1年、利払日3月末、9月末）で現金¥5,000を貸し付けた。決算（3月31日）における連結財務諸表の作成に必要な仕訳を示しなさい。なお、親会社は前期末に子会社株式の60%を取得しており、その後の持分の変動はない。また、貸倒引当金の設定は行っていない。

借 方 科 目	金 額	貸 方 科 目	金 額
短 期 借 入 金	5,000	短 期 貸 付 金	5,000
受 取 利 息	50	支 払 利 息	50

受取利息・支払利息：$¥5,000 × 2\% × \dfrac{6か月}{12か月} = ¥50$

9

6. 連結会計⑹債権と債務の相殺⑴

▶ポイント

・連結財務諸表は、個別の財務諸表を基礎として作成されるので、貸付金や借入金は短期・長期の区別がつけられており、連結修正仕訳は、それに基づいて行われます。

・債権と債務の相殺に持分比率は関係しません。

・子会社が貸し付け、親会社が借り入れている場合でも同じ仕訳になります。

7.連結会計(7)債権と債務の相殺②

売掛金だ

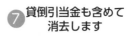

⑦ 貸倒引当金も含めて
消去します

買掛金だ

Check!

企業グループ内での売掛金と買掛金は、貸倒引当金の設定の処理も含めて消去します。

子会社が売掛金を計上し、貸倒引当金を設定している場合には、非支配株主持分への影響があります。

⑦ 親会社は子会社に対する売掛金¥500があり、当期末に¥5の貸倒引当金を設定している。なお、親会社は子会社の株式の60%を保有している。

連結修正仕訳

| (借)買　掛　金 | 500 | (貸)売　掛　金 | 500 |
| (借)貸倒引当金 | 5 | (貸)貸倒引当金繰入 | 5 |

・ 親会社が子会社に商品を販売しています。これを**ダウンストリーム**といいます。

・ 企業グループ内での売掛金と買掛金は、グループ全体でみると内部の債権債務に過ぎないので、連結財務諸表上は相殺消去されます。

・ 仕入と売上も相殺消去されますが、ここでは扱いません。

・ 個別会計上の親会社と子会社の処理は次のとおりです。

＜親会社＞			＜子会社＞
(借)売 掛 金 500 (貸)売　　上 500			(借)仕　入 500 (貸)買 掛 金 500
(借)貸倒引当金 5 (貸)貸倒引当金繰入 5			

親会社の貸倒引当金繰入(費用)が減少するため、その分親会社の利益が増加し、親会社の純資産が増えます。

216

⑧ 子会社は親会社に対する売掛金¥500があり、当期末に¥5の貸倒
引当金を設定している。なお、親会社は子会社の株式の60%を保
有している。

連結修正仕訳

(借)買　掛　金	500	(貸)売　掛　金	500
(借)貸倒引当金	5	(貸)貸倒引当金繰入	5
(借)非支配株主に帰属する当期純利益	2	(貸)非支配株主持分*1	2

＊1　非支配株主持分：¥5×(100％−60％)＝¥2

・個別会計上の親会社と子会社の処理は次のとおりです。

| ＜親会社＞ |
| (借)仕　　入　500　(貸)買掛金　500 |

| ＜子会社＞ |
| (借)売掛金　500　(貸)売　　上　500 |
| (借)貸倒引当金　5　(貸)貸倒引当金繰入　5 |

・子会社が親会社に商品を販売しています。これを**アップストリーム**と
いいます。

・非支配株主持分が、子会社の純資産の増減に比例的に増減する事を思
い出してください。3つ目の仕訳は、子会社が当期純利益を計上した
ときの仕訳と同じ仕訳です。

・子会社が親会社に販売しているので、子会社が売掛金を計上し、貸倒
引当金が設定されています。
したがって連結修正仕訳では、子会社の売掛金が消去され、子会社の
貸倒引当金繰入(費用)も消去されます。その結果、子会社の利益が増
加するため、子会社の純資産が増加し、非支配株主持分も増加するこ
とになります。

当期より親会社は子会社に対して商品を販売しており、子会社に対し、当期末における売掛金の残高は¥5,000であった。この売掛金には当期末に1%の貸倒引当金を設定している。なお、親会社は子会社の株式の60%を保有している。

借方科目	金 額	貸方科目	金 額
買　掛　金	5,000	売　掛　金	5,000
貸倒引当金	50	貸倒引当金繰入	50

貸倒引当金：¥5,000 ×1%＝¥50

▶ ポイント

・ ダウンストリームの場合は、子会社の損益に変動がないので、非支配株主持分への影響はありません。

コラム　**ストリームってなに？**

　ストリーム(stream)は「流れ」という意味で、ダウンストリームは「下流へ」、アップストリームは「上流へ」ということを意味しています。

　ですから連結会計でも、ダウンストリームといえば、親会社から子会社への流れを、アップストリームといえば、子会社から親会社への流れを指しています。

　アップストリームの処理を苦手とする人もいるのですが、「アップストリームの処理はダウンストリームの処理に非支配株主持分への影響を考慮するだけ」と覚えておけば十分です。

　頑張っていきましょう。

問題9　売掛金と買掛金の相殺（アップストリーム）　／／／

　当期より子会社は親会社に対して商品を販売しており、親会社に対し、当期末における売掛金の残高は￥5,000であった。この売掛金には当期末に1%の貸倒引当金を設定している。なお、親会社は子会社の株式の60%を保有している。

借方科目	金額	貸方科目	金額
買　　掛　　金	5,000	売　　掛　　金	5,000
貸倒引当金	50	貸倒引当金繰入	50
非支配株主に帰属する当期純利益	20	非支配株主持分	20

貸倒引当金：￥5,000 × 1% ＝￥50
非支配株主持分：￥50 × (100% − 60%) ＝￥20

▶ポイント

・アップストリームの場合は、子会社の損益が変動するので非支配株主持分への影響を認識し、仕訳する必要があります。

✋Check!
　未実現利益の消去方法

　未実現利益の消去方法として、ダウンストリームでは「全額消去・親会社負担方式」が、アップストリームでは「全額消去・持分比率負担方式」が用いられます。
　つまり未実現利益が「全額消去」されることは同じなのですが、ダウンストリームでは消去した未実現利益の全額を親会社が負担し、アップストリームでは親会社株主と非支配株主が持分割合で負担することになります。
　したがって、結局、「アップストリームの処理はダウンストリームの処理に非支配株主持分への影響を考慮するだけ」ということになります。

8. 連結会計(8)土地の売買

土地売った

⑨ 売却益も含めて
消去します

土地買った

> **未実現利益は付けた方が消去します。**
> ダウンストリーム(親会社→子会社)
> 　親会社が利益を付加⇒親会社が利益を控除
> アップストリーム(子会社→親会社)
> 　子会社が利益を付加⇒子会社が利益を控除⇒非支配株主持分に影響

⑨ 親会社は子会社に帳簿価額¥700の土地を¥1,000で売却し、期末時点で子会社はこの土地を保有している。なお、親会社は子会社の株式の60%を保有している。

連結修正仕訳

(借)固定資産売却益	300	(貸)土　　　　地	300

・企業グループ内での土地の売買は、内部取引に過ぎないので「なかったこと」となり、売却損益も含めて連結財務諸表上は相殺消去されます。

・個別会計上の親会社と子会社の処理は次のとおりです。

<親会社>

(借)現金など	1,000	(貸)土　　地	700
		固定資産売却益	300

<子会社>

(借)土　　地	1,000	(貸)現金など	1,000

　固定資産売却益を消去し、土地を親会社の取得原価(企業グループとしての取得原価)に戻す必要があります。

⑩
> 子会社は親会社に帳簿価額￥700 の土地を￥1,000 で売却し、期末時点で親会社はこの土地を保有している。なお、親会社は子会社の株式の 60％を保有している。

連結修正仕訳

(借)固定資産売却益	300	(貸)土　　　地	300
(借)非支配株主持分*1	120	(貸)非支配株主に帰属する当期純利益	120

＊1　非支配株主持分：￥300 ×（100％ − 60％）=￥120

・ 2つ目の仕訳は、子会社が当期純利益を計上したときの逆の仕訳(損したとき＝儲けがなくなったときの仕訳)です。

・ 個別会計上の親会社と子会社の処理は次のとおりです。

＜親会社＞
(借)土　地 1,000　(貸)現金など 1,000

＜子会社＞
(借)現金など　1,000　(貸)土　地　　　700
固定資産売却益　300

・ 子会社が親会社に売却しているので、子会社に固定資産売却益が計上されています。
　したがって連結修正仕訳では、子会社の固定資産売却益が消去され、その結果、子会社の利益が減少するため、子会社の純資産が減少し、非支配株主持分も減少することになります。

| 問題 10 | 土地の売買 (ダウンストリーム) | / | / | / |

当期に、親会社は子会社に対して帳簿価額
¥70,000 の土地を¥100,000 で売却し、期
末時点で子会社はこの土地を保有している。
なお、親会社は子会社の株式の60%を保有
している。

借 方 科 目	金　額	貸 方 科 目	金　額
固定資産売却益	30,000	土　　　　　地	30,000

固定資産売却益：¥100,000 (売却額) －¥70,000 (帳簿価額) ＝¥30,000

▶ ポイント

・ ダウンストリームの場合は、子会社の損益に変動がないので、非支配
株主持分への影響はありません。

　　売却損を計上していたら

　親会社が子会社に、帳簿価額¥70,000の土地を¥60,000で売却してい
たとすると、連結修正仕訳は次のようになります。

(借) 土　　　　　地　10,000　　(貸) 固定資産売却損　10,000

　土地は、親会社が購入した¥70,000 よりも¥10,000小さく計上されて
いるので、それを戻し、親会社が計上した『固定資産売却損』を消去し
ます。

問題 11 　土地の売買（アップストリーム）　　／　／　／

　　当期に、子会社は親会社に対して帳簿価額
¥70,000 の土地を¥100,000 で売却し、期
末時点で親会社はこの土地を保有している。
なお、親会社は子会社の株式の 60％を保有
している。

借 方 科 目	金　　額	貸 方 科 目	金　　額
固定資産売却益	30,000	土　　　　　　地	30,000
非支配株主持分	12,000	非支配株主に帰属する当期純利益	12,000

固定資産売却益：¥100,000（売却額）－ ¥70,000（帳簿価額）＝ ¥30,000
非支配株主持分：¥30,000 ×（100％ － 60％）＝ ¥12,000

➤ ポイント

・アップストリームの場合は、子会社が個別会計上で計上していた『固
　定資産売却益』が消去されるので、非支配株主持分への影響を認識し、
　仕訳する必要があります。

IF 　翌年の連結修正仕訳は

　　連結修正仕訳は、その年の連結損益計算書や連結貸借対照表に影響
しますが、次期に繰り越されることはないので、次期にはもう一度同
じ仕訳をすることになります。

　　このとき、前期に行った仕訳の損益項目は前期末、つまり当期期首
の利益剰余金に影響するものなので、**次期の仕訳では「利益剰余金（当
期首残高）」**となります。

　　したがって、上記の仕訳を次期に行うと次のようになります。

（借）利益剰余金（当期首残高）　　30,000　（貸）土　　　　　　地　　30,000
（借）非支配株主持分（当期首残高）　12,000　（貸）利益剰余金（当期首残高）　12,000

9. 連結会計(9)商品の売買

商品売った

⑪ 利益も含めて
消去します

商品買った

> **未実現利益は付けた方が消去します。**
> 連結財務諸表上、売上原価は『売上原価』として表示します。
> したがって、仕入や繰越商品といった科目は、連結修正仕訳に用いることはありません。

⑪ 当期中に、親会社は子会社に商品¥1,000を販売し、子会社はこの商品のうち¥100を期末に保有している。なお、親会社の利益率は30%であり、親会社は子会社の株式の60%を保有している。

連結修正仕訳

(借)売 上	1,000	(貸)売 上 原 価	1,000
(借)売 上 原 価	30	(貸)商 品	30

・ 売上と売上原価(個別会計上では仕入)は、内部取引であるため相殺消去します。
・ 期末の商品¥100から未実現利益(外部に未販売の商品に含まれる利益:¥100×30%=¥30)を控除します。
・ 個別会計上の親会社と子会社の処理は次のとおりです。

<親会社>

(借)現金など 1,000 (貸)売 上 1,000

<子会社>

(借)仕 入 1,000 (貸)現金など 1,000
(借)繰越商品 100 (貸)仕 入 100

　子会社の2つ目の仕訳は¥100で行われていますが、グループ全体でみると未実現利益の¥30分だけ過大な処理になっているので、その分を貸借逆の仕訳を行って修正消去しています(仕入⇒売上原価、繰越商品⇒商品)。
　ダウンストリームなので非支配株主持分への影響はありません。

⑫ 当期中に、子会社は親会社に商品￥1,000を販売し、親会社はこの商品のうち￥100を期末に保有している。なお、子会社の利益率は30％であり、親会社は子会社の株式の60％を保有している。

連結修正仕訳

(借)売 上	1,000	(貸)売 上 原 価	1,000
(借)売 上 原 価	30	(貸)商 品	30
(借)非支配株主持分*1	12	(貸)非支配株主に帰属する当期純利益	12

＊1　非支配株主持分：￥30×(100％−60％)＝￥12

・ 売上と売上原価(個別会計上では仕入)は、内部取引であるため相殺消去します。

・ 期末の商品￥100から未実現利益(外部に未販売の商品に含まれる利益：￥100×30％＝￥30)が控除されます。

・ 個別会計上の親会社と子会社の処理は次のとおりです。

＜親会社＞
(借)仕　　入 1,000 (貸)現金など 1,000
(借)繰越商品　100 (貸)仕　　入　100

＜子会社＞
(借)現金など 1,000 (貸)売　　上 1,000

・ アップストリームなので、非支配株主持分への影響を認識します。
　　非支配株主持分の減少額：￥30×(100％−60％)＝￥12

・ 子会社が親会社に販売しているので、子会社が計上した未実現利益が売上原価(費用)を増やすことで消去されます。
　　したがって連結修正仕訳では、子会社の利益が減少するため、子会社の純資産が減少し、非支配株主持分も減少することになります。

当期中に、親会社は子会社に商品¥100,000 を販売し、子会社はこのうち¥10,000 を期末に保有している。なお、親会社の利益率は 30％であり、親会社は子会社の株式の 60％を保有している。

借 方 科 目	金　　額	貸 方 科 目	金　　額
売　　　　　　上	100,000	売　上　原　価	100,000
売　上　原　価	3,000	商　　　　　　品	3,000

商品：¥10,000 × 30％ = ¥3,000

▶ポイント

・ダウンストリームなので、未実現利益は子会社が保有する、親会社から仕入れた商品に含まれています。

　　未実現利益の額：¥10,000 × 30％ = ¥3,000

・ダウンストリームの場合は、子会社の損益に変動がないので非支配株主持分への影響はありません。

期首商品に未実現利益があったら (ダウンストリーム)

　子会社の期首商品に¥1,000 の未実現利益があったとすると、次の仕訳が加わります。

(借) 利益剰余金(当期首残高)　　1,000　　(貸) 売　上　原　価　　1,000
　　　前期の利益ではありませんよ　　　　　　　　　　　当期の利益になったんですよ

　この仕訳は、期首商品に含まれている未実現利益は「前期の利益ではありませんよ(借方で利益剰余金を減らしている)」「当期の利益になったんですよ(貸方で売上原価を減らすことで当期の利益に加えている)」ということを意味しています。

問題13 商品の売買（アップストリーム）

当期中に、子会社は親会社に商品¥100,000を販売し、親会社はこのうち¥10,000を期末に保有している。なお、子会社の利益率は30%であり、親会社は子会社の株式の60%を保有している。

借方科目	金額	貸方科目	金額
売上	100,000	売上原価	100,000
売上原価	3,000	商品	3,000
非支配株主持分	1,200	非支配株主に帰属する当期純利益	1,200

商品：¥10,000 × 30% = ¥3,000
非支配株主持分：¥3,000 ×（100% − 60%）= ¥1,200

▶ポイント

・アップストリームなので、未実現利益は親会社が保有する、子会社から仕入れた商品に含まれています。
　　未実現利益の額：¥10,000 × 30% = ¥3,000

・アップストリームなので、非支配株主持分への影響を認識します。
　　非支配株主持分：¥3,000 ×（100% − 60%）= ¥1,200

期首商品に未実現利益があったら（アップストリーム）

親会社の期首商品に¥1,000の未実現利益があったとすると、ダウンストリームのときの連結修正仕訳に、非支配株主持分への影響を認識した①と②の仕訳が加わります（親会社の株式持分割合60%とする）。

（借）利益剰余金（当期首残高）	1,000	（貸）売上原価	1,000
前期の利益ではありませんよ		当期の利益になったんですよ	
①（借）非支配株主持分（当期首残高）	400	（貸）利益剰余金（当期首残高）	400
②（借）非支配株主に帰属する当期純利益	400	（貸）非支配株主持分（当期変動額）	400

10. 連結会計⑽配当金の支払い

配当した

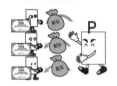

⑬ 子会社の配当だけ
消去します

配当した

親会社の配当は消去されませんが、子会社の配当は全額消去されます。

⑬ 当期中に、子会社は¥1,000の利益配当を実施した。親会社は子会
社の株式の60%を保有しており、受取配当金¥600を計上している。

連結修正仕訳

(借)受 取 配 当 金	600	(貸)剰余金の配当	1,000
非支配株主持分	400	(利益剰余金)	

・個別会計上の親会社と子会社の処理は次のとおりです。

＜親会社＞	＜子会社＞
(借)現金など 600 (貸)受取配当金 600	(借)繰越利益剰余金 1,000 (貸)現金など 1,000

・親会社が受け取った配当金は、内部取引となるので、相殺消去します。

・配当により子会社の純資産が減少したので、配当額のうちの非支配株主
持分の割合分は『非支配株主持分』を減少させます。

・利益剰余金の増減は、連結株主資本等変動計算書上でその内容を示す
ことがルールとなっているので、連結修正仕訳では『剰余金の配当』と
しています。ただ、内容としては利益剰余金の増加（個別会計上で行わ
れた減少の取消し）です。

問題 14　配当金の支払い　　／／／

当期中に、親会社及び子会社は、利益剰余金を財源として以下の配当を行っていた。なお、親会社は子会社の株式の60%を保有している。

配当額：親会社¥30,000　　子会社¥10,000

借方科目	金　額	貸方科目	金　額
受 取 配 当 金	6,000	剰余金の配当 （利益剰余金）	10,000
非支配株主持分	4,000		

受 取 配 当 金：¥10,000 × 60% ＝¥6,000
非支配株主持分：¥10,000 ×（100% − 60%）－¥4,000

9

ポイント

・親会社の配当は、企業グループ外の株主への配当となるので、連結修正仕訳は必要ありません。

・子会社の株主である親会社への配当は、内部取引となり、相殺消去されます。
　一方、非支配株主への配当は、過去（利益計上時）に非支配株主に配分した利益を現金化してあげたことになるので、こちらも（配当ではないので）消去され、相手科目は『非支配株主持分』（の減少）となります。

 **以下の取引の内容を言ってみましょう。**

また、第9部を学習した翌日に、もう一度復習しておきましょう。

問題1

資　　本　　金	60,000	子 会 社 株 式	100,000
資 本 剰 余 金	10,000		
利 益 剰 余 金	30,000		

問題2

資　　本　　金	60,000	子 会 社 株 式	120,000
資 本 剰 余 金	10,000		
利 益 剰 余 金	30,000		
の　　れ　　ん	20,000		

問題3

資　　本　　金	60,000	子 会 社 株 式	60,000
資 本 剰 余 金	10,000	非支配株主持分	40,000
利 益 剰 余 金	30,000		

問題4

資　　本　　金	60,000	子 会 社 株 式	80,000
資 本 剰 余 金	10,000	非支配株主持分	40,000
利 益 剰 余 金	30,000		
の　　れ　　ん	20,000		

問題5

の れ ん 償 却	2,000	の　　れ　　ん	2,000
非支配株主に帰属する当期純利益	12,000	非支配株主持分	12,000

問題6

利益剰余金(当期首残高)	2,000	の　　れ　　ん	2,000
利益剰余金(当期首残高)	12,000	非支配株主持分(当期首残高)	12,000

問題7

| 短 期 借 入 金 | 5,000 | 短 期 貸 付 金 | 5,000 |
| 受 取 利 息 | 50 | 支 払 利 息 | 50 |

問題8

| 買 掛 金 | 5,000 | 売 掛 金 | 5,000 |
| 貸 倒 引 当 金 | 50 | 貸倒引当金繰入 | 50 |

問題9

買 掛 金	5,000	売 掛 金	5,000
貸 倒 引 当 金	50	貸倒引当金繰入	50
非支配株主に帰属する当期純利益	20	非 支 配 株 主 持 分	20

問題10

| 固 定 資 産 売 却 益 | 30,000 | 土 地 | 30,000 |

問題11

| 固 定 資 産 売 却 益 | 30,000 | 土 地 | 30,000 |
| 非 支 配 株 主 持 分 | 12,000 | 非支配株主に帰属する当期純利益 | 12,000 |

問題12

| 売 上 | 100,000 | 売 上 原 価 | 100,000 |
| 売 上 原 価 | 3,000 | 商 品 | 3,000 |

問題13

売 上	100,000	売 上 原 価	100,000
売 上 原 価	3,000	商 品	3,000
非 支 配 株 主 持 分	1,200	非支配株主に帰属する当期純利益	1,200

問題14

| 受 取 配 当 金 | 6,000 | 剰 余 金 の 配 当
（利益剰余金） | 10,000 |
| 非 支 配 株 主 持 分 | 4,000 | | |

〜愛情って目に見えるものなんですよね〜

　ちいさい頃から生活の厳しさを感じ、お金がないと人並みに扱ってもらえないことに気づき、自分の命の値段の安さを思い知った。
　愛情も友情も目に見えないものは何も信じない、"物だ""刹那だ"と思って過ごした若かりし頃。

　そんな私が、炬燵でうたた寝を始めた小学生の息子の頭の下にそっと枕を敷き、髪を撫でながら「愛情ってな、目に見えるものなんだぞ。ほら、この枕」とささやく。
　変わったものだな…。と我ながら思う。

　この本のコラム、恥ずかしいですが、これ、簿記を学ぶみなさんへの愛情です。
　別にこの本にコラムがなくても成立するし、余計なことかも知れない。
　それでも、何かの足しになればと思い、書いています。
　この本のコラムは、私からみなさんへの目に見える愛情なんです。
　そっと、受けとってもらえれば嬉しいです。

第10部

工業簿記

1.直接材料⑴購入 (副費の処理)

材料を仕入れた 　材料を消費した 　決算になった

---

1 購入代価 8,000 円の材料 A を掛けで購入し、引取費用 1,200 円は現金で支払った。また、内部副費*1 として 800 円を予定配賦した。

(借)材　　　料	10,000	(貸)買　掛　金	8,000
		現　　　金	1,200
		材 料 副 費*2	800

* 1　材料に関する付随費用を材料副費といい、引取費用など材料が工場に届くまでに掛かった外部副費と、保管料など材料が工場に届いてから消費する (使う)までにかかった内部副費に分けられます。

* 2　外部副費は材料の購入原価に含めて処理しますが、内部副費を含める場合には『材料副費』を用いて予定配賦します(購入時では実際発生額が判明しないため)。

---

2 材料 A 7,680 円を製造工程に投入した。

(借)仕　掛　品	7,680	(貸)材　　　料	7,680

---

3 月次決算となり、確認したところ、当月の材料副費は 850 円発生していたので、差額を材料副費配賦差異勘定に振り替える。

(借)材料副費配賦差異	50	(貸)材 料 副 費	50

材料副費		材料副費配賦差異

実際発生額	予定配賦額
850 円	800 円
	配賦差異 50 円

材料副費配賦差異

50 円

↑
不利差異

問題1　材料の購入（材料副費の予定配賦）

購入代価@ 80 円の材料A 100kgを掛けで購入し、引取費用1,200 円は現金で支払った。また、内部副費として購入代価の 10%を予定配賦した。

借方科目	金額	貸方科目	金額
材　料	10,000	買　掛　金	8,000
		現　金	1,200
		材　料　副　費	800

購入代価：@ 80 円× 100kg = 8,000 円
材料副費：8,000 円× 10% = 800 円

▶ポイント

・材料の単価：10,000円 ÷ 100kg = @ 100円
・材料副費勘定の貸方には、予定配賦額が記入されます。

10

問題2　材料副費配賦差異の計上

問題１の後、月次決算となり、当月の材料副費の実際発生額は 850 円であった。材料副費の差額は材料副費配賦差異勘定に振り替える。

借方科目	金額	貸方科目	金額
材料副費配賦差異	50	材　料　副　費	50

材料副費配賦差異：800 円− 850 円=△ 50 円（不利差異）

▶ポイント

・材料副費勘定の借方には、実際発生額が記入されています。

（借）材 料 副 費　　850　（貸）現 金 な ど　　850

・実際発生額（借方）＞予定配賦額（貸方）⇒不利差異←借方に配賦差異を計上
・実際発生額（借方）＜予定配賦額（貸方）⇒有利差異←貸方に配賦差異を計上
・材料副費配賦差異は、当月の『売上原価』に賦課されます。

（借）売 上 原 価　　50　（貸）材料副費配賦差異　　50

不利差異は売上原価の増加、有利差異は売上原価の減少要因となる。

1. 直接材料（1）購入（副費の処理）

2. 直接材料(2)払出し

先入先出法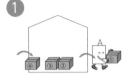

移動平均法

❶ 当月の材料Aの動きは次のとおりである。先入先出法*1を採用した場合の、20日の払出しの仕訳を示しなさい。

1日	月初繰越	@ 80円	25kg	2,000円
10日	仕 入	@ 100円	100kg	10,000円
20日	払 出	@ ?円	80kg	?円
30日	仕 入	@ 120円	75kg	9,000円

(借)仕 掛 品　　7,500　　(貸)材　　料　　7,500*2

* 1　先に入っている月初繰越のすべて(25kg)と、10日の仕入分から55kg(80kg − 25kg)の払出しが行われたとして計算します。

* 2　@80円 × 25kg + @100円 × (80kg − 25kg) = 7,500円
　　　　月初繰越　　　　　10日の仕入分

❷ ❶の資料を用いて、移動平均法*3を採用した場合の、20日の払出しの仕訳を示しなさい。

(借)仕 掛 品　　7,680　　(貸)材　　料　　7,680*4

* 3　払出時点の平均単価で、払出しが行われたとして計算します。

* 4　(@80円 × 25kg + @100円 × 100kg) ÷ 125kg = @96円
　　　@96円 × 80kg = 7,680円

総平均法

決算。減耗が発生

③ ❶の資料を用いて、総平均法*5 を採用した場合の、20日の払出しの仕訳を示しなさい。

(借)仕　掛　品　　　8,400　　(貸)材　　　料　　　8,400*6

* 5　月単位での平均単価を算定し、今月の払出しはすべて、この平均単価で計算します。
* 6　(@80円×25kg + @100円×100kg + @120円×75kg) ÷ 200kg = @105円
　　@105円×80kg = 8,400円

④ 月次決算となり、実地棚卸を行ったところ、材料Aの帳簿棚卸数量に対して1kgの棚卸減耗の発生が判明した。この仕訳を、先入先出法、移動平均法、総平均法でそれぞれ示しなさい。

先入先出法*7

(借)製造間接費*8　　　100　　(貸)材　　　料　　　100

* 7　棚卸減耗にも先入先出を適用するので、古い階層の10日の仕入分(45kg残っている)からの払出しとして計算します。
* 8　棚卸減耗損は、材料費ではなく間接経費なので、製造間接費勘定に集計されます。

移動平均法*9

(借)製造間接費　　　111　　(貸)材　　　料　　　111

* 9　棚卸減耗は「月末の払出し」となるので、月末の平均単価で計算します。
　　20日払出後の残高：@96円×(100kg − 55kg) = 4,320円
　　30日の仕入分：@120円×75kg = 9,000円
　　月末の平均単価：(4,320円 + 9,000円) ÷ (45kg + 75kg) = @111円

総平均法*10

(借)製造間接費　　　105　　(貸)材　　　料　　　105

* 10　棚卸減耗の計算にも当月の平均単価を用います。

　材料Aの材料有高帳には、次のように記帳されている。以下の計算方法を採用している場合の、20日の払出しの仕訳を示しなさい。
（ⅰ）先入先出法
（ⅱ）移動平均法
（ⅲ）総平均法

1日	月初繰越	@　80円	25kg	2,000円
10日	仕　入	@100円	100kg	10,000円
20日	払　出	@　?円	80kg	?円
30日	仕　入	@120円	75kg	9,000円

(ⅰ)先入先出法

借　方　科　目	金　額	貸　方　科　目	金　額
仕　掛　品	7,500	材　　　　料	7,500

材料：@80円×25kg ＋ @100円×(80kg − 25kg) = 7,500円
　　　 月初繰越　　　　　　10日の仕入分

(ⅱ)移動平均法

借　方　科　目	金　額	貸　方　科　目	金　額
仕　掛　品	7,680	材　　　　料	7,680

材料：(@ 80円× 25kg ＋@ 100円× 100kg) ÷125kg ＝@ 96円
　　　 @ 96円× 80kg = 7,680円

(ⅲ)総平均法

借　方　科　目	金　額	貸　方　科　目	金　額
仕　掛　品	8,400	材　　　　料	8,400

材料：(@ 80円× 25kg ＋@ 100円× 100kg ＋@ 120円× 75kg) ÷200kg
　　　 ＝@ 105円
　　　 @ 105円× 80kg = 8,400円

問題 4　棚卸減耗の計算　　　／／／

問題3の後に、31日に100kgの払い出しをしており、決算になり、1kgの減耗の発生が判明した。（ⅰ）先入先出法、（ⅱ）移動平均法、（ⅲ）総平均法により、それぞれの棚卸減耗の金額を答えなさい。

(ⅰ)先入先出法　　120円
(ⅱ)移動平均法　　111円
(ⅲ)総平均法　　　105円

▶ポイント

・(ⅰ)先入先出法では、10日に仕入れたものは31日にすべて払い出すことになるので、30日に仕入れた@120円のものから減耗が発生したことになります。

・(ⅱ)移動平均法は、仕入の都度、平均単価を計算する（払出しにより平均単価は変わらない）ものです。
　　20日払出後の残高：@96円×（100kg − 55kg）= 4,320円
　　30日の仕入分：@120円×75kg = 9,000円
　　月末の平均単価：（4,320円 + 9,000円）÷（45kg + 75kg）= @111円

・(ⅲ)総平均法は、月中の払出単価はすべて同じ単価になるので、減耗においてもその単価（@105円）を用います。

10

2. 直接材料(2)払出し

3. 直接材料(3)予定価格と標準原価計算

予定単価を使う

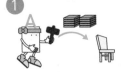

標準単価を使う

ミッション
1Kgで作る！

① 20日、材料A 80kg を予定単価@ 100円で払い出した。なお、実際単価は@ 105円であった。価格差異の処理も含めて、払出しの処理を行う。

(借)仕　掛　品　　　8,000*¹ (貸)材　　　　料　　　8,400
　　材料消費価格差異　　400*²

* 1　仕掛品勘定には、予定単価で計算して振り替えます。
* 2　予定単価を用いて払い出した場合は、材料消費価格差異が発生します。この場合は「実際単価＞予定単価」となっているので不利差異となり、400円（＝@ 5円× 80kg）は借方に計上されます。

② 標準原価計算（シングル・プラン）を採用し、材料Aの標準単価@ 100円、当月の標準使用量77kgであった。当月の実際単価@ 105円、実際使用量80kgのとき、材料の払出しと価格差異、数量差異の処理を行う。

(借)仕　掛　品　　　7,700 (貸)材　　　　料　　　8,400
　　価　格　差　異*³　400
　　数　量　差　異*³　300

* 3　標準原価計算において、材料の差異は次のボックスで計算できます。

実際単価@ 105円	価格差異	
	△@ 5円× 80kg ＝△ 400円（不利）	
標準単価@ 100円	標準直接材料費	数量差異
	@ 100円× 77kg	@ 100円×△ 3kg
	＝ 7,700円	＝△ 300円（不利）
	標準数量	実際数量
	77kg	80kg

問題5　予定価格を用いた計算 ／／／

　20日、材料A 80kgを予定単価@100円で払い出した。なお、当社は移動平均法を用いており、算定された実際単価は@96円であった。価格差異の処理も含めて、払出しの処理を行う。

借方科目	金　額	貸方科目	金　額
仕　掛　品	8,000	材　　　　料	7,680
		価　格　差　異	320

仕 掛 品：@100円× 80kg = 8,000円
材　　料：@96円× 80kg = 7,680円
価格差異：8,000円 − 7,680円 = 320円（有利）

ポイント

・「実際単価＜予定単価」となっているので有利差異となり、価格差異
　320円（=@4円× 80kg）は貸方に計上されます。
・標準原価計算を採用しているわけではないので、数量差異はありません。
・ボックス図による計算

```
実際単価@96円 ┌──────────────────────┐
              │       価格差異        │
              │ @4円× 80kg = 320円（有利）│
予定単価@100円 ├──────────────────────┤
              │       予定消費額        │
              │ @100円× 80kg = 8,000円 │
              └──────────────────────┘
                            実際数量80kg
```

・価格差異は、当月の『売上原価』に賦課されます。

（借）価 格 差 異　　　　320　　（貸）売 上 原 価　　　　320

　有利差異は、売上原価の減少要因となります。

Check!　有利・不利の覚え方

　原価差異勘定の借方に記入されるのが不利差異、貸方に記入されるのが有利差異です。そこで「借りているから不利、貸しているから有利」と覚えておきましょう。　　借方差異⇒不利差異　　貸方差異⇒有利差異

10

3. 直接材料③予定価格と標準原価計算

問題6　標準原価計算の差異分析

　当社は標準原価計算（シングル・プラン）を採用している。当月の完成量は 11 個、月初・月末に仕掛品はなかった。

　原価標準：材料A　@ 100 円× 7kg ＝ 700 円

　当月の実際消費量 80kg、実際単価@ 96 円だったため、払出しの処理とともに、価格差異、数量差異の処理を行う。

借 方 科 目	金　　額	貸 方 科 目	金　　額
仕 　掛 　品	7,700	材　　　　料	7,680
数 　量 　差 　異	300	価 　格 　差 　異	320

仕 掛 品：@ 700 円× 11 個＝ 7,700 円
材　　　料：@ 96 円× 80kg ＝ 7,680 円
価格差異：（@ 100 円－@ 96 円）× 80kg ＝ 320 円（有利差異）
数量差異：@ 100 円×（77kg － 80kg）＝△ 300 円（不利差異）

ポイント

- 当月の標準数量：7kg × 11 個＝ 77kg
- 標準原価計算と予定（価格を用いた）原価計算の違いは、数量に標準を用いるか否かです。したがって、標準原価計算では数量差異が発生しますが、予定原価計算では発生しません。
- ボックス図による計算

実際単価@ 96 円	価格差異	
	@ 4 円× 80kg ＝ 320 円（有利）	
標準単価@ 100 円	標準直接材料費	数量差異
	@ 100 円× 77kg ＝ 7,700 円	@ 100 円×△ 3kg ＝△ 300 円（不利）

標準数量 77kg　　　実際数量 80kg

- 月末に、差異を売上原価に付加する仕訳は次のとおりです。

(借) 価 格 差 異　　　320　　(貸) 売 上 原 価　　　320
(借) 売 上 原 価　　　300　　(貸) 数 量 差 異　　　300

　有利差異は売上原価の減少、不利差異は売上原価の増加要因となります。

4. 間接材料

買ってきた

決算になった

---

1 ドライバー、ハンマーといった工具 2,000 円、軍手などの消耗品 300 円、燃料 40 円を現金で購入した。

| (借)材　　　料*1 | 2,340 | (貸)現　　　金 | 2,340 |

* 1　素材や原料は直接材料になり、製品を構成しないその他の「モノ」に関する原価は間接材料となりますが、『材料』で処理するのは同じです。

---

2 月末に棚卸をしたところ、間接材料 2,500 円を消費していることが判明した。

| (借)製造間接費*2 | 2,500*3 | (貸)材　　　料 | 2,500 |

* 2　間接材料は、どの製品の製造に直接関わったかが判明しないので、『製造間接費』に振り替えられます。

* 3　間接材料には、通常、棚卸計算法が用いられるので、当月の消費量は次のように計算されます。
　　月初棚卸高＋当月購入高－月末棚卸高＝当月消費額

問題7　間接材料の消費

　月末に棚卸をしたところ、工具・消耗品・燃料の合計で 140 円が残っていた。なお、これらの月初有高は 300 円、当月購入額は 2,340 円であった。

借　方　科　目	金　　額	貸　方　科　目	金　　額
製 造 間 接 費	2,500	材　　　　　料	2,500

材　料：300 円＋ 2,340 円－ 140 円＝ 2,500 円

➡ポイント

・当月の消費量の計算

　月初棚卸高＋当月購入高－月末棚卸高＝当月消費額

　　300 円　　＋ 2,340 円　　－　　140 円　　＝　2,500 円

材料（間接材料のみ）

月初	差額	
300 円	（＝消費額）	⇒製造間接費勘定へ
当月購入	2,500 円	
2,340 円	月末	
	140 円	

Check!

間接材料からは棚卸減耗は発生しない

　間接材料は、直接材料と比較して重要度が乏しい（材料有高帳をつけるほどのものではない）ものが多く、棚卸計算法を用いて消費額を計算します。

　この結果、減耗が発生しても消費額に混入してしまい、棚卸減耗として把握されることは、ほとんどありません。

5.直接工の賃金（支払いと消費）

賃金を支払った 賃金を消費した 決算になった

① 当月の直接工の賃金 10,000 円のうち、所得税 1,000 円と社会保険料 400 円を控除し、残額の 8,600 円を現金で支払った。

(借)賃金・給料*1	10,000	(貸)預　り　金	1,400
		現　　　　金	8,600

* 1　労務費については、通常、『賃金・給料』を用いて処理します。
元来、賃金は工員（工場で働く人）に対して支払うもの、給料は事務員に対して支払うものだったのですが、工員も月給制となった現代では、この区別が意味を無くしており、『賃金・給料』の科目を用います。

② 直接工の賃金を直接作業に 8,800 円、間接作業に 1,000 円消費した。

(借)仕　掛　品*2	8,800	(貸)賃金・給料	9,800
製造間接費*2	1,000		

* 2　直接工が直接作業を行った場合にのみ『仕掛品』に振り替えます。間接作業を行った場合は『製造間接費』となります。

③ 賃金・給料勘定の貸借差額 200 円（不利差異）を賃率差異勘定に振り替える。

(借)賃　率　差　異*3	200	(貸)賃金・給料	200

* 3　賃金に関する差異には『賃率差異』を用います。

問題8　直接工の賃金の消費

当月の直接工の作業時間は次のとおりである。
なお、直接工の予定消費賃率は@ 200 円である。

直接工の作業時間
直接作業時間：44 時間　間接作業時間：5 時間

借 方 科 目	金　額	貸 方 科 目	金　額
仕　　掛　　品	8,800	賃 金 ・ 給 料	9,800
製 造 間 接 費	1,000		

仕　掛　品（直接労務費）：@ 200 円× 44 時間= 8,800 円
製造間接費（間接労務費）：@ 200 円× 5 時間= 1,000 円

▶ ポイント

・『賃金・給料』（労務費）のうち、製造直接費は『仕掛品』に振り替えます。
　直接工の直接作業時間による消費が、直接労務費となります。

・『賃金・給料』（労務費）のうち、間接労務費は、いったん『製造間接費』
　に振り替えておきます。直接工であっても、間接作業時間による消費は、
　間接労務費となります。

Check!
直接作業時間に含まれるもの

　直接作業時間には、「加工時間」の他に「段取時間」が含まれます。段取
りは、特定の製品の製造のために行われるものなので、直接作業時間に
含めます。
　ちなみに「間接作業時間」と同様に扱い、製造間接費とするものに次の
作業までのインターバルである「手待時間」があります。

問題 9　賃率差異の把握

賃金・給料勘定の当月の予定消費額は 9,800 円、実際発生額は 10,000 円であった。差額を賃率差異として処理する。

借 方 科 目	金 額	貸 方 科 目	金 額
賃 率 差 異	200	賃 金 ・ 給 料	200

賃率差異：9,800 円－10,000 円＝△ 200 円（不利差異）

▶ポイント

・賃金・給料勘定の状況（実際＞予定）から、賃率差異が不利差異であることがわかります。

賃金・給料（直接工）

実際発生額	予定消費額
10,000円	9,800円
	賃率差異
	200円

・賃率差異は、当月の『売上原価』に賦課されます。

（借）売 上 原 価　　　　200　　（貸）賃 率 差 異　　　　200

・標準原価計算では標準作業時間を設定するので、作業時間差異も発生しますが、予定価格を用いた計算では、賃率差異のみが発生します。

6.間接工の賃金

① 賃金を支払った

② 決算になった

---

① 間接工の賃金*1 4,800円を現金で支払った。

(借)賃 金・給 料　　4,800　　(貸)現　　　　金　　4,800

* 1　間接工の賃金の支払いにも、所得税や社会保険料の控除が行われますが、割愛しています。

---

② 間接工の賃金 5,000円を消費した。

(借)製 造 間 接 費*2　　5,000　　(貸)賃 金・給 料　　5,000

* 2　間接工は、直接工のような技術を持たないので、直接製品の製造に関われません。したがって、その賃金の発生額は、製造間接費となります。

コラム　工業簿記が合格への近道

　2級に短期間で合格する秘訣は、「工業簿記を得意にすること」です。工業簿記は商業簿記に比べて範囲が狭く、レベルも高くないので、ここで満点の40点に近い点数を取れば、連結会計などが出題される厄介な第2問で高い点数を取らなくても合格することができます。

　工業簿記をしっかりと理解して得点できるようにしていきましょう。

問題 10　間接工の賃金の消費　　／　／　／

月末となったので間接工の賃金 (要支払額) を
製造原価に振り替える。

当月支払額 4,800 円　月初未払額 1,000 円
月末未払額 1,200 円

借　方　科　目	金　　額	貸　方　科　目	金　　額
製 造 間 接 費	5,000	賃 金 ・ 給 料	5,000

製造間接費：4,800 円－1,000 円＋1,200 円＝5,000 円

▶ ポイント

・ 間接工は、通常、時間管理がされていないので、要支払額を当月の消
費額として『製造間接費』に振り替えます (したがって、賃率差異は発
生しません)。

・ 要支払額：当月支払額－月初未払額＋月末未払額＝当月消費額
　　　　　　　 4,800 円　－　　1,000 円　＋　1,200 円　＝　5,000 円

賃金・給料 (直接工)

当月支払額	月初未払額	
4,800 円	1,000 円	←月初は負債から始まります
	当月消費額	
月末未払額	5,000 円	⇒製造間接費勘定へ
1,200 円	(差額)	

・ 直接工の賃金にも、月初未払や月末未払は存在しますが、あまり出題
されません。

10

6. 間接工の賃金

7. 経費の発生

水道代を計上した 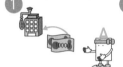　外注費を計上した 　減価償却した

1 工場の水道代 10,000 円を未払金に計上した。

（借）製造間接費　　10,000　（貸）未　払　金*1　10,000

＊1　代金の支払時に、未払金を取り消す処理を想定しています。

2 外注加工賃 10,000 円を現金で支払い、製造原価とした。

（借）仕　掛　品*2　10,000　（貸）現　　　金　10,000

＊2　製品を作るために「どれだけかかったのか」が明らかなものは直接経費となり、そうでないものは間接経費となります。
外注加工賃は、どの製品の外注加工なのかが明らかなので直接経費となり、『仕掛品』に振り替えます。

3 月次決算となり、機械の減価償却費 10,000 円を計上した。

（借）製造間接費*3　10,000　（貸）機械減価償却累計額　10,000

＊3　『減価償却費』などは通さず、直接、『製造間接費』とするのが一般的です。

Check!
"外注セット"と覚えよう！

　経費は、そのほとんどが間接経費ですから、直接経費を覚えておくのが有効です。
　過去に出題された直接経費は、外注加工賃、設計費、特許権使用料の3つだけですから、これを "外注セッ（設）ト（特）" と覚えておきましょう。

問題 11　経費の処理

／　／　／

当月に以下の経費を計上した。

①ガス代

当月支払額（前月分）12,000円　メーター検針による消費額 10,000円

借方科目	金　額	貸方科目	金　額
製 造 間 接 費	10,000	未　　払　　金	10,000

②外注加工賃

当月支払額 12,000円　月初未払額 3,000円　月末未払額 1,000円
要支払額と消費額は一致している。

借方科目	金　額	貸方科目	金　額
仕　　掛　　品	10,000	外 注 加 工 賃	10,000

③機械の減価償却費（1か月分）

取得原価 600,000円　耐用年数5年　残存価額ゼロ

借方科目	金　額	貸方科目	金　額
製 造 間 接 費	10,000	機械減価償却累計額	10,000

10

7. 経費の発生

▶ ポイント

・①ガス代、電気代、水道代などの測定経費は、当月の消費額を製造間接費とします。

・②外注加工賃の動きは次のとおりです（後払いの経費は賃金・給料勘定と同じ形になります）。

外注加工賃

当月支払額 12,000円	月初未払額 3,000円
	当月消費額
月末未払額 1,000円	10,000円（差額） ⇒仕掛品勘定へ

・③（600,000円 − 0円）÷ 5年 ÷ 12か月 = 10,000円
工業簿記では、月次決算を前提としていることを意識しましょう。

8. 製造間接費の配賦(実際配賦・予定配賦・標準配賦)

実際配賦した

予定配賦した

製造間接費の実際発生額[1] 10,500円を仕掛品勘定へ配賦した。

(借)仕　掛　品　　10,500　(貸)製造間接費　　10,500

[1]　実際配賦を行うと差異は発生しません。しかし、実際額の集計を待ってか
　　らしか配賦できないので、計算が遅くなります。

製造間接費の仕掛品勘定への予定配賦を、製造量を基準として行う
(固定予算制を採用)。
予定配賦率は 10円 / 個であり、毎月 1,000 個の製造を予定してい
る。当月は、実際製造量が 970 個、製造間接費の実際発生額が
10,500 円であった。
この結果、300 円の操業度差異 (不利) と 500 円の予算差異 (不利)
が発生した。

(借)仕　掛　品　　9,700[2]　(貸)製造間接費　　10,500
　　操業度差異　　　300[3]
　　予 算 差 異　　　500[4]

[2]　予定配賦額：@10円 × 970個 = 9,700円
[3]　操業度差異：@10円 × (970個 − 1,000個) = △300円(不利)
[4]　予 算 差 異：10,000円 − 10,500円 = △500円(不利)

標準配賦した

③ 当社はシングル・プランによる標準原価計算制度を採用し、製造間接費の仕掛品勘定への標準配賦を、直接作業時間を基準として行っている（公式法による変動予算制を採用）。

　原価標準：@10円×1時間＝10円

　標準配賦率10円/時間のうち、変動費配賦率4円/時間、固定費配賦率6円/時間であり、毎月1,000時間の操業を基準としている。

　当社の当月の標準直接作業時間は970時間、実際直接作業時間は960時間であり、製造間接費の実際発生額は10,500円（うち固定費は6,000円）であった。この結果、操業度差異240円（不利）、固定費能率差異60円（有利）、変動費能率差異（有利）40円、予算差異660円（不利）が発生した。

(借)仕 掛 品	9,700	(貸)製造間接費	10,500
操業度差異	240	固定費能率差異*5	60
予算差異	660	変動費能率差異*5	40

*5　変動費能率差異が有利差異であれば、必ず固定費能率差異も有利差異になります。
　ここでは、最も細かい四分法で示しましたが、他の方法によると次のようになります。

四分法	三分法(1)	三分法(2)
予 算 差 異　△660円	予 算 差 異　△660円	予 算 差 異　△660円
変動費能率差異　40円	能 率 差 異　100円	能 率 差 異　40円
固定費能率差異　60円		操 業 度 差 異　△180
操 業 度 差 異　△240円	操 業 度 差 異　△240円	

個別原価計算を採用している当社では、製造間接費の各指図書への配賦を、製造量を基準として行っている（固定予算制を採用）。

　予定配賦率は 10 円 / 個であり、毎月 1,000 個の製造を予定し、10,000 円を固定予算としている。

　当月は月初・月末に仕掛品はなく、指図書♯1で 500 個、指図書♯2で 470 個の製品を製造し、製造間接費の実際発生額は 10,500 円であった。

　製造間接費の予定配賦と予算差異、操業度差異の処理を行う。

借 方 科 目	金 　額	貸 方 科 目	金 　額
仕 　掛 　品	9,700	製 造 間 接 費	10,500
操 業 度 差 異	300		
予 　算 　差 　異	500		

仕掛品：@ 10 円×（500 個＋ 470 個） ＝ 9,700 円

ポイント

・仕訳では仕掛品勘定 1 つになっていますが、指図書レベルでは個別に配賦され、集計されています。

・図を用いて差異分析を行うと次のようになります。

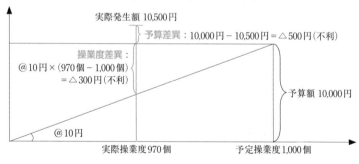

・予定配賦では、標準数量を設定しないので能率差異は計上されません。

・固定予算では、製造間接費配賦率を変動費配賦率と固定費配賦率に分ける必要はありません。

問題13　製造間接費の標準配賦

/ / /

当社は標準原価計算（シングル・プラン）
を採用し、製造間接費の配賦基準は直接作
業時間としている（公式法変動予算を採用）。

原価標準：＠10円×1時間＝10円
標準配賦率10円／時間のうち、変動費配賦率4円／時間である。
当社の基準操業度　1,000時間／月
当月の実際製造量　970個　（月初・月末の仕掛品はなかった）
当月の実際直接作業時間　960時間
当月の製造間接費の実際発生額　10,500円（うち固定費6,000円）
製造間接費の標準配賦と四分法による差異の処理を行う。

借 方 科 目	金　額	貸 方 科 目	金　額
仕　掛　品	9,700	製 造 間 接 費	10,500
操 業 度 差 異	240	固定費能率差異	60
予 算 差 異	660	変動費能率差異	40

10

8. 製造間接費の配賦（実際配賦・予定配賦・標準配賦）

▶ポイント

・シュラッター図を用いて差異分析を行うと次のようになります。

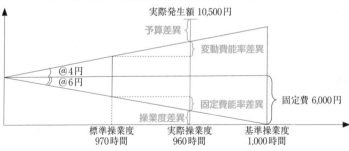

標準配賦額：＠10円×970時間＝9,700円
操業度差異：＠6円×（960時間－1,000時間）＝△240円（不利）
固定費能率差異：＠6円×（970時間－960時間）＝60円（有利）
変動費能率差異：＠4円×（970時間－960時間）＝40円（有利）
予 算 差 異：（＠4円×960時間＋6,000円）－10,500円＝△660円（不利）

9. 本社工場会計

材料買った

経費発生した

〈工場の処理〉

① 材料 100 円を受け入れた。なお、代金は本社で支払うこととなっている。

(借)材　　料　　100　(貸)本　　社　　100

② 機械の減価償却 30 円が行われた。なお、減価償却累計額勘定は本社に設けられている。

(借)製造間接費　　30　(貸)本　　社　　30

③ (i)

製品 90 円が完成した。なお、製品勘定は工場に設けられている。

(借)製　　品　　90　(貸)仕　掛　品　　90

③ (ii)

製品勘定が本社に設けられている場合

(借)本　　社　　90　(貸)仕　掛　品　　90

④ (i)

製品（原価 90 円）を 120 円で販売し、代金は掛けとした。なお、製品勘定は工場に設けられている。

(借)本　　社　　90　(貸)製　　品　　90

④ (ii)

製品勘定が本社に設けられている場合

仕　訳　な　し

製品できた

③

製品売れた

④

掛け

〈本社の処理〉

① 材料100円を掛けで購入し、工場に納入した。なお、代金は本社で支払うこととなっている。

(借)工　　　　場　　　100　　(貸)買　掛　金　　　100

② 機械の減価償却30円が行われた。なお、機械減価償却累計額勘定は本社に設けられている。

(借)工　　　　場　　　30　　(貸)機械減価償却累計額　　30

③(i)
製品90円が完成した。なお、製品勘定は工場に設けられている。

仕　訳　な　し

③(ii)
製品勘定が本社に設けられている場合

(借)製　　　　品　　　90　　(貸)工　　　　場　　　90

④(i)
製品（原価90円）を120円で販売し、代金は掛けとした。なお、製品勘定は工場に設けられている。

(借)売 上 原 価　　　90　　(貸)工　　　　場　　　90
(借)売　掛　金　　　120　　(貸)売　　　　上　　　120

④(ii)
製品勘定が本社に設けられている場合

(借)売 上 原 価　　　90　　(貸)製　　　　品　　　90
(借)売　掛　金　　　120　　(貸)売　　　　上　　　120

本社工場会計① (材料仕入)　／　／　／

　本社で材料 100 円を掛けで購入した。材料は工場の倉庫で受け入れた。工場の仕訳を示しなさい。

　工場の勘定：材　料、賃金・給料、製造間接費、
　　　　　　　仕掛品、製　品、本　社

借 方 科 目	金 額	貸 方 科 目	金 額
材　　　　料	100	本　　　　社	100

▶ポイント

・ 本社が購入した材料を工場に送る場合や、工場で完成した製品を本社に送る場合など、本社と工場にまたがる取引があります。このような、本社・工場間の取引は、本社に設置した『工場』勘定と、工場に設置した『本社』勘定を使って処理します。

・ 本社の仕訳は以下のとおりです。

　(借)工　　　　場　　　　100　　(貸)買　掛　金　　　　100

Check!
　　製品勘定の有無

　本社工場会計の仕訳を行うさいに、必ずチェックしておかなければならないのが、工場の勘定に「製品」勘定があるかないかです。
　工場で製品を管理している場合は、製品勘定は工場に設けられますし、出来上がった製品は、すぐに本社が管理する製品倉庫に移すのであれば、工場には製品勘定は設けられません(本社に設けられます)。
　製品勘定が、工場にあるかないかで仕訳が変わりますので、この点は必ずチェックしましょう。

問題15 本社工場会計② （減価償却費の計上） ／／／

月末となったので、工場で使用している機械に対して定額法で当月分の減価償却を行った。

取得原価1,800円　残存価額ゼロ　耐用年数5年

工場の勘定：材　料、賃金・給料、製造間接費、仕掛品、製　品、本　社

借 方 科 目	金 額	貸 方 科 目	金 額
製 造 間 接 費	30	本　　　　　社	30

減価償却費：1,800円÷5年÷12か月＝30円

▶ポイント

・工場に『機械減価償却累計額』が設定されていないので、『本社』で処理しておき、本社で機械減価償却累計額に計上してもらいます。

・本社の仕訳は以下の通りです。

(借)工　　　　場　　　　30　　(貸)機械減価償却累計額　　30

問題16 本社工場会計③ （製品完成） ／／／

製品90円が完成した。工場の仕訳を示しなさい。

工場の勘定：材　料、賃金・給料、製造間接費、仕掛品、製　品、本　社

借 方 科 目	金 額	貸 方 科 目	金 額
製　　　　　品	90	仕　掛　品	90

▶ポイント

・完成した原価を、『仕掛品』から『製品』へ振り替えます。

・本社の仕訳はありません。

本社は得意先に製品120円を掛けで売り上げた。なお、本社の指示で、工場は製品（原価90円）を得意先に送った。工場の仕訳を示しなさい。

　工場の勘定：材　料、賃金・給料、製造間接費、
　　　　　　　仕掛品、製　品、本　社

借 方 科 目	金　　額	貸 方 科 目	金　　額
本　　　　　社	90	製　　　　　品	90

▶ポイント

・本社の仕訳は以下のとおりです。

　（借）売 上 原 価　　　90　（貸）工　　　　場　　　90
　（借）売　掛　金　　　120　（貸）売　　　上　　　120

以下の取引の内容を言ってみましょう。

また、第10部を学習した翌日に、もう一度復習しておきましょう。

問題1

材　　　　　料	10,000	買　　掛　　金	8,000
		現　　　　　金	1,200
		材　料　副　費	800

問題2

材料副費配賦差異	50	材　料　副　費	50

問題3　問題4

先入先出法：先に入っているものから順に払出しが行われたとする計算方法。
　　　　　　買入順法とも言われ、食糧品などに用いられている。

移動平均法：仕入のたびに平均単価を計算し、払出時点の平均単価で払出しが行われたとする計算方法。
　　　　　　有価証券などにも用いられている。なお、払出しでは単価は変わらない。

総平均法：月単位での平均単価を算定し、今月の払出しはすべて、この平均単価で行われたとする計算方法。
　　　　　　総合原価計算で用いられる「平均法」はこの方法。なお、この方法では、月中の払出時点では払出単価が確定しないことがある。

問題5

仕　　掛　　品	8,000	材　　　　　料	7,680
		価　格　差　異	320

問題6

仕　　掛　　品	7,700	材　　　　　料	7,680
数　　量　　差　異	300	価　格　差　異	320

問題7

製　造　間　接　費	2,500	材　　　　　料	2,500

問題8

仕　　掛　　品	8,800	賃　金　・　給　料	9,800
製　造　間　接　費	1,000		

問題9

賃 率 差 異	200	賃 金・給 料	200

問題10

製 造 間 接 費	5,000	賃 金・給 料	5,000

問題11

①

製 造 間 接 費	10,000	未 払 金	10,000

②

仕 掛 品	10,000	外 注 加 工 賃	10,000

③

製 造 間 接 費	10,000	機械減価償却累計額	10,000

問題12

仕 掛 品	9,700	製 造 間 接 費	10,500
操 業 度 差 異	300		
予 算 差 異	500		

問題13

仕 掛 品	9,700	製 造 間 接 費	10,500
操 業 度 差 異	240	固 定 費 能 率 差 異	60
予 算 差 異	660	変 動 費 能 率 差 異	40

問題14

材 料	100	本 社	100

問題15

製 造 間 接 費	30	本 社	30

問題16

製 品	90	仕 掛 品	90

問題17

本 社	90	製 品	90

復習

10日後

● 第1部「現金預金」「手形取引」「電子記録債権」

問題 1 当座預金の修正（未渡小切手①） 解説 P16

決算日において、すでに掛代金の支払いとして処理されていた小切手¥4,000が未渡しであることが判明した。

当 座 預 金	4,000	買 掛 金	4,000

問題 2 当座預金の修正（未渡小切手②） 解説 P17

当社の当座預金勘定の残高と銀行からの残高証明書の残高の照合をしたところ、備品購入に伴い生じた未払金の支払いのために振り出した小切手¥4,000が金庫に保管されており、未渡しの状況であることが判明した。銀行勘定調整表を作成するとともに、当社側の残高調整のための処理を行った。

当 座 預 金	4,000	未 払 金	4,000

問題 3 手形の更改（申し入れた） 解説 P20

かねて振り出していた約束手形¥8,000について、得意先の倒産により支払期日までに資金を用立てることが難しくなったため、手形の所持人である群馬商店に対して手形の更改を申し入れ、同店の了承を得て、旧手形と交換して、新手形を振り出した。なお、支払期日延長にともなう利息¥240は現金で支払った。

支 払 手 形	8,000	支 払 手 形	8,000
支 払 利 息	240	現 金	240

問題 4 手形の更改（申し出を受けた） 解説 P21

決算の1か月前に満期の到来した約束手形¥8,000について、満期日の直前に手形の更改（満期日を3か月延長）の申し出があり、延長3か月分の利息¥240を含めた新たな約束手形を受け取っていたが、未処理であることが決算時に判明した。なお、あわせて利息に関する決算整理仕訳も行った。

受 取 手 形	8,240	受 取 手 形	8,000
		受 取 利 息	240
受 取 利 息	160	前 受 利 息	160

問題5　手形の不渡り①　　　　　　　　　　　　　　　　　解説 P26

　かねて得意先より裏書譲渡されていた約束手形¥20,000が不渡りとなったので、得意先に対して手形代金の償還請求を行った。なお、償還請求にともなう費用¥340は現金で支払った。

| 不 渡 手 形 | 20,340 | 受 取 手 形 | 20,000 |
| | | 現　　　　　金 | 340 |

問題6　手形の不渡り②　　　　　　　　　　　　　　　　　解説 P27

　不用になった備品を取引先埼玉商店に売却した際、代金として同店振出しの約束手形¥16,000を受け取っていたが、支払期日を迎えたにもかかわらず、この手形が決済されていなかった。

| 不 渡 手 形 | 16,000 | 営業外受取手形 | 16,000 |

問題7　手形の不渡り③　　　　　　　　　　　　　　　　　解説 P28

　かねて得意先東京商店から売掛金の決済のために受け取り、すでにNS銀行で割引きに付していた、同店振出し、当店宛の約束手形¥36,000が満期日に支払拒絶されたため、同銀行より償還請求を受け、小切手を振り出して決済した。また、満期日後の延滞利息¥60は現金で支払い、手形金額とともに東京商店に対して支払請求した。

| 不 渡 手 形 | 36,060 | 当 座 預 金 | 36,000 |
| | | 現　　　　　金 | 60 |

問題8　手形の不渡り④　　　　　　　　　　　　　　　　　解説 P29

　神奈川商会に対する買掛金の支払いのため、同商会に1か月前に裏書譲渡した、静岡商事振出し、当店宛の約束手形¥20,000が不渡りとなり、同商会から手形金額とともに、償還請求にかかわる費用¥340と満期日以降の利息¥60の請求を受け、小切手を振り出して支払った。

| 不 渡 手 形 | 20,400 | 当 座 預 金 | 20,400 |

問題 9 　　不渡手形の回収　　　　　　　　　　　　　　　解説 P30

　得意先山梨商店に対して前期に償還請求していた不渡手形の額面
¥20,000と償還請求費用と利息の合計¥400のうち、¥6,000を現金で
回収したが、残額は回収の見込みがなく、貸倒れの処理をした。なお、
この手形に対する貸倒引当金が¥10,200設定されている。

現　　　　　金	6,000	不　渡　手　形	20,400
貸 倒 引 当 金	10,200		
貸 倒 損 失	4,200		

問題 10 　　電子記録債権の売却（割引き）　　　　　　　　解説 P33

　A社は、電子記録債権¥600を取引銀行に¥590で売却し、代金は
当座預金とした。

| 当 座 預 金 | 590 | 電 子 記 録 債 権 | 600 |
| 電子記録債権売却損 | 10 | | |

問題 11 　　電子記録債権の譲渡　　　　　　　　　　　　　解説 P33

　A社は、電子記録債権¥400を仕入先に譲渡し、買掛金と相殺した。

| 買　　掛　　金 | 400 | 電 子 記 録 債 権 | 400 |

● 第2部「有価証券(株式・債券)」

問題 1　売買目的有価証券（株式）の購入　　　　　　　解説 P39

　売買目的の有価証券として、大阪商事株式会社の株式30株を1株￥590で購入し、代金は証券会社への手数料￥300を含めて次月末に支払うことにした。

売買目的有価証券	18,000	未　　払　　金	18,000

問題 2　売買目的有価証券（株式）の売却　　　　　　　解説 P40

　売買目的で保有している大阪商事株式会社の株式120株のうち80株を1株￥750で売却し、代金は次月末に受け取ることにした。なお、大阪商事株式会社株式はこれまで@￥600で30株、@￥635で40株、@￥680で50株を順次購入しており、移動平均法による記帳を行っている。

未　収　入　金	60,000	売買目的有価証券	51,600
		有価証券売却益	8,400

問題 3　売買目的有価証券（決算時）　　　　　　　解説 P41

　売買目的の有価証券として、大阪商事株式会社の株式40株（1株￥645）を保有しているが、決算日を迎えたため期末時価（1株￥700）で評価替えを行う。

売買目的有価証券	2,200	有価証券評価益	2,200

問題 4　その他有価証券（決算時①）　　　　　　　解説 P44

　その他有価証券として、京都商事株式会社の株式40株（1株￥645）を保有しているが、決算日を迎えたため期末時価（1株￥700）で評価を行う。全部純資産直入法（税効果は考慮不要）で処理する。

その他有価証券	2,200	その他有価証券評価差額金	2,200

問題5　その他有価証券（決算時②）　　　　解説P45

　その他有価証券として京都商事株式会社の株式40株を保有しており、当期の決算となり、時価への評価替えを行う。なお、取得原価は@¥645、前期末時価は@¥700、当期末時価は@¥600である（税効果は考慮不要）。

その他有価証券評価差額金	1,800	その他有価証券	1,800

問題6　売買目的有価証券（債券）の購入　　　　解説P48

　×2年2月23日、売買目的の有価証券として、他社が発行する額面総額¥40,000の社債（利率年3％、利払日は3月末と9月末の年2回）を額面¥100につき¥96の裸相場で買い入れ、代金は直前の利払日の翌日から本日までの期間にかかわる端数利息とともに小切手を振り出して支払った。なお、端数利息の金額については、1年を365日として日割りで計算する。

売買目的有価証券	38,400	当　座　預　金	38,880
有 価 証 券 利 息	480		

問題7　売買目的有価証券（債券）の売却　　　　解説P49

　×2年2月23日、売買目的で保有している額面総額¥40,000の社債（利率年3％、利払日は3月末と9月末の年2回、期間5年、償還日は×5年3月31日）を、額面¥100につき¥96の裸相場で売却し、売却代金は端数利息とともに受け取り、直ちに当座預金とした。この社債は、×1年12月12日に額面¥100につき¥98の裸相場で買い入れたものである。なお、端数利息の計算期間は、前回の利払日の翌日から売却日までの期間とし、1年を365日として日割りで計算する。

当　座　預　金	38,880	売買目的有価証券	39,200
有価証券売却損	800	有 価 証 券 利 息	480

問題8　満期保有目的債券（発行時取得）　　　　　解説 P51

　×1年4月1日にA社の社債200口（額面金額￥100、満期日×6年3月31日）を発行と同時に1口￥94で取得している。額面金額と取得原価との差額は金利の調整と認められるため、決算（×2年3月31日）において償却原価法（定額法）を適用する。

満期保有目的債券	240	有価証券利息	240

問題9　満期保有目的債券（発行後取得）　　　　　解説 P52

　×2年2月1日にA社の社債200口（額面金額￥100、発行日×1年4月1日、満期日×6年3月31日）を1口￥94で取得している。額面金額と取得原価との差額は金利の調整と認められるため、決算（×2年3月31日）において償却原価法（定額法）を適用する。

満期保有目的債券	48	有価証券利息	48

問題10　保有目的の変更　　　　　解説 P55

　これまでバディ社の発行済株式総数の10％を￥16,000で購入し、その他有価証券として処理していたが、先方からの要望もあり追加で45％の株式を￥80,000で取得し、同社を子会社とし、代金は小切手を振り出して支払った。

子 会 社 株 式	96,000	その他有価証券	16,000
		当 座 預 金	80,000

● 第3部 「固定資産 I　建物・リース・ソフトウェア」

| 問題 1 | 手付金の支払い | 解説 P64 |

店舗用の建物の建設工事（工事代金￥1,800,000）と工場の増設工事（工事代金￥1,320,000）を建設会社に依頼し、契約総額￥3,120,000を3回均等分割支払いの条件で締結した。契約締結にさいし、第1回目の支払いを当座預金から行った。

| 建 設 仮 勘 定 | 1,040,000 | 当 座 預 金 | 1,040,000 |

| 問題 2 | 完成・引渡し① | 解説 P65 |

建設中の店舗用の建物の完成にともない、最終回（第3回目）の支払いを当座預金から行い、建物の引渡しを受けた。この建物に対しては、工事代金￥1,800,000を3回均等分割支払いの条件で締結しており、2回分をすでに支払っている。

| 建 物 | 1,800,000 | 建 設 仮 勘 定 | 1,200,000 |
| | | 当 座 預 金 | 600,000 |

| 問題 3 | 完成・引渡し② | 解説 P66 |

既存の工場の増設工事について、3回に分けて各￥440,000を分割払いする建設工事契約を締結し、それぞれ建設仮勘定に計上している。これが完成して最終回（第3回目）の支払いを当座預金から行い、また、建設工事代金の総額￥1,320,000を、建物と既存の工場の修繕費￥220,000に振り替えた。

建 設 仮 勘 定	440,000	当 座 預 金	440,000
建 物	1,100,000	建 設 仮 勘 定	1,320,000
修 繕 費	220,000		

解説 P67

問題4　完成・引渡し③

工場の増設工事（工事代金¥1,320,000は3回分割で小切手により支払済み）が完成し、固定資産等の勘定に振替計上を行った。工事の明細は、建物¥600,000、構築物¥400,000、修繕費¥200,000、共通工事費¥120,000であり、共通工事費は各勘定の金額比で配賦することとした。

建 物	660,000	建 設 仮 勘 定	1,320,000
構 築 物	440,000		
修 繕 費	220,000		

解説 P68

問題5　固定資産の滅失

×7年1月31日、建物（取得原価¥1,800,000、減価償却累計額¥270,000）が火災で焼失した。この建物には火災保険¥1,800,000が掛けられていたので、当期の減価償却費を月割りで計上するとともに、保険会社に保険金の支払いを直ちに請求した。なお、建物の減価償却は定額法（耐用年数30年、残存価額は取得原価の10%、間接法により記帳）により行っており、また、決算日は3月31日（会計期間は1年）である。

建物減価償却累計額	270,000	建 物	1,800,000
減 価 償 却 費	45,000		
未 決 算	1,485,000		

解説 P70

問題6　保険金額の確定

火災により焼失した建物（取得原価：¥1,800,000、残存価額：取得原価の10%、耐用年数30年、定額法により償却、間接法で記帳）に関し請求していた保険金について、本日、¥1,400,000を翌月末に支払う旨の連絡を保険会社から受けた。当該建物は、×1年4月1日に取得したもので、×7年1月31日に火災があり、火災発生日現在の簿価の全額を未決算勘定に振り替えていた。なお、決算日は3月31日（会計期間は1年）であり、減価償却は月割計算で行っている。

| 未 収 入 金 | 1,400,000 | 未 決 算 | 1,485,000 |
| 火 災 損 失 | 85,000 | | |

問題7　ファイナンス・リース取引（契約締結時）　　解説 P74

期首（×1年4月1日）において、リース会社と機械のリース契約を締結した。契約条件は年間のリース料¥1,200（毎年3月末日払い）、期間5年である。なお、リース料総額¥6,000、見積現金購入価額¥5,520である。利子抜き法により処理する。

リ ー ス 資 産	5,520	リ ー ス 債 務	5,520

問題8　ファイナンス・リース取引（支払時）　　解説 P75

期首（×1年4月1日）において、リース会社と機械のリース契約を締結した。契約条件は年間のリース料¥1,200（毎年3月末日払い）、期間5年である。なお、リース料総額に含まれる利息相当額は¥480である。また、利息の期間配分は定額法によること。

1回目（×2年3月31日）のリース料支払時（当座預金口座より支払い）の処理について利子抜き法による処理を行う。

リ ー ス 債 務	1,104	当 座 預 金	1,200
支 払 利 息	96		

問題9　ファイナンス・リース取引（決算時）　　解説 P76

決算にあたり、取得原価¥6,000のリース資産（所有権移転外）の減価償却を間接法で行う。リース期間は5年、リース資産の耐用年数は6年、残存価額はゼロである。

減 価 償 却 費	1,200	リース資産減価償却累計額	1,200

問題 10　オペレーティング・リース取引　　　　　解説 P77

期首（×1年4月1日）に機械のリース契約（オペレーティング・リース取引）を締結した。リース料総額は¥6,000であり、これを毎年3月末日に¥1,200ずつ当座預金口座より支払う。

1回目（×2年3月31日）のリース料支払いの処理を行う。

支払リース料	1,200	当座預金	1,200

問題 11　ソフトウェアの完成・引渡し　　　　　解説 P80

社内利用目的のソフトウェアの開発を外部に依頼し、3回均等分割支払いの条件で契約総額¥1,200,000の全額を未払計上し、2回分をすでに支払っていた。本日、このソフトウェアの製作が完成し使用を開始したため、ソフトウェアの勘定に振り替えるとともに、最終回（第3回目）の支払いを普通預金から行った。

ソフトウェア	1,200,000	ソフトウェア仮勘定	1,200,000
未　　払　　金	400,000	普　通　預　金	400,000

問題 12　ソフトウェアの除却　　　　　解説 P81

新たなシステムBの稼働に伴い、システムA（取得原価：¥1,200,000、期首で取得後4年経過）が不要となったため、11月末の帳簿価額にもとづき、期末（3月31日　会計期間1年）で償却費の計上と除却処理を行った。なお、ソフトウェアは5年間の定額法で償却しており、月割りによる。

ソフトウェア償却	160,000	ソフトウェア	240,000
固定資産除却損	80,000		

● 第4部「固定資産Ⅱ　備品・車両運搬具」

| 問題 1 | 割戻し | 解説 P92 |

備品10台（@¥21,000）を購入し、割戻額¥10,000を控除した残額を
小切手を振り出して支払った。

| 備　　　　　品 | 200,000 | 当　座　預　金 | 200,000 |

| 問題 2 | 固定資産の圧縮記帳 | 解説 P93 |

備品¥20,000の取得にあたり、国庫補助金¥8,000を受け取り、こ
れにかかわる会計処理も適切に行われていたが、当該国庫補助金を返
還しないことが本日確定したため、直接控除方式により圧縮記帳の処
理を行った。

| 固定資産圧縮損 | 8,000 | 備　　　　　品 | 8,000 |

| 問題 3 | 固定資産の割賦購入 | 解説 P94 |

3月1日、全従業員に支給するため、備品（現金購入価格@¥20,000）
10台を割賦で購入した。代金は、今月末より月末ごとに支払期限が順
次到来する額面¥42,000の約束手形5枚を振り出して相手先に交付し
た。なお、利息相当額については、資産の勘定（前払利息）を用いて処
理することとする。

| 備　　　　　品 | 200,000 | 営業外支払手形 | 210,000 |
| 前　払　利　息 | 10,000 | | |

問題 4　　固定資産の売却　　　　　　　　　　　　解説 P96

　　×3年7月31日に備品を¥6,000で売却し、代金は翌月中旬に受け取ることにした。この備品は、×1年4月1日に購入したものであり（購入代価¥19,600、据付費用¥400）、耐用年数は5年、償却方法は200%定率法、記帳方法は間接法によって減価償却を行っている。なお、決算日は3月31日で、当期首から売却時までの減価償却費は月割計算して計上する。

備品減価償却累計額	12,800	備　　　　　品	20,000
減 価 償 却 費	960		
未 収 入 金	6,000		
固定資産売却損	240		

問題 5　　固定資産の除却　　　　　　　　　　　　解説 P98

　　使用中の備品¥20,000（減価償却累計額¥12,800、間接法）を期首に除却した。その備品の処分価値は¥4,000と見積もられた。

備品減価償却累計額	12,800	備　　　　　品	20,000
貯 蔵 品	4,000		
固定資産除却損	3,200		

問題 6　　固定資産の買換え（間接法）　　　　　　　解説 P100

　　×3年7月31日に備品（取得日×1年4月1日、取得原価¥20,000、耐用年数5年、200%定率法により償却、間接法で記帳）を新しい備品に買い換えた。新しい備品の取得原価は¥18,000であり、旧備品の下取価額は¥6,000であった。下取価額を差し引いた代金は月末に支払うことにした。なお、決算日は3月31日とし、買換えにさいして当年度の減価償却費を月割計算により計上すること。

備品減価償却累計額	12,800	備　　　　　品	20,000
減 価 償 却 費	960	未 払 金	12,000
固定資産売却損	240		
備　　　　　品	18,000		

| 問題7 | 固定資産の買換え（直接法） | 解説 P102 |

×3年7月31日に備品（取得日×1年4月1日、取得原価¥20,000、耐用年数5年、200％定率法により償却、直接法で記帳）を新しい備品に買い換えた。新しい備品の取得原価は¥18,000であり、旧備品の下取価額は¥6,000であった。下取価額を差し引いた代金は月末に支払うことにした。なお、決算日は3月31日とし、買換えにさいして当年度の減価償却費を月割計算により計上すること。

減 価 償 却 費	960	備　　　　品	7,200
固定資産売却損	240	未　払　金	12,000
備　　　　品	18,000		

| 問題8 | 生産高比例法 | 解説 P106 |

決算にあたり、保有している営業用車両の減価償却を生産高比例法にて行う。記帳は間接法によること。当該車両の取得原価は¥1,200,000、残存価額は取得原価の10％、総走行可能距離は16,000km、当期の走行距離は3,200kmであった。

| 減 価 償 却 費 | 216,000 | 車両運搬具減価償却累計額 | 216,000 |

| 問題9 | 車両の買換え（間接法） | 解説 P107 |

営業用車両（取得原価¥1,200,000、残存価額は取得原価の10％、前期末における減価償却累計額¥648,000、生産高比例法による減価償却、見積総走行可能距離16,000km、間接法で記帳）を下取りさせて、新たな営業用車両（購入価額¥1,400,000）を購入した。なお、旧車両の当期の走行距離は1,600km、下取り価額は¥400,000で、購入価額との差額は月末に支払うこととした。

車両運搬具減価償却累計額	648,000	車 両 運 搬 具	1,200,000
減 価 償 却 費	108,000	未　払　金	1,000,000
固定資産売却損	44,000		
車 両 運 搬 具	1,400,000		

| 問題 10 | 車両の買換え（直接法） | | 解説 P108 |

営業用車両（取得原価¥1,200,000、残存価額は取得原価の10％、前期末における帳簿価額¥552,000、生産高比例法による減価償却、見積総走行可能距離16,000km、直接法で記帳）を下取りさせて、新たな営業用車両（購入価額¥1,400,000）を購入した。なお、旧車両の当期の走行距離は1,600km、下取り価額は¥400,000で、購入価額との差額は月末に支払うこととした。

減 価 償 却 費	108,000	車 両 運 搬 具	552,000
固定資産売却損	44,000	未　払　金	1,000,000
車 両 運 搬 具	1,400,000		

● 第5部 「引当金」「外貨建取引」「研究開発費」「法定福利費」 「流動・固定の分類」

問題 1　退職給付引当金の取崩し　　　　　　　　　解説 P112

　従業員の退職時に支払われる退職一時金の給付に備えて退職給付引当金¥1,600,000を計上していたが、本日、従業員が退職したため退職一時金として¥1,000,000を現金で支払った。

退職給付引当金	1,000,000	現 金	1,000,000

問題 2　修繕引当金の取崩し　　　　　　　　　　　解説 P116

　機械の定期修繕を期末に行い、代金¥24,000は翌月末の支払いとした。前期末までに計上された修繕引当金は¥16,000である。

修 繕 引 当 金	16,000	未 払 金	24,000
修 繕 費	8,000		

問題 3　資本的支出・収益的支出　　　　　　　　　解説 P117

　当期首に、建物（取得原価：¥320,000、残存価額：¥32,000、耐用年数：20年、定額法により償却、間接法により記帳）について修繕を行い、代金¥48,000は小切手を振り出して支払った。なお、このうち¥28,000は建物の耐震機能を向上させる効果があるものと認められた。修繕引当金の残高は¥16,000である。

建 物	28,000	当 座 預 金	48,000
修 繕 引 当 金	16,000		
修 繕 費	4,000		

問題 4　賞与引当金（従業員）　　　　　　　　　　解説 P120

　年2回の従業員賞与の支給に備えて、×1年10月から×2年2月まで、毎月¥1,200を賞与引当金として計上してきたが、決算日（×2年3月31日）に支給見積額が¥8,000となり追加計上を行う。

賞与引当金繰入	2,000	賞 与 引 当 金	2,000

問題5　賞与引当金（役員）　　　　　　　　　　　　解説 P121

　決算日において、当年度に属する役員賞与¥12,000を見積り計上する。なお、当社は、株主総会において役員賞与の支給に関する議案の承認を受けることとしている。

| 役員賞与引当金繰入 | 12,000 | 役員賞与引当金 | 12,000 |

問題6　外貨建債権・債務の決済　　　　　　　　　　解説 P124

　売掛金20ドルを現金で回収した。売上時の為替レートは1ドル100円、決済時の為替レートは1ドル98円である。

| 現　　　　　金 | 1,960 | 売　　掛　　金 | 2,000 |
| 為 替 差 損 益 | 40 | | |

問題7　外貨建債権・債務の期末換算　　　　　　　　解説 P125

　決算を迎えた。売掛金40ドル（売上時の為替レートは1ドル100円）について決算時の為替レートである1ドル105円で換算した。

| 売　　掛　　金 | 200 | 為 替 差 損 益 | 200 |

問題8　取引時までに為替予約　　　　　　　　　　　解説 P126

　商品60ドルを掛けで売り上げた。売上時の為替レートは1ドル100円であった。
　なお、取引と同時に為替予約を行った。予約レートは1ドル102円である。

| 売　　掛　　金 | 6,120 | 売　　　　上 | 6,120 |

問題9　取引後に為替予約　　　　　　　　　　　　　解説P127

商品60ドルを掛けで売り上げたさいに、売上時の為替レートである1ドル100円で換算した金額を売掛金として計上していたが、その後、売掛金60ドルに為替予約を行った。

予約時の為替レートは1ドル101円、予約レートは1ドル103円である。差額はすべて当期の損益として処理する。

売　　掛　　金	180	為 替 差 損 益	180

問題10　研究開発費①　　　　　　　　　　　　　　　解説P130

研究開発部門を拡張することになったため、実験専用の機器を追加購入し、代金¥24,000は小切手を振り出して支払った。また、研究開発のみの目的で使用するために備品¥12,000も購入し、代金は翌月末払いとした。さらに、研究開発部門で働く研究員への今月分の給料および諸手当¥18,000を現金で支払った。

研 究 開 発 費	54,000	当 座 預 金	24,000
		未 払 金	12,000
		現 金	18,000

問題11　研究開発費②　　　　　　　　　　　　　　　解説P131

長野商事から、商品¥128,000と研究開発専用で使用する測定機器備品¥24,000を、翌月末払いの条件で購入した。これらに対する消費税の税率は10%であり、取引は税抜方式により記帳する。なお、商品に関する記帳は3分法によるものとする。

仕　　　　　入	128,000	買 掛 金	140,800
研 究 開 発 費	24,000	未 払 金	26,400
仮 払 消 費 税	15,200		

問題 12 　法定福利費　　　　　　　　　　　　　　　　　　　解説 P133

　鳥取商事株式会社は、給料支払い時に控除していた源泉所得税
¥30,000、住民税¥22,400および社会保険料¥7,600と会社負担の社会
保険料¥7,600を合わせて小切手を振り出して納付した。負債の勘定
科目は「従業員預り金」を使用すること。

| 従 業 員 預 り 金 | 60,000 | 当 　 座 　 預 　 金 | 67,600 |
| 法 定 福 利 費 | 7,600 | | |

問題 13 　流動・固定の分類　　　　　　　　　　　　　　　　　解説 P135

　広告用看板の掲示に関する契約を締結し、今後3年分の広告料金
¥108,000を普通預金から支払ってその総額をいったん資産（長期前払
費用）に計上し、さらに計上した資産から当月分（1か月分）の費用の
計上を行った。

| 長 期 前 払 費 用 | 108,000 | 普 　 通 　 預 　 金 | 108,000 |
| 広 告 宣 伝 費 | 3,000 | 長 期 前 払 費 用 | 3,000 |

> **コラム**　　**取引後の為替予約の為替差損益、おかしくない？**
>
> 　問題9では、本来、為替差損益は、100円（取得日のレート）から101
> 円（為替予約日のレート）の差による60円と、101円から103円（予約レー
> ト）の差による120円の2つに分け、前者を**直直差額**、後者を**直先差額**と
> いいます。
>
> 　仮に3月末が決算で、2月1日に為替予約をして、4月末決済（期間3
> か月）だとすると、直先差額の120円の為替差損益は、月40円ですから、
> **2か月分（80円）が当期の損益、1か月分（40円）は次期の損益**にしなけ
> ればならず、決算では次の仕訳が必要になります。
>
> 　（借）為替差損益　40　（貸）前受収益　40
>
> 　しかし、日商簿記2級の処理では、それを無視することにしているのです
> （日商簿記1級では上記の処理をします）。

◇◇

● 第6部「商品売買」「収益認識」

問題 1 　売上原価対立法 　　　　　　　　　　　解説 P141

　商品2,000個を、@¥200で売り上げ、代金は掛けとした。この商品は、@¥120で仕入れたものであり、売上原価対立法により処理している。

売　　掛　　金	400,000	売　　　　　　上	400,000
売　上　原　価	240,000	商　　　　　　品	240,000

問題 2 　クレジット売掛金（消費税有り） 　　　　解説 P143

　商品¥200,000をクレジット払いの条件で顧客に販売し、信販会社へのクレジット手数料（販売代金の5％）を販売時に認識した。なお、消費税の税率は販売代金に対して10％とし、税抜方式で処理するが、クレジット手数料には消費税は課税されない。

クレジット売掛金	210,000	売　　　　　　上	200,000
支　払　手　数　料	10,000	仮　受　消　費　税	20,000

問題 3 　役務収益・役務原価 　　　　　　　　　解説 P145

　建築物の設計・監理を請け負っている株式会社岡山設計事務所は、給料¥28,000および出張旅費¥7,200を過日現金にて支払い、記帳もすでに行っていたが、そのうち給料¥8,000および出張旅費¥1,800が特定の案件のために直接費やされたものであることが明らかになったので、これらを仕掛品勘定に振り替えた。

仕　　掛　　品	9,800	給　　　　　　料	8,000
		旅　費　交　通　費	1,800

問題 4 　完納後の請求（契約資産）① 　　　　　解説 P148

　当社は商品甲（¥40,000）とともに商品乙（¥60,000）を客嗇社へ販売する契約を締結し、商品甲を引き渡した。なお、代金は商品乙を引き渡した後に請求する契約となっており、商品甲の代金¥40,000は、まだ顧客との契約から生じた債権となっていない。また、商品甲の引き渡しと商品乙の引き渡しは、それぞれ独立した履行義務として識別する。

契　約　資　産	40,000	売　　　　　　上	40,000

| 問題 5 | 完納後の請求（契約資産）② | 解説 P148 |

　各嗇社へ商品乙（¥60,000）を引き渡したので、月末には商品甲（¥40,000）と商品乙の代金を請求する予定である。

| 売　　掛　　金 | 100,000 | 売　　　　　上 | 60,000 |
| | | 契　約　資　産 | 40,000 |

| 問題 6 | リベート（売上割戻） | 解説 P151 |

　R社に対し、商品¥1,000,000を掛けで売り上げた。なお、R社に対する過去の販売実績より、販売金額の1％はR社に返金する可能性が高いリベートと見積もった。リベートについては取引価格に含めないものとする。

| 売　　掛　　金 | 1,000,000 | 売　　　　　上 | 990,000 |
| | | 返　金　負　債 | 10,000 |

| 問題 7 | リベート（支払い） | 解説 P151 |

　月末に調べたところ、R社は上記リベートの実施条件を満たしていることが判明したので、同額をR社に対する売掛金から控除した。

| 返　金　負　債 | 10,000 | 売　　掛　　金 | 10,000 |

| 問題 8 | 履行義務の一定期間にわたる充足 | 解説 P153 |

当期は×1年4月1日から×2年3月31日までの1年である。
(1)　当社は、甲社と商品の販売および保守サービスを提供し、代金を現金で受け取る契約を締結した。
(2)　商品の販売と2年間の保守サービスの提供の対価：¥18,000
(3)　独立販売価格
　　商品：¥16,000　　2年間の保守サービス：¥4,000
(4)　×1年4月1日に商品を甲社に引き渡した。甲社では検収を完了し使用可能となり、代金¥18,000を現金で受け取った。

| 現　　　　　金 | 18,000 | 売　　　　　上 | 14,400 |
| | | 契　約　負　債 | 3,600 |

● 第7部「株式の発行」「剰余金の処分」「株主資本の変動」「合併」

問題1　株式会社の設立　　　　　　　　　　　　　　解説 P159

　石川商会株式会社を設立し、定款に定めた発行可能株式総数10,000株のうち、2,500株を1株¥2,400で発行し、これら株式について全額の当座預金への払込みがあった。この株式に対する払込金額のうち、会社法の定める最低限の金額を資本金に組み入れた。なお、設立に伴う登記費用等¥14,400と株式発行に伴う諸費用¥68,000は小切手を振り出して支払った。

当 座 預 金	6,000,000	資 本 金	3,000,000
		資 本 準 備 金	3,000,000
創 立 費	82,400	当 座 預 金	82,400

問題2　増資①　　　　　　　　　　　　　　　　　　解説 P160

　兵庫商事株式会社は、増資にあたって1株につき¥3,200で新株を発行した。ただし、定款に記載された発行可能株式総数は4,000株であり、会社設立時に1,000株発行していたので、今回は発行可能な株式数の上限まで発行し、その全株について引受け、払込みを受けた。払込金は、当座預金とし、会社法における最低限度額を資本金に計上した。なお、増資のために要した手数料¥120,000は、現金で支払った。

当 座 預 金	9,600,000	資 本 金	4,800,000
		資 本 準 備 金	4,800,000
株 式 交 付 費	120,000	現 金	120,000

問題3　増資②　　　　　　　　　　　　　　　　　　解説 P161

　新株400株の募集を行い、1株につき¥2,500で発行することとし、申込期日までにその全額が申込証拠金として別段預金に払い込まれていたが、申込期日が到来したため、その払込額を資本金に振り替え、別段預金は当座預金へと振り替えた。資本金への振替えは、会社法で認められている最低額を計上することとした。

株 式 申 込 証 拠 金	1,000,000	資 本 金	500,000
		資 本 準 備 金	500,000
当 座 預 金	1,000,000	別 段 預 金	1,000,000

問題 4　剰余金の処分①　　　　　　　　　　　　　　　　　　　解説 P164

　定時株主総会を開催し、繰越利益剰余金￥200,000 の処分を次のとおり決定した。なお、資本金は￥3,200,000、資本準備金は￥480,000、利益準備金は￥312,000 であり、発行済株式数は 120 株である。

株主配当金：1 株につき￥900

利益準備金：会社法が定める金額

別途積立金：￥20,000

新築積立金：￥24,000

繰越利益剰余金	160,000	未 払 配 当 金	108,000
		利 益 準 備 金	8,000
		別 途 積 立 金	20,000
		新 築 積 立 金	24,000

問題 5　剰余金の処分②　　　　　　　　　　　　　　　　　　　解説 P166

　定時株主総会を開催し、剰余金の配当を次のように決定した。なお、資本金は￥3,200,000、資本準備金は￥480,000、利益準備金は￥300,000 である。

株主への配当：￥100,000

　内訳 ┌ ￥80,000 は繰越利益剰余金を財源
　　　　└ ￥20,000 はその他資本剰余金を財源

利益準備金及び資本準備金：会社法が定める金額

繰越利益剰余金	88,000	未 払 配 当 金	80,000
		利 益 準 備 金	8,000
その他資本剰余金	22,000	未 払 配 当 金	20,000
		資 本 準 備 金	2,000

注）日商簿記の本試験では、仕訳の同じ側で、各勘定科目は 1 回しか使えないため「**未払配当金 100,000**」と、まとめて解答して下さい。

問題 6　欠損のてん補　　　　　　　　　　　　　　　　　　　解説 P168

　会社の累積赤字をてん補するために、別途積立金￥8,000 を取り崩すことを株主総会で決定した。なお、株主総会直前における繰越利益剰余金の借方残高は￥12,000 である。

| 別 途 積 立 金 | 8,000 | 繰越利益剰余金 | 8,000 |

問題7　準備金への組入れ　　　　　　　　　　　　　　　解説 P170

　株主総会の決議を経て、その他資本剰余金¥1,200,000および繰越利益剰余金¥800,000をそれぞれ準備金に組み入れることとした。

| その他資本剰余金 | 1,200,000 | 資 本 準 備 金 | 1,200,000 |
| 繰越利益剰余金 | 800,000 | 利 益 準 備 金 | 800,000 |

問題8　準備金の取崩し　　　　　　　　　　　　　　　　解説 P170

　株主総会の決議を経て、資本準備金¥600,000を取り崩してその他資本剰余金とし、利益準備金¥400,000を取り崩して繰越利益剰余金とした。

| 資 本 準 備 金 | 600,000 | その他資本剰余金 | 600,000 |
| 利 益 準 備 金 | 400,000 | 繰越利益剰余金 | 400,000 |

問題9　吸収合併①　　　　　　　　　　　　　　　　　　解説 P174

　当社は、和歌山商事株式会社を吸収合併し、新たに当社の株式100株（時価@¥2,600）を同社の株主に交付した。同社から承継した資産および負債は、次のとおりである。なお、株式の交付に伴って増加する株主資本は、すべて資本金とする。
　現　金（帳簿価額¥200,000、時価¥200,000）
　売掛金（帳簿価額¥152,000、時価¥152,000）
　備　品（帳簿価額¥120,000、時価¥128,000）
　借入金（帳簿価額¥280,000、時価¥280,000）

現 　 　 　 金	200,000	借 　 入 　 金	280,000
売 　 掛 　 金	152,000	資 　 本 　 金	260,000
備 　 　 　 品	128,000		
の 　 れ 　 ん	60,000		

問題10　吸収合併②　　　　　　　　　　　　　**解説 P175**

　四国に拠点を築くために香川商事株式会社を吸収合併し、新たに当社の株式400株（合併時点の時価@￥5,000）を発行し、これを香川商事の株主に交付した。そのときの香川商事の諸資産（時価）は￥3,480,000、諸負債（時価）は￥1,360,000であった。また、合併にあたっては、取得の対価のうち60％を資本金、残り40％を資本準備金として計上することとした。

諸　　資　　産	3,480,000	諸　　負　　債	1,360,000
		資　　本　　金	1,200,000
		資 本 準 備 金	800,000
		負ののれん発生益	120,000

7

問題11　買収　　　　　　　　　　　　　　　　　**解説 P176**

　新潟商店を現金￥200,000で買収した。なお、新潟商店を買収した際の資産・負債（時価）は、受取手形￥96,000、商品￥120,000、および買掛金￥64,000であった。なお、商品に関する記帳は3分法によるものとする。

受　取　手　形	96,000	買　　掛　　金	64,000
仕　　　　　入	120,000	現　　　　　金	200,000
の　　れ　　ん	48,000		

コラム　　**準備金って、何を準備しているの？**

　2級では「資本準備金」「利益準備金」といった準備金が出てきますが、これはいったい何の準備をしているのでしょう？

　実は、赤字という外敵に備えて、会社を守るために準備しているのです。

　会社をお城に例えると、**天守閣が資本金、内堀が資本準備金、外堀が利益準備金**といったイメージでしょうか。

　ですから、会社の維持存続のために「資本金の4分の1の資金で、内堀や外堀を作っておきましょう」ということになっているのです。

● 第8部「税金の処理」「本支店会計」

問題1　源泉所得税（受取利息）　　　　　　　　　解説 P182

定期預金（1年満期、利率年1%）¥600,000を銀行に預け入れていたが、この定期預金が満期となった。この満期額に、仮払法人税等に計上する源泉所得税（20%）控除後の受取利息手取額を加えた金額を、さらに1年満期の定期預金として継続した。

定 期 預 金	604,800	定 期 預 金	600,000
仮 払 法 人 税 等	1,200	受 取 利 息	6,000

問題2　源泉所得税（受取配当金）　　　　　　　　解説 P183

当座預金口座に、山形商会の株式に対する期末配当金¥9,600（源泉所得税20%を控除後）の入金があった旨の通知があった。

当 座 預 金	9,600	受 取 配 当 金	12,000
仮 払 法 人 税 等	2,400		

問題3　消費税　　　　　　　　　　　　　　　　解説 P186

決算となった。当期の仮払消費税の残高は¥136,000であり、仮受消費税の残高は¥60,000であった。差額は未払消費税または未収還付消費税に計上する。なお、仮払消費税のうち¥16,000は、消費税の中間納付によるものである。

仮 受 消 費 税	60,000	仮 払 消 費 税	136,000
未 収 還 付 消 費 税	76,000		

問題4　税効果会計（差異の発生時）　　　　　　　解説 P189

第1期末において、会計上、売掛金に対して貸倒引当金繰入¥20,000を計上したが、税法上、損金に算入することが認められなかった。税率は30%である。

繰 延 税 金 資 産	6,000	法人税等調整額	6,000

| 問題 5 | 税効果会計（差異の解消時） | 解説 P189 |

第2期に売掛金が貸倒れたため、第1期の貸倒引当金繰入¥20,000が税法上、損金に算入することが認められた。税率は30%である。

| 法人税等調整額 | 6,000 | 繰延税金資産 | 6,000 |

| 問題 6 | 課税所得の計算 | 解説 P191 |

決算を行い、法人税、住民税及び事業税の額を計算した。なお、税率は30%とする。

　　総収益¥2,030　　総費用¥1,660

ただし、総収益には税法上、収益とならない受取配当金が¥30、また、総費用には税法上、費用と認められない貸倒引当金繰入¥20、減価償却費¥240が含まれていた。

| 法人税、住民税及び事業税 | 180 | 未払法人税等 | 180 |

8

| 問題 7 | 本支店間取引① | 解説 P194 |

決算にあたり、本店が支払った広告宣伝費¥40,000につき、その4分の1を富山支店に負担させることにした。なお、当社は支店独立会計制度を導入しているが、富山支店側の仕訳は答えなくてよい。

| 富 山 支 店 | 10,000 | 広 告 宣 伝 費 | 10,000 |

| 問題 8 | 本支店間取引② | 解説 P195 |

決算にあたり、富山支店は本店より「本店が支払った広告宣伝費¥40,000につき、その4分の1を富山支店が負担するように」との指示があったので、この指示にしたがって広告宣伝費を計上した。なお、当社は支店独立会計制度を導入しているが、本店側の仕訳は答えなくてよい。

| 広 告 宣 伝 費 | 10,000 | 本　　　　　店 | 10,000 |

解説 P196
問題9　本支店間取引③

決算にあたり、本店は富山支店より「当期純利益￥100,000を計上した」との連絡を受けた。なお、当社は支店独立会計制度を導入しているが、支店側の仕訳は答えなくてよい。

富　山　支　店	100,000	損　　　　益	100,000

解説 P197
問題10　本支店間取引④

決算にあたり、富山支店は当期純利益￥100,000を計上した。なお、当社は支店独立会計制度を導入しているが、本店側の仕訳は答えなくてよい。

支　店　損　益	100,000	本　　　　店	100,000

解説 P200
問題11　支店間取引①

A社の滋賀支店は、福井支店負担の広告宣伝費￥6,000を現金で立替払いした旨の連絡を本店に行った。なお、同社は本店集中計算制度を採用している。滋賀支店の仕訳を示しなさい。

本　　　　店	6,000	現　　　　金	6,000

解説 P200
問題12　支店間取引②

A社の福井支店は、福井支店負担の広告宣伝費￥6,000を滋賀支店が立替払いした旨の連絡を本店から受けた。なお、同社は本店集中計算制度を採用している。福井支店の仕訳を示しなさい。

広　告　宣　伝　費	6,000	本　　　　店	6,000

解説 P200
問題13　支店間取引③

A社の本店は、滋賀支店が福井支店の広告宣伝費￥6,000を立替払いしたとの報告を受け、この報告にもとづき処理を行った。なお、同社は本店集中計算制度を採用している。

福　井　支　店	6,000	滋　賀　支　店	6,000

● 第9部「連結会計」

問題1　完全子会社の場合・のれんなし　　　　　　　　解説 P205

　親会社（P社）はS社に¥200,000の出資を行い、S社のすべての株式を買い取り、完全子会社とした。このときのS社の純資産は以下のとおりであった。

　資本金¥120,000　　資本剰余金¥20,000　　利益剰余金¥60,000

資　　　本　　　金	120,000	子 会 社 株 式	200,000
資 本 剰 余 金	20,000		
利 益 剰 余 金	60,000		

問題2　完全子会社の場合・のれんあり　　　　　　　　解説 P207

　親会社（P社）はS社に¥240,000の出資を行い、S社のすべての株式を買い取り、完全子会社とした。このときのS社の純資産は以下のとおりであった。

　資本金¥120,000　　資本剰余金¥20,000　　利益剰余金¥60,000

資　　　本　　　金	120,000	子 会 社 株 式	240,000
資 本 剰 余 金	20,000		
利 益 剰 余 金	60,000		
の　　　れ　　　ん	40,000		

問題3　資本連結（部分所有子会社・のれんなし）　　　解説 P209

　親会社（P社）はS社に¥120,000の出資を行い、S社株式の60％を買い取り、子会社とした。このときのS社の純資産は以下のとおりであった。

　資本金¥120,000　　資本剰余金¥20,000　　利益剰余金¥60,000

資　　　本　　　金	120,000	子 会 社 株 式	120,000
資 本 剰 余 金	20,000	非支配株主持分	80,000
利 益 剰 余 金	60,000		

9

問題 4　資本連結（部分所有子会社・のれんあり）　　　解説 P211

親会社（P社）はS社に¥160,000の出資を行い、S社株式の60%を
買い取り、子会社とした。このときのS社の純資産は以下のとおりで
あった。

資本金¥120,000　　　資本剰余金¥20,000　　　利益剰余金¥60,000

資　　本　　金	120,000	子 会 社 株 式	160,000
資 本 剰 余 金	20,000	非支配株主持分	80,000
利 益 剰 余 金	60,000		
の　　れ　　ん	40,000		

問題 5　のれんの償却と利益の計上（当期分）　　　解説 P213

連結財務諸表の作成上、前期末にS社株式の60%を取得したことに
より計上された『のれん』¥40,000について、10年（定額法）で償却する。
また、当期に子会社は¥60,000の利益を計上した。

| の れ ん 償 却 | 4,000 | の　　れ　　ん | 4,000 |
| 非支配株主に帰属する当期純利益 | 24,000 | 非支配株主持分 | 24,000 |

問題 6　のれんの償却と利益の計上（前期分）　　　解説 P213

問題5の翌年度の連結財務諸表の作成に関する仕訳を示しなさい。

| 利益剰余金(当期首残高) | 4,000 | の　　れ　　ん | 4,000 |
| 利益剰余金(当期首残高) | 24,000 | 非支配株主持分(当期首残高) | 24,000 |

問題 7　貸付金と借入金の相殺　　　解説 P215

10月1日に、親会社は子会社に年利2%（期間1年、利払日3月末、
9月末）で現金¥10,000を貸し付けた。決算（3月31日）における連結
財務諸表の作成に必要な仕訳を示しなさい。なお、親会社は前期末に
子会社株式の60%を取得しており、その後の持分の変動はない。また、
貸倒引当金の設定は行っていない。

| 短 期 借 入 金 | 10,000 | 短 期 貸 付 金 | 10,000 |
| 受 取 利 息 | 100 | 支 払 利 息 | 100 |

解説 P218

問題 8　　売掛金と買掛金の相殺（ダウンストリーム）

　当期より親会社は子会社に対して商品を販売しており、子会社に対し、当期末における売掛金の残高は¥10,000であった。この売掛金には当期末に1%の貸倒引当金を設定している。なお、親会社は子会社の株式の60%を保有している。

| 買 掛 金 | 10,000 | 売 掛 金 | 10,000 |
| 貸 倒 引 当 金 | 100 | 貸倒引当金繰入 | 100 |

解説 P219

問題 9　　売掛金と買掛金の相殺（アップストリーム）

　当期より子会社は親会社に対して商品を販売しており、親会社に対し、当期末における売掛金の残高は¥10,000であった。この売掛金には当期末に1%の貸倒引当金を設定している。なお、親会社は子会社の株式の60%を保有している。

買 掛 金	10,000	売 掛 金	10,000
貸 倒 引 当 金	100	貸倒引当金繰入	100
非支配株主に帰属する当期純利益	40	非支配株主持分	40

解説 P222

問題 10　　土地の売買（ダウンストリーム）

　当期に、親会社は子会社に対して帳簿価額¥140,000の土地を¥200,000で売却し、期末時点で子会社はこの土地を保有している。なお、親会社は子会社の株式の60%を保有している。

| 固定資産売却益 | 60,000 | 土 地 | 60,000 |

解説 P223

問題 11　　土地の売買（アップストリーム）

　当期に、子会社は親会社に対して帳簿価額¥140,000の土地を¥200,000で売却し、期末時点で親会社はこの土地を保有している。なお、親会社は子会社の株式の60%を保有している。

| 固定資産売却益 | 60,000 | 土 地 | 60,000 |
| 非支配株主持分 | 24,000 | 非支配株主に帰属する当期純利益 | 24,000 |

問題 12　商品の売買（ダウンストリーム）　　　　解説 P226

　当期中に、親会社は子会社に商品¥200,000を販売し、子会社はこのうち¥20,000を期末に保有している。なお、親会社の利益率は30%であり、親会社は子会社の株式の60%を保有している。

売　　　　　　上	200,000	売　上　原　価	200,000
売　上　原　価	6,000	商　　　　　品	6,000

問題 13　商品の売買（アップストリーム）　　　　解説 P227

　当期中に、子会社は親会社に商品¥200,000を販売し、親会社はこのうち¥20,000を期末に保有している。なお、子会社の利益率は30%であり、親会社は子会社の株式の60%を保有している。

売　　　　　　上	200,000	売　上　原　価	200,000
売　上　原　価	6,000	商　　　　　品	6,000
非支配株主持分	2,400	非支配株主に帰属する当期純利益	2,400

問題 14　配当金の支払い　　　　解説 P229

　当期中に、親会社及び子会社は、利益剰余金を財源として以下の配当を行っていた。なお、親会社は子会社の株式の60%を保有している。

　配当額：親会社¥60,000　　子会社¥20,000

受　取　配　当　金	12,000	剰余金の配当（利益剰余金）	20,000
非支配株主持分	8,000		

● 第10部「工業簿記」

解説 P235

問題 1 　　材料の購入（材料副費の予定配賦）

購入代価@80円の材料A 200kgを掛けで購入し、引取費用2,400円は現金で支払った。また、内部副費として購入代価の10％を予定配賦した。

材　　　　　料	20,000	買　　掛　　金	16,000
		現　　　　　金	2,400
		材　料　副　費	1,600

問題 2 　　材料副費配賦差異の計上 解説 P235

問題1の後、月次決算となり、当月の材料副費の実際発生額は1,700円であった。材料副費の差額は材料副費配賦差異勘定に振り替える。

| 材料副費配賦差異 | 100 | 材　料　副　費 | 100 |

10

問題 3 　　払出単価の計算 解説 P238

材料Aの材料有高帳には、次のように記帳されている。以下の計算方法を採用している場合の、20日の払出しの仕訳を示しなさい。

（ⅰ）先入先出法
（ⅱ）移動平均法
（ⅲ）総平均法

1日	月初繰越	@ 80 円	50kg	4,000 円
10日	仕　　入	@ 100 円	200kg	20,000 円
20日	払　　出	@ ? 円	160kg	? 円
30日	仕　　入	@ 120 円	150kg	18,000 円

（ⅰ）先入先出法

| 仕　　掛　　品 | 15,000 | 材　　　　　料 | 15,000 |

（ⅱ）移動平均法

| 仕　　掛　　品 | 15,360 | 材　　　　　料 | 15,360 |

（ⅲ）総平均法

| 仕　　掛　　品 | 16,800 | 材　　　　　料 | 16,800 |

問題 4 棚卸減耗の計算　　　　　　　　　　　　　　　　　　解説 P239

　問題3の後に、31日に200kgの払い出しをしており、決算になり、2kgの減耗の発生が判明した。（ⅰ）先入先出法、（ⅱ）移動平均法、（ⅲ）総平均法により、それぞれの棚卸減耗の金額を答えなさい。

（ⅰ）先入先出法　　240円
（ⅱ）移動平均法　　222円
（ⅲ）総平均法　　　210円

問題 5 予定価格を用いた計算　　　　　　　　　　　　　　解説 P241

　20日、材料A 160kgを予定単価@100円で払い出した。なお、当社は移動平均法を用いており、算定された実際単価は@96円であった。価格差異の処理も含めて、払出しの処理を行う。

仕　　掛　　品	16,000	材　　　　　料	15,360
		価　格　差　異	640

問題 6 標準原価計算の差異分析　　　　　　　　　　　　　解説 P242

　当社は標準原価計算（シングル・プラン）を採用している。当月の完成量は11個、月初・月末に仕掛品はなかった。
　原価標準：材料A　@100円×14kg＝1,400円
　当月の実際消費量160kg、実際単価@96円だったため、払出しの処理とともに、価格差異、数量差異の処理を行う。

仕　　掛　　品	15,400	材　　　　　料	15,360
数　量　差　異	600	価　格　差　異	640

問題 7 間接材料の消費　　　　　　　　　　　　　　　　　解説 P244

　月末に棚卸をしたところ、工具・消耗品・燃料の合計で280円が残っていた。なお、これらの月初有高は600円、当月購入額は4,680円であった。

製　造　間　接　費	5,000	材　　　　　料	5,000

◇◇

問題 8　　直接工の賃金の消費　　　　　　　　　　　解説 P246

　当月の直接工の作業時間は次のとおりである。なお、直接工の予定消費賃率は@200円である。

　直接工の作業時間
　直接作業時間：88時間　　間接作業時間：10時間

仕 掛 品	17,600	賃 金 ・ 給 料	19,600
製 造 間 接 費	2,000		

問題 9　　賃率差異の把握　　　　　　　　　　　　解説 P247

　賃金・給料勘定の当月の予定消費額は19,600円、実際発生額は20,000円であった。差額を賃率差異として処理する。

賃 率 差 異	400	賃 金 ・ 給 料	400

問題 10　　間接工の賃金の消費　　　　　　　　　　解説 P249

　月末となったので間接工の賃金（要支払額）を製造原価に振り替える。

　当月支払額9,600円　　月初未払額2,000円　　月末未払額2,400円

製 造 間 接 費	10,000	賃 金 ・ 給 料	10,000

10

問題 11　経費の処理　　　　　　　　　　　　　　　　　　　　解説 P251

当月に以下の経費を計上した。

①ガス代

当月支払額（前月分）24,000円　メーター検針による消費額20,000円

製 造 間 接 費	20,000	未　　　払　　　金	20,000

②外注加工賃

当月支払額24,000円　月初未払額6,000円　月末未払額2,000円
要支払額と消費額は一致している。

仕　　　掛　　　品	20,000	外 注 加 工 賃	20,000

③機械の減価償却費（1か月分）

取得原価1,200,000円　耐用年数5年　残存価額ゼロ

製 造 間 接 費	20,000	機械減価償却累計額	20,000

問題 12　製造間接費の予定配賦　　　　　　　　　　　　　　　解説 P254

個別原価計算を採用している当社では、製造間接費の各指図書への配賦を、製造量を基準として行っている（固定予算制を採用）。

予定配賦率は10円/個であり、毎月2,000個の製造を予定し、20,000円を固定予算としている。

当月は月初・月末に仕掛品はなく、指図書♯1で1,000個、指図書♯2で940個の製品を製造し、製造間接費の実際発生額は21,000円であった。

製造間接費の予定配賦と予算差異、操業度差異の処理を行う。

仕　　　掛　　　品	19,400	製 造 間 接 費	21,000
操 業 度 差 異	600		
予 算 差 異	1,000		

問題 13　製造間接費の標準配賦　　　　　　　　　　　**解説 P255**

当社は標準原価計算（シングル・プラン）を採用し、製造間接費の配賦基準は直接作業時間としている（公式法変動予算を採用）。

原価標準：＠10円×1時間＝10円

標準配賦率10円／時間のうち、変動費配賦率4円／時間である。

当社の基準操業度　2,000時間／月

当月の実際製造量　1,940個　（月初・月末の仕掛品はなかった）

当月の実際直接作業時間　1,920時間

当月の製造間接費の実際発生額　21,000円（うち固定費12,000円）

製造間接費の標準配賦と四分法による差異の処理を行う。

仕 掛 品	19,400	製 造 間 接 費	21,000
操 業 度 差 異	480	固定費能率差異	120
予 算 差 異	1,320	変動費能率差異	80

問題 14　本社工場会計①　（材料仕入）　　　　　　　**解説 P258**

本社で材料200円を掛けで購入した。材料は工場の倉庫で受け入れた。工場の仕訳を示しなさい。

工場の勘定：材　料、賃金・給料、製造間接費、
　　　　　　　仕掛品、製　品、本　社

材 料	200	本 社	200

問題 15　本社工場会計②　（減価償却費の計上）　　　**解説 P259**

月末となったので、工場で使用している機械に対して定額法で当月分の減価償却を行った。

取得原価3,600円　残存価額ゼロ　耐用年数5年

工場の勘定：材　料、賃金・給料、製造間接費、
　　　　　　　仕掛品、製　品、本　社

製 造 間 接 費	60	本 社	60

10

問題 16　本社工場会計③（製品完成）　　　　　　　　　　解説 P259

製品180円が完成した。工場の仕訳を示しなさい。

工場の勘定：材　料、賃金・給料、製造間接費、
　　　　　　仕掛品、製　品、本　社

製		品	180	仕		掛		品	180

問題 17　本社工場会計④（製品販売）　　　　　　　　　　解説 P260

本社は得意先に製品240円を掛けで売り上げた。なお、本社の指示で、工場は製品（原価180円）を得意先に送った。工場の仕訳を示しなさい。

工場の勘定：材　料、賃金・給料、製造間接費、
　　　　　　仕掛品、製　品、本　社

本		社	180	製		品	180

コラム　実際に使える原価計算は？

　2級では、実際原価計算、予定（額による）原価計算、標準原価計算、全部原価計算、直接原価計算と、いくつもの原価計算を学習します。

　では、このうち「どの原価計算が経営判断上有効か」というと、私は「予定額による直接原価計算」だと思います。

　まず、実際原価計算ほど細かい数字が経営判断に必要なことは稀ですし、どの道発生する固定費まで製造原価にする全部原価計算は意思決定には適さないように思います。

　ですから、予定額を用いた直接原価計算が、最も経営判断上有効なことが多いと思います。

　みなさんが実際に使われる場面のために、頭の片隅に置いておいていただけたらと思います。

復習

30日後

● 第1部「現金預金」「手形取引」「電子記録債権」

| 問題 1 | 当座預金の修正（未渡小切手①） | 解説 P16 |

決算にさいし、小切手¥6,000（掛代金の支払いとして処理済）が未渡しであることが判明した。

| 当 座 預 金 | 6,000 | 買 掛 金 | 6,000 |

| 問題 2 | 当座預金の修正（未渡小切手②） | 解説 P17 |

当社の当座預金勘定の残高と銀行からの残高証明書の残高の照合をしたところ、広告宣伝費の支払いのために振り出した小切手¥10,000が金庫に保管されており、未渡しの状況であることが判明した。銀行勘定調整表を作成するとともに、当社側の残高調整のための処理を行った。

| 当 座 預 金 | 10,000 | 未 払 金 | 10,000 |

| 問題 3 | 手形の更改（申し入れた） | 解説 P20 |

かねて振り出していた約束手形¥8,000について、得意先の倒産により支払期日までに資金を用立てることが難しくなったため、手形の所持人である長崎商店に対して手形の更改を申し入れ、同店の了承を得て、旧手形と交換して、支払期日延長にともなう利息¥160を含めた新手形を振り出した。

| 支 払 手 形 | 8,000 | 支 払 手 形 | 8,160 |
| 支 払 利 息 | 160 | | |

| 問題 4 | 手形の更改（申し出を受けた） | 解説 P21 |

決算の1か月前に満期の到来した約束手形¥120,000について、満期日の直前に手形の更改(満期日を4か月延長)の申し出があり、延長4か月分の利息¥4,800を含めた新たな約束手形を受け取っていたが、未処理であることが決算時に判明した。なお、あわせて利息に関する決算整理仕訳も行った。

受 取 手 形	124,800	受 取 手 形	120,000
		受 取 利 息	4,800
受 取 利 息	3,600	前 受 利 息	3,600

問題5　手形の不渡り① 　　　　　　　　　　　　　　解説 P26

熊本商店振出し沖縄商店あての約束手形¥28,000を沖縄商店から裏書譲渡されていたが、満期日に決済されなかったので、沖縄商店に支払請求した。なお、償還請求の諸費用¥200は現金で支払った。

| 不　渡　手　形 | 28,200 | 受　取　手　形 | 28,000 |
| | | 現　　　　　金 | 200 |

問題6　手形の不渡り② 　　　　　　　　　　　　　　解説 P27

不用になった倉庫を取引先北海道商店に売却した際、代金として同店振出しの約束手形¥20,000を受け取っていたが、満期日を迎えたにもかかわらず、この手形が決済されていなかった。

| 不　渡　手　形 | 20,000 | 営業外受取手形 | 20,000 |

問題7　手形の不渡り③ 　　　　　　　　　　　　　　解説 P28

かねて得意先から売掛金の決済のために受け取り、取引銀行で割り引いていた額面¥36,000の約束手形が満期日に支払拒絶され、取引銀行から償還請求を受けたので、手形の額面金額に満期日以降の延滞利息¥120および償還請求に伴うその他の費用¥500を含めて小切手を振り出して支払うとともに、手形の振出人である得意先に対して、延滞利息およびその他の費用を含む金額で手形の償還請求を行った。

| 不　渡　手　形 | 36,620 | 当　座　預　金 | 36,620 |

問題8　手形の不渡り④ 　　　　　　　　　　　　　　解説 P29

岩手商会に対する商品代金の支払いのため、同商会に1か月前に裏書譲渡した、宮城商事振出し、当店宛の約束手形¥30,000が不渡りとなり、同商会から手形金額とともに、償還請求にかかわる費用¥400と満期日以降の利息¥80の請求を受け、小切手を振り出して支払った。

| 不　渡　手　形 | 30,480 | 当　座　預　金 | 30,480 |

問題9　不渡手形の回収
解説 P30

　得意先栃木商店に対して前期に償還請求していた不渡手形の額面
¥50,000と償還請求費用¥800のうち、¥10,000を現金で回収したが、
残額は回収の見込みがなく、貸倒れの処理をした。なお、貸倒引当金
は¥45,000設定されている。

現　　　　　金	10,000	不　渡　手　形	50,800
貸 倒 引 当 金	40,800		

問題10　電子記録債権の売却（割引き）
解説 P33

　B社に対する電子記録債権¥50,000のうち¥30,000をC銀行で割り
引き、割引料¥1,000が差し引かれた残額が当座預金口座に振り込ま
れた。

当 座 預 金	29,000	電 子 記 録 債 権	30,000
電子記録債権売却損	1,000		

問題11　電子記録債権の譲渡
解説 P33

　D社に対する電子記録債権のうち¥15,000について、E社に対する
買掛金¥15,000を支払うために譲渡記録を行った。

買　　掛　　金	15,000	電 子 記 録 債 権	15,000

● 第2部「有価証券（株式・債券）」

問題 1　売買目的有価証券（株式）の購入　　　　　　　　解説 P39

売買目的の有価証券として、山口商事株式会社の株式120株を1株¥800で購入し、手数料¥4,000とともに代金は後日支払うこととした。

売買目的有価証券	100,000	未　　払　　金	100,000

問題 2　売買目的有価証券（株式）の売却　　　　　　　　解説 P40

当期中に3回に分けて取得した同一銘柄の売買目的有価証券20株のうち12株を1株¥6,600で売却した。なお、代金は当座預金口座に振り込まれた。この有価証券は、第1回目は8株を1株¥6,600で、第2回目は8株を1株¥7,000で、第3回目は4株を1株¥6,400で、それぞれ買い付けている。当社は移動平均法で売買目的有価証券の記帳処理をしている。

当　座　預　金	79,200	売買目的有価証券	80,640
有価証券売却損	1,440		

問題 3　売買目的有価証券（決算時）　　　　　　　　　　解説 P41

奈良商会株式会社の株式を売買目的の有価証券として500株（1株¥800）保有している。決算日の時価は1株¥740となっており、期末時価で評価を行う。

有価証券評価損	30,000	売買目的有価証券	30,000

問題 4　その他有価証券（決算時①）　　　　　　　　　　解説 P44

和歌山商会株式会社の株式をその他有価証券として500株（1株¥800）保有している。決算日の時価は1株¥740となっており、期末時価で評価を行う。なお、全部純資産直入法（税効果は考慮不要）で処理する。

その他有価証券評価差額金	30,000	その他有価証券	30,000

30日後

問題5　その他有価証券（決算時②）　　　　　　　　　解説 P45

　その他有価証券として大阪商事株式会社の株式50株を保有しており、当期の決算となり、時価への評価替えを行う。なお、取得原価は@¥600、前期末時価は@¥500、当期末時価は@¥700である（税効果は考慮不要）。

その他有価証券	5,000	その他有価証券評価差額金	5,000

問題6　売買目的有価証券（債券）の購入　　　　　　　解説 P48

　×1年12月12日に売買目的で大分工業株式会社の社債（額面総額¥160,000）を額面¥100につき¥96で買い入れ、代金は証券会社への手数料¥360および端数利息（直前の利払日の翌日から本日までの期間）とともに小切手を振り出して支払った。なお、この社債の利率は年2％、利払日は3月末日と9月末日の年2回である。また、端数利息の金額については、1年を365日として日割で計算する。

売買目的有価証券	153,960	当 座 預 金	154,600
有 価 証 券 利 息	640		

問題7　売買目的有価証券（債券）の売却　　　　　　　解説 P49

　売買目的で所有していた甲社社債（額面総額¥160,000、額面@¥100につき@¥100.25にて取得、取得日×1年4月1日、満期日×6年3月31日、年利率3.65％、利払日3月31日および9月30日）の半分を×3年10月20日に@¥101で売却した。売却代金は、端数利息（前回の利払日の翌日から売却日までの期間とし、1年を365日として日割り計算する）を含め、当座預金に振り込まれた。なお、前年度の決算日（×3年3月31日）において甲社社債の時価は、@¥100.40であった。当社は、売買目的有価証券の会計処理方法として、時価法（切り放し法）を採用している。

当 座 預 金	80,960	売買目的有価証券	80,320
		有 価 証 券 売 却 益	480
		有 価 証 券 利 息	160

2

問題 8   満期保有目的債券（発行時取得）   解説 P51

C社の社債（額面総額¥50,000、満期日×5年3月31日）を×1年4月1日に¥40,000で取得している。額面金額と取得原価との差額は金利の調整と認められるため、決算（×2年3月31日）において償却原価法（定額法）を適用する。

満期保有目的債券	2,500	有 価 証 券 利 息	2,500

問題 9   満期保有目的債券（発行後取得）   解説 P52

×2年2月1日にB社の社債500口（額面金額¥100、発行日×1年4月1日、満期日×6年3月31日）を1口¥96で取得している。額面金額と取得原価との差額は金利の調整と認められるため、決算（×2年3月31日）において償却原価法（定額法）を適用する。

満期保有目的債券	80	有 価 証 券 利 息	80

問題 10   保有目的の変更   解説 P55

これまでR社の発行済株式総数の10%を¥20,000で購入し、その他有価証券として処理していたが、先方からの要望もあり追加で50%の株式を¥100,000で取得し、同社を子会社とし、代金は普通預金口座から支払った。

子 会 社 株 式	120,000	その他有価証券	20,000
		普 通 預 金	100,000

● 第3部「固定資産Ⅰ　建物・リース・ソフトウェア」

| 問題1 | 手付金の支払い | | | 解説 P64 |

　店舗用の建物の建設工事を建設会社に依頼し、工事の開始に当たって手付金として、工事代金総額￥2,000,000の40％に相当する金額を小切手を振り出して支払った。

| 建 設 仮 勘 定 | 800,000 | 当 座 預 金 | 800,000 |

| 問題2 | 完成・引渡し① | | | 解説 P65 |

　建設会社に依頼していた建物の建設工事が完了し、建物の引渡しを受けたので、建設工事代金￥240,000からすでに支払っていた手付金￥160,000を差し引いた残額￥80,000を小切手を振り出して建設会社に支払った。

| 建　　　　　物 | 240,000 | 建 設 仮 勘 定 | 160,000 |
| | | 当 座 預 金 | 80,000 |

| 問題3 | 完成・引渡し② | | | 解説 P66 |

　既存の工場の増設工事について、工事代金￥1,200,000を3回に分けて分割払いする建設工事契約を締結しそれぞれ建設仮勘定に計上している。これが完成して最終回の支払いを普通預金から行い、また、建設工事代金の総額￥1,200,000を、建物と既存の工場の修繕費￥32,000に振り替えた。

建 設 仮 勘 定	400,000	普 通 預 金	400,000
建　　　　　物	1,168,000	建 設 仮 勘 定	1,200,000
修　　繕　　費	32,000		

3

問題 4　完成・引渡し③　　　　　　　　　　　　**解説 P67**

　　工場の増設工事(工事代金は 4 回に分けて各¥88,000を小切手により支払済み)が完成し、固定資産等の勘定に振替計上を行った。工事の明細は、建物¥200,000、構築物¥80,000、修繕費¥40,000、共通工事費¥32,000であり、共通工事費は各勘定の金額比で配賦することとした。

建　　　　　物	220,000	建 設 仮 勘 定	352,000
構　　築　　物	88,000		
修　　繕　　費	44,000		

問題 5　固定資産の滅失　　　　　　　　　　　　**解説 P68**

　　営業用の車両運搬具(取得原価:¥36,000、減価償却累計額:¥16,200、間接法による)が11月25日の事故により使用不能となった。この車両運搬具には¥24,000の保険がかけられており、この車両運搬具に対して月割りで当期の減価償却費を計上するとともに、保険会社に対して保険金の支払い請求を即刻行った。当社の決算日は 3 月31日であり、当該車両運搬具の減価償却は定額法(耐用年数: 6 年、残存価額:取得原価の10%)による。

車両運搬具減価償却累計額	16,200	車 両 運 搬 具	36,000
減 価 償 却 費	3,600		
未 　 決 　 算	16,200		

問題 6　保険金額の確定　　　　　　　　　　　　**解説 P70**

　　火災により焼失した建物(取得原価:¥320,000、残存価額:取得原価の10%、耐用年数20年、定額法により償却、間接法で記帳)に関し請求していた保険金について、本日¥120,000を、当月末に支払う旨の連絡を保険会社から受けた。当該建物は、×1年4月1日に取得したもので、×15年8月25日に火災があり、火災発生日現在の簿価の全額を未決算勘定に振り替えていた。なお、当社の決算は 3 月31日(年1回)であり、減価償却は月割計算で行っている。

| 未 収 入 金 | 120,000 | 未 　 決 　 算 | 112,400 |
| | | 保 　 険 　 差 　 益 | 7,600 |

ファイナンス・リース取引（契約締結時）　　解説 P74

期首（×1年4月1日）にA社と機械のリース契約を、年間のリース料¥13,000（毎年3月末日払い）、期間4年の条件で締結した。なお、リース料総額¥52,000、見積現金購入価額¥50,000である。利子込み法により処理する。

リ ー ス 資 産	52,000	リ ー ス 債 務	52,000

ファイナンス・リース取引（支払時）　　解説 P75

期首（×1年4月1日）にA社と備品のリース契約を、年間のリース料¥12,500（毎年3月末日払い）、期間4年の条件で締結した。なお、リース料総額に含まれる利息相当額は¥2,200である。また、利息の期間配分は定額法による。

1回目（×2年3月31日）のリース料支払い（当座預金口座より支払い）について利子抜き法による処理を行う。

リ ー ス 債 務	11,950	当 座 預 金	12,500
支 払 利 息	550		

ファイナンス・リース取引（決算時）　　解説 P76

決算にあたり、取得原価¥12,000のリース資産（所有権は移転しない）の減価償却を間接法で行う。リース期間は5年、リース資産の耐用年数は6年、残存価額はゼロである。

減 価 償 却 費	2,400	リース資産減価償却累計額	2,400

問題 10　オペレーティング・リース取引　　　　　　　　解説 P77

　期首(×1年4月1日)に機械のリース契約(オペレーティング・リース取引)を締結した。リース料総額は¥50,000であり、これを毎年3月末日に¥10,000ずつ普通預金口座より支払う。

　1回目(×2年3月31日)のリース料支払いの処理を行う。

支 払 リ ー ス 料	10,000	普 通 預 金	10,000

問題 11　ソフトウェアの完成・引渡し　　　　　　　　解説 P80

　社内利用目的のソフトウェアの開発を外部に依頼し、3回均等分割支払いの条件で契約総額¥1,500,000 の全額を未払計上し、2回分をすでに支払っていた。本日、このソフトウェアの製作が完成し使用を開始したため、ソフトウェアの勘定に振り替えるとともに、最終回(第3回目)の支払いを当座預金から行った。

ソ フ ト ウ ェ ア	1,500,000	ソフトウェア仮勘定	1,500,000
未　　払　　金	500,000	当 座 預 金	500,000

問題 12　ソフトウェアの除却　　　　　　　　　　　　解説 P81

　新たなシステムBの稼働に伴い、システムA(取得原価：¥1,500,000、期首で取得後4年経過)が不要となったため、1月末の帳簿価額にもとづき、期末(3月31日　会計期間1年)で当期の償却費の計上と除却処理を行った。なお、ソフトウェアは5年間の定額法で償却しており、月割りによる。

ソフトウェア償却	250,000	ソ フ ト ウ ェ ア	300,000
固定資産除却損	50,000		

● 第4部「固定資産Ⅱ　備品・車両運搬具」

| 問題 1 | 割戻し | 解説 P92 |

備品10台（＠￥20,000）を購入し、割戻額￥4,800を控除した残額を普通預金から支払った。

| 備　　　　　品 | 195,200 | 普　通　預　金 | 195,200 |

| 問題 2 | 固定資産の圧縮記帳 | 解説 P93 |

機械装置￥40,000の取得にあたり、国庫補助金￥16,000を受け取り、これにかかわる会計処理も適切に行われていたが、当該国庫補助金を返還しないことが本日確定したため、直接控除方式により圧縮記帳の処理を行った。

| 固定資産圧縮損 | 16,000 | 機　械　装　置 | 16,000 |

| 問題 3 | 固定資産の割賦購入 | 解説 P94 |

全従業員に支給するため、事務用のパソコン（現金購入価格＠￥20,000）10台を割賦で購入した。代金は、来月末より月末ごとに支払期限が順次到来する額面￥40,000の約束手形6枚を振り出して相手先に交付した。なお、利息相当額については、費用の勘定を用いて処理することとする。

| 備　　　　　品 | 200,000 | 営業外支払手形 | 240,000 |
| 支　払　利　息 | 40,000 | | |

問題4　　固定資産の売却　　　　　　　　　　　　　　　解説 P96

　広島商店(年1回3月末決算)は、×10年7月26日に備品を¥7,800
で売却し、代金は翌月中旬に受け取ることにした。この備品は、×1
年4月1日に購入したものであり(購入代価¥44,000、据付費用
¥4,000)、残存価額は取得原価の10%、耐用年数は10年、償却方法
は定額法、記帳方法は間接法によって減価償却を行っている。なお、
当期首から売却時までの減価償却費は月割計算して計上する。

備品減価償却累計額	38,880	備　　　　　　　品	48,000
減 価 償 却 費	1,440	固定資産売却益	120
未 収 入 金	7,800		

問題5　　固定資産の除却　　　　　　　　　　　　　　　解説 P98

　愛媛商店は、×1年4月1日に購入した¥240,000の備品を、×7年
度の期首に除却した。この備品については、耐用年数10年、残存価額
0(ゼロ)として、定額法で償却(間接法)をしてきた。この備品の除却時
の処分価額は、¥60,000と見積もられた。同商店の決算日は年1回、3
月31日である。

備品減価償却累計額	144,000	備　　　　　　　品	240,000
貯 蔵 品	60,000		
固定資産除却損	36,000		

問題6　　固定資産の買換え（間接法）　　　　　　　　　　解説 P100

　×5年1月28日に事務用パソコン(取得日×1年4月1日、取得原
価¥12,000、残存価額0(ゼロ)、耐用年数5年、定額法により償却、
間接法で記帳)を新しいパソコンに買い換えた。新しいパソコンの取
得原価は¥10,000であり、旧パソコンの下取価額は¥3,200であった。
下取価額を差し引いた代金は月末に支払うことにした。なお、決算日
は3月31日で、買換えにさいして当年度の減価償却費を月割計算に
より計上すること。

備品減価償却累計額	7,200	備　　　　　　　品	12,000
減 価 償 却 費	2,000	固定資産売却益	400
備　　　　　　　品	10,000	未 払 金	6,800

問題7　固定資産の買換え（直接法）　　　　　　　解説 P102

×5年1月28日に事務用パソコン（取得日×1年4月1日、取得原価￥12,000、残存価額0（ゼロ）、耐用年数5年、定額法により償却、直接法で記帳）を新しいパソコンに買い換えた。新しいパソコンの取得原価は￥10,000であり、旧パソコンの下取価額は￥3,200であった。下取価額を差し引いた代金は小切手を振り出して支払った。なお、決算日は3月31日で、買換えにさいして当年度の減価償却費を月割計算により計上すること。

減 価 償 却 費	2,000	備 品	4,800
備 品	10,000	固定資産売却益	400
		当 座 預 金	6,800

問題8　生産高比例法　　　　　　　　　　　　解説 P106

決算にさいし、営業用のトラック2台（1台あたりの取得原価￥240,000）に対し、生産高比例法により減価償却（間接法で記帳）を行った。これらのトラックの残存価額はともに取得原価の10%、見積走行可能距離はともに12,000kmである。当期の実際走行距離は、1台は360km、もう1台は300kmであった。

| 減 価 償 却 費 | 11,880 | 車両運搬具減価償却累計額 | 11,880 |

問題9　車両の買換え（間接法）　　　　　　　　解説 P107

営業用車両（取得原価￥120,000、残存価額￥12,000、前期末における減価償却累計額￥91,800、生産高比例法による減価償却、見積総走行可能距離7,200km、間接法で記帳）を下取りさせて、新たな営業用車両（購入価額￥144,000）を購入した。なお、旧車両の当期の走行距離は600km、下取り価額は￥20,000で、購入価額との差額は普通預金口座より支払った。

車両運搬具減価償却累計額	91,800	車 両 運 搬 具	120,000
減 価 償 却 費	9,000	固定資産売却益	800
車 両 運 搬 具	144,000	普 通 預 金	124,000

問題10　車両の買換え（直接法）　　　　解説 P108

　営業用車両（取得原価￥120,000、残存価額￥12,000、前期末におけ
る帳簿価額￥28,200、生産高比例法による減価償却、見積総走行可能
距離7,200km、直接法で記帳）を下取りさせて、新たな営業用車両（購
入価額￥144,000）を購入した。なお、旧車両の当期の走行距離は
600km、下取り価額は￥20,000で、購入価額との差額は月末に普通預
金口座より支払うこととした。

減 価 償 却 費	9,000	車 両 運 搬 具	28,200
車 両 運 搬 具	144,000	固 定 資 産 売 却 益	800
		未 　 払 　 金	124,000

コラム　資本的支出か収益的支出かは大問題！

　実務上、収益的支出なのか資本的支出なのかという点は、税務上の問題
もあり、微妙なせめぎ合いが起こるところです。

　利益が出ている会社では、できるだけ収益的支出として修繕費を計上し、
課税所得を減らしたいと考えるのですが、税務署としては、それをむやみ
に許すわけにはいきません。

　また、古いものを外して新しく機能が高いものを導入した場合などでは、
どこまでが収益的支出でどこからが資本的支出かというのは微妙な判断を
伴います。

　簿記の問題では簡単に言いますが、実務上は大変な問題なのです。

● 第5部「引当金」「外貨建取引」「研究開発費」「法定福利費」 「流動・固定の分類」

問題1　退職給付引当金の取崩し　　　　　　　　解説P112

従業員の退職時に支払われる退職一時金の給付は内部積立方式により行っていたが、従業員2名が退職したため退職一時金総額￥1,200,000を支払うこととなり、当座預金から支払った。

退職給付引当金	1,200,000	当　座　預　金	1,200,000

問題2　修繕引当金の取崩し　　　　　　　　　　解説P116

建物の修繕を行い、その費用￥7,200は月末払いとした。この修繕に備えて、これまでに￥6,000の修繕引当金が設定されている。

修 繕 引 当 金	6,000	未　　払　　金	7,200
修　　繕　　費	1,200		

問題3　資本的支出・収益的支出　　　　　　　　解説P117

当期首に営業用建物（取得原価￥200,000、残存価額￥20,000、耐用年数20年、定額法による減価償却、間接法により記帳）の修繕を行った。代金￥28,000のうち￥16,000については小切手を振り出して支払い、残額は月末に支払うこととした。なお、このうち￥10,000については建物の耐震構造を強化する効果があると認められた。また、修繕引当金の残高は￥12,000である。

建　　　　　　物	10,000	当　座　預　金	16,000
修 繕 引 当 金	12,000	未　　払　　金	12,000
修　　繕　　費	6,000		

問題4　賞与引当金（従業員）　　　　　　　　　解説P120

年2回の従業員賞与の支給に備えて、×1年10月から×2年2月まで、毎月￥1,800を賞与引当金として計上してきたが、期末時点に計上すべき賞与引当金の残高は￥10,000であったため、追加計上を行う。

賞与引当金繰入	1,000	賞 与 引 当 金	1,000

問題5 賞与引当金（役員）   解説P121

　決算日にあたり、当期に属する役員賞与¥15,000を見積り計上する。なお、当社は、株主総会において役員賞与の支給に関する議案の承認を受けることとしている。

| 役員賞与引当金繰入 | 15,000 | 役員賞与引当金 | 15,000 |

問題6 外貨建債権・債務の決済   解説P124

　買掛金30ドルを現金で支払った。仕入時の為替レートは1ドル100円、決済時の為替レートは1ドル98円である。

| 買　　　掛　　　金 | 3,000 | 現　　　　　　　金 | 2,940 |
| | | 為　替　差　損　益 | 60 |

問題7 外貨建債権・債務の期末換算   解説P125

　決算を迎えた。買掛金30ドル（仕入時の為替レートは1ドル100円）について決算時の為替レートである1ドル105円で換算した。

| 為　替　差　損　益 | 150 | 買　　　掛　　　金 | 150 |

問題8 取引時までに為替予約   解説P126

　商品90ドルを掛けで仕入れた。仕入時の為替レートは1ドル100円であった。

　なお、取引と同時に為替予約を行った。予約レートは1ドル102円である。

| 仕　　　　　　　入 | 9,180 | 買　　　掛　　　金 | 9,180 |

問題9	取引後に為替予約			解説 P127

商品90ドルを掛けで仕入れたさいに、仕入時の為替レートである1ドル100円で換算した金額を買掛金として計上していたが、その後、買掛金90ドルに為替予約を行った。

予約時の為替レートは1ドル101円、予約レートは1ドル103円である。差額はすべて当期の損益として処理する。

為 替 差 損 益	270	買 掛 金	270

問題10	研究開発費①			解説 P130

当月の研究開発部門の人件費￥8,000と研究開発用の材料の購入代金￥10,000を小切手を振り出して支払った。また、研究開発目的のみに使用する実験装置￥20,000を購入し、その支払いは翌月末払いとした。

研 究 開 発 費	38,000	当 座 預 金	18,000
		未 払 金	20,000

問題11	研究開発費②			解説 P131

岐阜商会から、商品￥150,000と研究開発専用で使用する機械装置￥30,000を購入し、代金は翌月末払いとした。これらに対する消費税の税率は10％であり、取引は税抜方式により記帳する。なお、商品に関する記帳は3分法によるものとする。

仕 入	150,000	買 掛 金	165,000
研 究 開 発 費	30,000	未 払 金	33,000
仮 払 消 費 税	18,000		

5

問題12 法定福利費   解説 P133

三重商事株式会社は、給料支払い時に控除していた源泉所得税
¥45,000、住民税¥33,600および社会保険料¥11,400と会社負担の社
会保険料¥11,400を合わせて現金で納付した。負債の勘定科目は「従
業員預り金」を使用すること。

| 従 業 員 預 り 金 | 90,000 | 現 　 　 　 金 | 101,400 |
| 法 定 福 利 費 | 11,400 | | |

問題13 流動・固定の分類   解説 P135

倉庫用の建物に対する保険契約を締結し、今後3年分の保険料
¥180,000を当座預金から支払ってその総額をいったん資産(長期前払
費用)に計上し、さらに計上した資産から当月分(1か月分)の費用の
計上を行った。

| 長 期 前 払 費 用 | 180,000 | 当 　 座 　 預 　 金 | 180,000 |
| 保 　 　 険 　 　 料 | 5,000 | 長 期 前 払 費 用 | 5,000 |

● 第6部「商品売買」「収益認識」

| 問題 1 | 売上原価対立法 | 解説 P141 |

　商品1,000個を、@¥300で売り上げ、代金は掛けとした。この商品は、@¥180で仕入れたものであり、売上原価対立法により処理している。

売 掛 金	300,000	売 上	300,000
売 上 原 価	180,000	商 品	180,000

| 問題 2 | クレジット売掛金（消費税有り） | 解説 P143 |

　商品¥12,000をクレジット払いの条件で顧客に販売し、信販会社へのクレジット手数料（販売代金の5%）を販売時に認識した。なお、消費税の税率は販売代金に対して10%とし、税抜方式で処理するが、クレジット手数料には消費税は課税されない。

クレジット売掛金	12,600	売 上	12,000
支 払 手 数 料	600	仮 受 消 費 税	1,200

| 問題 3 | 役務収益・役務原価 | 解説 P145 |

　建築物の設計・監理を請け負っている株式会社愛知設計事務所は、給料¥30,000および出張旅費¥12,000を普通預金から支払い、記帳もすでに行っていたが、そのうち給料¥24,000および出張旅費¥8,000が特定の案件のために直接費やされたものであることが明らかになったので、これらを仕掛品勘定に振り替えた。

仕 掛 品	32,000	給 料	24,000
		旅 費 交 通 費	8,000

| 問題 4 | 完納後の請求（契約資産）① | 解説 P148 |

　当社は商品X（¥50,000）とともに商品Y（¥80,000）を甲社へ販売する契約を締結し、商品Xを引き渡した。なお、代金は商品Yを引き渡した後に請求する契約となっており、商品Xの代金¥50,000は、まだ顧客との契約から生じた債権となっていない。また、商品Xの引き渡しと商品Yの引き渡しは、それぞれ独立した履行義務として識別する。

| 契 約 資 産 | 50,000 | 売 上 | 50,000 |

問題5　完納後の請求（契約資産）②　　　**解説 P148**

　甲社へ商品Ｙ（¥80,000）を引き渡したので、月末には商品Ｘ（¥50,000）と商品Ｙの代金を請求する予定である。

売　　掛　　金	130,000	売　　　　　上	80,000
		契　約　資　産	50,000

問題6　リベート（売上割戻）　　　**解説 P151**

　乙社に対し、商品¥2,000,000を掛けで売り上げた。なお、乙社に対する過去の販売実績より、販売金額の1.5%は乙社に返金する可能性が高いリベートと見積もった。リベートについては取引価格に含めないものとする。

売　　掛　　金	2,000,000	売　　　　　上	1,970,000
		返　金　負　債	30,000

問題7　リベート（支払い）　　　**解説 P151**

　月末に調べたところ、乙社は上記リベートの実施条件を満たしていることが判明したので、同額を乙社に普通預金口座から支払った。

返　金　負　債	30,000	普　通　預　金	30,000

問題8　履行義務の一定期間にわたる充足　　　**解説 P153**

　当期は×1年4月1日から×2年3月31日までの1年である。
(1)　当社は、丙社と商品の販売および保守サービスを提供し、代金を現金で受け取る契約を締結した。
(2)　商品の販売と2年間の保守サービスの提供の対価：¥980,000
(3)　独立販売価格
　　商品：¥970,000　　2年間の保守サービス：¥30,000
(4)　×1年4月1日に商品を丙社に引き渡した。丙社では検収を完了し使用可能となり、代金¥980,000を現金で受け取った。

現　　　　　金	980,000	売　　　　　上	950,600
		契　約　負　債	29,400

● 第7部「株式の発行」「剰余金の処分」「株主資本の変動」「合併」

問題 1 株式会社の設立 解説 P159

鹿児島商会株式会社は、その設立にあたって発行可能株式総数
10,000株のうち2,500株を1株当たり¥1,600で発行することとし、全
株について引受け・払込みを受け、払込金については当座預金に入金
した。ただし、資本金は会社法で認められている最低限度額を計上す
ることにした。なお、会社設立のため発起人は株式発行に係る諸費用
¥20,000を立て替えて支払っていたことが判明したので、現金で精算
した。

当 座 預 金	4,000,000	資 本 金	2,000,000
		資 本 準 備 金	2,000,000
創 立 費	20,000	現 金	20,000

問題 2 増資① 解説 P160

増資を行うため、株式600株を1株当たり¥800の価額で発行し、
全額の払込みを受け、払込金は当座預金とした。また、株式募集のた
めの広告費¥3,200は現金で支払った。なお、資本金に組み入れる金
額は会社法が定める最低額とする。

当 座 預 金	480,000	資 本 金	240,000
		資 本 準 備 金	240,000
株 式 交 付 費	3,200	現 金	3,200

問題 3 増資② 解説 P161

佐賀商業株式会社は、新株400株(1株の払込金額¥2,400)を発行し、
払込期日までに申込証拠金の全額が払い込まれ、別段預金に預け入れ
ていたが、本日が払込期日となるため、別段預金を当座預金に預け替
えた。なお、資本金には会社法規定の最低額を組み入れることとする。

株式申込証拠金	960,000	資 本 金	480,000
		資 本 準 備 金	480,000
当 座 預 金	960,000	別 段 預 金	960,000

| 問題 4 | 剰余金の処分① | 解説 P164 |

　福島商会株式会社（年１回決算　３月31日）の６月26日の株主総会で、繰越利益剰余金¥1,800,000を次の通り処分することが承認された。

　　株主配当金：１株につき¥5,000

　　利益準備金：会社法の定める金額

　　別途積立金：¥480,000

　なお、株主総会時の同社の資本金は¥8,000,000、資本準備金は¥800,000、利益準備金は¥760,000であり、発行済株式数は160株である。

繰越利益剰余金	1,360,000	未 払 配 当 金	800,000
		利 益 準 備 金	80,000
		別 途 積 立 金	480,000

| 問題 5 | 剰余金の処分② | 解説 P166 |

　定時株主総会を開催し、剰余金の配当を次のように決定した。なお、資本金は¥3,200,000、資本準備金は¥480,000、利益準備金は¥300,000であり、発行済株式数は1,000株である。

　　株主への配当：１株につき¥100（¥70は繰越利益剰余金を財源とし、¥30はその他資本剰余金を財源とする）

　利益準備金及び資本準備金：会社法が定める金額

繰越利益剰余金	77,000	未 払 配 当 金	70,000
		利 益 準 備 金	7,000
その他資本剰余金	33,000	未 払 配 当 金	30,000
		資 本 準 備 金	3,000

注）日商簿記の本試験では、仕訳の同じ側で、各勘定科目は１回しか使えないため「未払配当金　100,000」と、まとめて解答して下さい。

| 問題 6 | 欠損のてん補 | 解説 P168 |

　株主総会において、会社の累積赤字をてん補するために別途積立金¥10,000を取り崩すことを決定した。なお、株主総会直前における繰越利益剰余金の借方残高は¥15,000である。

| 別 途 積 立 金 | 10,000 | 繰越利益剰余金 | 10,000 |

| 問題7 | 準備金への組入れ | | 解説 P170 |

　株主総会の決議を経て、その他資本剰余金（残高¥1,200,000）のうち¥500,000と、繰越利益剰余金（残高¥2,500,000）のうち¥1,500,000をそれぞれ準備金に組み入れることとした。

| その他資本剰余金 | 500,000 | 資 本 準 備 金 | 500,000 |
| 繰越利益剰余金 | 1,500,000 | 利 益 準 備 金 | 1,500,000 |

| 問題8 | 準備金の取崩し | | 解説 P170 |

　株主総会の決議を経て、資本準備金（残高¥2,000,000）のうち¥400,000を取り崩してその他資本剰余金とし、利益準備金（残高¥2,500,000）のうち¥800,000を取り崩して繰越利益剰余金とした。

| 資 本 準 備 金 | 400,000 | その他資本剰余金 | 400,000 |
| 利 益 準 備 金 | 800,000 | 繰越利益剰余金 | 800,000 |

| 問題9 | 吸収合併① | | 解説 P174 |

　当社は、新潟商事株式会社を吸収合併し、新たに当社の株式200株（時価@¥1,300）を同社の株主に交付した。同社から承継した資産および負債は、次のとおりである。なお、株式の交付に伴って増加する株主資本のうち50％を資本金、残額を資本準備金として計上することとした。

　現　　金（帳簿価額¥200,000、時価¥200,000）
　売掛金（帳簿価額¥152,000、時価¥152,000）
　備　　品（帳簿価額¥120,000、時価¥168,000）
　借入金（帳簿価額¥280,000、時価¥280,000）

現　　　　　金	200,000	借　　入　　金	280,000
売　　掛　　金	152,000	資　　本　　金	130,000
備　　　　　品	168,000	資 本 準 備 金	130,000
の　　れ　　ん	20,000		

問題 10　吸収合併②　　　　　　　　　　　　　　　　　解説 P175

北陸に拠点を築くために富山商会株式会社を吸収合併し、新たに当社の株式400株（合併時点の時価＠¥5,000）を発行し、これを富山商会の株主に交付した。そのときの富山商会の諸資産（時価）は¥4,590,000、諸負債（時価）は¥2,470,000であった。また、合併にあたっては、取得の対価のうち80％を資本金、残り20％を資本準備金として計上することとした。

諸　　資　　産	4,590,000	諸　　負　　債	2,470,000
		資　本　金	1,600,000
		資本準備金	400,000
		負ののれん発生益	120,000

問題 11　買収　　　　　　　　　　　　　　　　　　　解説 P176

福井商店を現金¥180,000で買収した。なお、福井商店を買収した際の資産・負債（時価）は、売掛金¥96,000、商品¥110,000、および支払手形¥64,000であった。なお、商品に関する記帳は売上原価対立法によるものとする。

売　　掛　　金	96,000	支　払　手　形	64,000
商　　　　品	110,000	現　　　　金	180,000
の　　れ　　ん	38,000		

コラム　利益ってなに？

ある会社が利益を上げたということは、市場から見ると「その会社からの収入に比べて、その会社への支出の方が大きかった（だから差額が利益として会社に残った）」ことを意味しています。

つまり利益は『市場からの会社への投資』とみることができます。

投資は期待の表れです。「利益が上がったから贅沢に使う」などというのは論外で、投資を受けた以上は、期待に応えて市場に返していかなければなりません。また、返した会社には市場からの投資が継続してなされます。

会社は、こういうスパイラルの中で発展していくものではないかと思っています。

● 第8部「税金の処理」「本支店会計」

問題 1　　源泉所得税（受取利息）　　　　　　　　　　　　解説 P182

定期預金（1年満期、利率年1.5%）¥800,000を銀行に預け入れていたが、この定期預金が満期となった。この満期額に、仮払法人税等に計上する源泉所得税(20%)控除後の受取利息手取額を加えた金額を、さらに1年満期の定期預金として継続した。

定 期 預 金	809,600	定 期 預 金	800,000
仮 払 法 人 税 等	2,400	受 取 利 息	12,000

問題 2　　源泉所得税（受取配当金）　　　　　　　　　　　解説 P183

普通預金口座に、秋田商会の株式に対する期末配当金¥16,000（源泉所得税20%を控除後）の入金があった。

普 通 預 金	16,000	受 取 配 当 金	20,000
仮 払 法 人 税 等	4,000		

問題 3　　消費税　　　　　　　　　　　　　　　　　　　　解説 P186

決算となった。当期の仮払消費税の残高は¥100,000であり、仮受消費税の残高は¥150,000であった。差額は未払消費税または未収還付消費税に計上する。なお、仮払消費税のうち¥30,000は、消費税の中間納付によるものである。

仮 受 消 費 税	150,000	仮 払 消 費 税	100,000
		未 払 消 費 税	50,000

問題 4　　税効果会計（差異の発生時）　　　　　　　　　　解説 P189

第1期末において、会計上、減価償却費として計上した金額は¥50,000であったが、税法上認められる減価償却費は¥40,000であったため税効果会計の適用を行う。なお、法人税等の実効税率は30%である。

繰 延 税 金 資 産	3,000	法 人 税 等 調 整 額	3,000

問題5　税効果会計（差異の解消時）　　　　　解説P189

第2期に固定資産を売却したため、第1期の減価償却超過額
¥10,000が税法上、損金に算入することが認められた。なお、法人税
等の実効税率は30%である。

法人税等調整額	3,000	繰延税金資産	3,000

問題6　課税所得の計算　　　　　　　　　　　解説P191

決算を行い、法人税、住民税及び事業税の額を計算した。なお、税
率は30%とする。

　　総収益¥5,000　　　総費用¥2,950

ただし、総収益には税法上、収益とならない受取配当金が¥300、
また、総費用には税法上、費用と認められない貸倒引当金繰入¥70、
減価償却費¥180が含まれていた。

法人税、住民税及び事業税	600	未払法人税等	600

問題7　本支店間取引①　　　　　　　　　　　解説P194

決算にあたり、本店が支払った旅費交通費¥40,000につき、その4
分の1を富山支店に負担させることにした。なお、当社は支店独立会
計制度を導入しているが、富山支店側の仕訳は答えなくてよい。

富　山　支　店	10,000	旅費交通費	10,000

問題8　本支店間取引②　　　　　　　　　　　解説P195

決算にあたり、仙台支店は本店より「本店が支払った旅費交通費
¥33,600につき、その4分の1を仙台支店が負担するように」との指
示があったので、この指示にしたがって旅費交通費を計上した。なお、
当社は支店独立会計制度を導入しているが、本店側の仕訳は答えなく
てよい。

旅　費　交　通　費	8,400	本　　　　　店	8,400

問題 9　本支店間取引③　　　　　　　　　　　　解説 P196

　決算にあたり、本店は支店より「当期純損失¥24,520を計上した」との連絡を受けた。なお、当社は支店独立会計制度を導入しているが、支店側の仕訳は答えなくてよい。

損	益	24,520	支	店	24,520

問題 10　本支店間取引④　　　　　　　　　　　　解説 P197

　決算にあたり、支店は当期純損失¥24,520を計上した。なお、当社は支店独立会計制度を導入しているが、本店側の仕訳は答えなくてよい。

本	店	24,520	支 店 損 益	24,520

問題 11　支店間取引①　　　　　　　　　　　　解説 P200

　長崎商会株式会社の佐賀支店は、福岡支店の買掛金¥3,000を現金で立替払いした旨の連絡を本店に行った。なお、同社は本店集中計算制度を採用している。佐賀支店の仕訳を示しなさい。

本	店	3,000	現	金	3,000

問題 12　支店間取引②　　　　　　　　　　　　解説 P200

　長崎商会株式会社の福岡支店は、福岡支店の買掛金¥3,000を佐賀支店が立替払いした旨の連絡を本店から受けた。なお、同社は本店集中計算制度を採用している。福岡支店の仕訳を示しなさい。

買	掛	金	3,000	本	店	3,000

問題 13　支店間取引③　　　　　　　　　　　　解説 P200

　静岡商会株式会社の本店は、山梨支店から長野支店へ現金¥4,000を送金した旨の通知を受け取った。なお、同社は本店集中計算制度を採用している。本店における仕訳を示しなさい。

長 野 支 店	4,000	山 梨 支 店	4,000

● 第9部「連結会計」

| 問題 1 | 完全子会社の場合・のれんなし | 解説 P205 |

親会社（P社）はS社に¥500,000の出資を行い、S社のすべての株式を買い取り、完全子会社とした。このときのS社の純資産は以下のとおりであった。

　　資本金¥300,000　　資本剰余金¥80,000　　利益剰余金¥120,000

資　　本　　金	300,000	子 会 社 株 式	500,000
資 本 剰 余 金	80,000		
利 益 剰 余 金	120,000		

| 問題 2 | 完全子会社の場合・のれんあり | 解説 P207 |

親会社（P社）はS社に¥530,000の出資を行い、S社のすべての株式を買い取り、完全子会社とした。このときのS社の純資産は以下のとおりであった。

　　資本金¥300,000　　資本剰余金¥80,000　　利益剰余金¥120,000

資　　本　　金	300,000	子 会 社 株 式	530,000
資 本 剰 余 金	80,000		
利 益 剰 余 金	120,000		
の　　れ　　ん	30,000		

| 問題 3 | 資本連結（部分所有子会社・のれんなし） | 解説 P209 |

親会社（P社）はS社に¥300,000の出資を行い、S社株式の60%を買い取り、子会社とした。このときのS社の純資産は以下のとおりであった。

　　資本金¥300,000　　資本剰余金¥80,000　　利益剰余金¥120,000

資　　本　　金	300,000	子 会 社 株 式	300,000
資 本 剰 余 金	80,000	非支配株主持分	200,000
利 益 剰 余 金	120,000		

9

問題 4　　資本連結（部分所有子会社・のれんあり）　　解説 P211

親会社（Ｐ社）はＳ社に¥320,000の出資を行い、Ｓ社株式の60％を買い取り、子会社とした。このときのＳ社の純資産は以下のとおりであった。

資本金¥300,000　　　資本剰余金¥80,000　　　利益剰余金¥120,000

資　　本　　金	300,000	子 会 社 株 式	320,000
資 本 剰 余 金	80,000	非支配株主持分	200,000
利 益 剰 余 金	120,000		
の　　れ　　ん	20,000		

問題 5　　のれんの償却と利益の計上（当期分）　　解説 P213

連結財務諸表の作成上、前期末にＳ社株式の70％を取得したことにより計上された『のれん』¥20,000について、10年（定額法）で償却する。また、当期に子会社は¥80,000の利益を計上した。

| の れ ん 償 却 | 2,000 | の　　れ　　ん | 2,000 |
| 非支配株主に帰属する当期純利益 | 24,000 | 非支配株主持分 | 24,000 |

問題 6　　のれんの償却と利益の計上（前期分）　　解説 P213

問題 5の翌年度の連結財務諸表の作成に関する仕訳を示しなさい。

| 利益剰余金（当期首残高） | 2,000 | の　　れ　　ん | 2,000 |
| 利益剰余金（当期首残高） | 24,000 | 非支配株主持分（当期首残高） | 24,000 |

問題 7　　貸付金と借入金の相殺　　解説 P215

10月 1 日に、親会社は子会社に年利 3 ％（期間 1 年、利払日 3 月末、9 月末）で現金¥200,000を貸し付けた。決算（3 月31日）における連結財務諸表の作成に必要な仕訳を示しなさい。なお、親会社は前期末に子会社株式の70％を取得しており、その後の持分の変動はない。また、貸倒引当金の設定は行っていない。

| 短 期 借 入 金 | 200,000 | 短 期 貸 付 金 | 200,000 |
| 受 取 利 息 | 3,000 | 支 払 利 息 | 3,000 |

問題 8　　売掛金と買掛金の相殺（ダウンストリーム）　　解説 P218

　当期より親会社は子会社に対して商品を販売しており、子会社に対し当期末における売掛金の残高は¥60,000であった。この売掛金には当期末に1.5%の貸倒引当金を設定している。なお、親会社は子会社の株式の70%を保有している。

| 買　　掛　　金 | 60,000 | 売　　掛　　金 | 60,000 |
| 貸 倒 引 当 金 | 900 | 貸倒引当金繰入 | 900 |

問題 9　　売掛金と買掛金の相殺（アップストリーム）　　解説 P219

　当期より子会社は親会社に対して商品を販売しており、親会社に対し、当期末における売掛金の残高は¥60,000であった。この売掛金には当期末に1.5%の貸倒引当金を設定している。なお、親会社は子会社の株式の70%を保有している。

9

買　　掛　　金	60,000	売　　掛　　金	60,000
貸 倒 引 当 金	900	貸倒引当金繰入	900
非支配株主に帰属する当期純利益	270	非支配株主持分	270

問題 10　　土地の売買（ダウンストリーム）　　解説 P222

　当期に、親会社は子会社に対して帳簿価額¥180,000の土地を¥230,000で売却し、期末時点で子会社はこの土地を保有している。なお、親会社は子会社の株式の70%を保有している。

| 固 定 資 産 売 却 益 | 50,000 | 土　　　　　地 | 50,000 |

問題 11　　土地の売買（アップストリーム）　　解説 P223

　当期に、子会社は親会社に対して帳簿価額¥180,000の土地を¥230,000で売却し、期末時点で親会社はこの土地を保有している。なお、親会社は子会社の株式の70%を保有している。

| 固 定 資 産 売 却 益 | 50,000 | 土　　　　　地 | 50,000 |
| 非 支 配 株 主 持 分 | 15,000 | 非支配株主に帰属する当期純利益 | 15,000 |

問題12　商品の売買（ダウンストリーム）　　　　　　　　　　解説 P226

　当期中に、親会社は子会社に商品¥500,000を販売し、子会社はこのうち¥40,000を期末に保有している。なお、親会社の利益率は20%であり、親会社は子会社の株式の70%を保有している。

| 売　　　　　　上 | 500,000 | 売　上　原　価 | 500,000 |
| 売　上　原　価 | 8,000 | 商　　　　　　品 | 8,000 |

問題13　商品の売買（アップストリーム）　　　　　　　　　　解説 P227

　当期中に、子会社は親会社に商品¥500,000を販売し、親会社はこのうち¥40,000を期末に保有している。なお、子会社の利益率は20%であり、親会社は子会社の株式の70%を保有している。

売　　　　　　上	500,000	売　上　原　価	500,000
売　上　原　価	8,000	商　　　　　　品	8,000
非 支 配 株 主 持 分	2,400	非支配株主に帰属する当期純利益	2,400

問題14　配当金の支払い　　　　　　　　　　　　　　　　　　解説 P229

　当期中に、親会社及び子会社は、利益剰余金を財源として以下の配当を行っていた。なお、親会社は子会社の株式の70%を保有している。

　　配当額：親会社¥80,000　　　子会社¥30,000

| 受 取 配 当 金 | 21,000 | 剰 余 金 の 配 当
(利益剰余金) | 30,000 |
| 非 支 配 株 主 持 分 | 9,000 | | |

332

● 第10部「工業簿記」

| 問題 1 | 材料の購入（材料副費の予定配賦） | 解説 P235 |

　購入代価@100円の材料X 300kgを掛けで購入し、引取費用4,500円は小切手を振り出して支払った。また、内部副費として購入代価の5％を予定配賦した。

材　　　　料	36,000	買　　掛　　金	30,000
		当　座　預　金	4,500
		材　料　副　費	1,500

| 問題 2 | 材料副費配賦差異の計上 | 解説 P235 |

　問題1の後、月次決算となり、当月の材料副費の実際発生額は1,400円であった。材料副費の差額は材料副費配賦差異勘定に振り替える。

| 材　料　副　費 | 100 | 材料副費配賦差異 | 100 |

| 問題 3 | 払出単価の計算 | 解説 P238 |

　材料Xの材料有高帳には、次のように記帳されている。以下の計算方法を採用している場合の、20日の払出しの仕訳を示しなさい。
（ⅰ）先入先出法
（ⅱ）移動平均法
（ⅲ）総平均法

1日	月初繰越	@120円	100kg	12,000円
10日	仕　入	@150円	400kg	60,000円
20日	払　出	@　?円	320kg	?円
30日	仕　入	@180円	300kg	54,000円

（ⅰ）先入先出法

| 仕　掛　品 | 45,000 | 材　　　　料 | 45,000 |

（ⅱ）移動平均法

| 仕　掛　品 | 46,080 | 材　　　　料 | 46,080 |

（ⅲ）総平均法

| 仕　掛　品 | 50,400 | 材　　　　料 | 50,400 |

10

問題 4　棚卸減耗の計算　　　　　　　　　　　　　　解説 P239

　問題 3 の後に、31 日に 400kg の払い出しをしており、決算になり、4kg の減耗の発生が判明した。（ⅰ）先入先出法、（ⅱ）移動平均法、（ⅲ）総平均法により、それぞれの棚卸減耗の金額を答えなさい。

（ⅰ）先入先出法　　720円

（ⅱ）移動平均法　　666円

（ⅲ）総平均法　　　630円

問題 5　予定価格を用いた計算　　　　　　　　　　　解説 P241

　20 日、材料 X 320kg を予定単価@140 円で払い出した。なお、当社は移動平均法を用いており、算定された実際単価は@144 円であった。価格差異の処理も含めて、払出しの処理を行う。

| 仕　掛　品 | 44,800 | 材　　　　　料 | 46,080 |
| 価　格　差　異 | 1,280 | | |

問題 6　標準原価計算の差異分析　　　　　　　　　　解説 P242

　当社はシングル・プランによる標準原価計算を採用しており、当月の完成量は 20 個、月初・月末に仕掛品はなかった。

　　原価標準：材料 X　@140 円 × 15kg = 2,100 円

　実際消費量は 280kg、実際単価は@144 円であり、払出しの処理を行う。なお、払出時に、価格差異、数量差異の把握も行っている。

| 仕　掛　品 | 42,000 | 材　　　　　料 | 40,320 |
| 価　格　差　異 | 1,120 | 数　量　差　異 | 2,800 |

問題 7　間接材料の消費　　　　　　　　　　　　　　解説 P244

　月末に棚卸をしたところ、工具・消耗品・燃料の合計で 600 円が残っていた。なお、これらの月初有高は 800 円、当月購入額は 9,400 円であった。

| 製　造　間　接　費 | 9,600 | 材　　　　　料 | 9,600 |

| 問題8 | 直接工の賃金の消費 | | 解説 P246 |

当月の直接工の作業時間は次のとおりである。なお、直接工の予定消費賃率は@1,000円である。

直接工の作業時間

直接作業時間：120時間　　間接作業時間：30時間

仕　掛　品	120,000	賃 金・給 料	150,000
製 造 間 接 費	30,000		

| 問題9 | 賃率差異の把握 | | 解説 P247 |

賃金・給料勘定の当月の予定消費額は40,800円、実際発生額は40,000円であった。差額を賃率差異として処理する。

賃 金・給 料	800	賃 率 差 異	800

10

| 問題10 | 間接工の賃金の消費 | | 解説 P249 |

月末となったので間接工の賃金(要支払額)を製造原価に振り替える。

当月支払額80,000円　　月初未払額2,000円　　月末未払額3,000円

製 造 間 接 費	81,000	賃 金・給 料	81,000

問題11　経費の処理　　　　　　　　　　　　　　　解説 P251

当月に以下の経費を計上した。

①ガス代

当月支払額（前月分）32,000円　メーター検針による消費額35,000円

| 製 造 間 接 費 | 35,000 | 未　　払　　金 | 35,000 |

②外注加工賃

当月支払額73,000円　月初未払額8,000円　月末未払額5,000円
要支払額と消費額は一致している。

| 仕　掛　品 | 70,000 | 外 注 加 工 賃 | 70,000 |

③機械の減価償却費（1か月分）

取得原価1,500,000円　耐用年数10年　残存価額ゼロ

| 製 造 間 接 費 | 12,500 | 機械減価償却累計額 | 12,500 |

問題12　製造間接費の予定配賦　　　　　　　　　　解説 P254

個別原価計算を採用している当社では、製造間接費の各指図書への配賦を、製造量を基準として行っている（固定予算制を採用）。

予定配賦率は30円/個であり、毎月5,000個の製造を予定し、150,000円を固定予算としている。

実際に当月発生した原価は142,000円であり、指図書♯1で3,800個、指図書♯2で1,000個を製造した。なお、月初仕掛品及び月末仕掛品はない。

| 仕　　掛　　品 | 144,000 | 製 造 間 接 費 | 142,000 |
| 操 業 度 差 異 | 6,000 | 予　算　差　異 | 8,000 |

問題 13　製造間接費の標準配賦　　　　　　　　　　解説 P255

当社は標準原価計算（シングル・プラン）を採用し、製造間接費の配賦基準は直接作業時間としている（公式法による変動予算制を採用）。

原価標準：@15円×2時間＝30円

標準配賦率15円／時間のうち、変動費配賦率5円／時間である。

当社の基準操業度　5,000時間／月

当月の実際製造量　2,400個　（月初・月末の仕掛品はなかった）

当月の実際直接作業時間　4,960時間

当月の製造間接費の実際発生額　73,500円（うち固定費50,000円）

製造間接費の標準配賦と四分法による差異の処理を行う。

仕　　掛　　品	72,000	製 造 間 接 費	73,500
変 動 費 能 率 差 異	800	予 　算 　差 　異	1,300
固 定 費 能 率 差 異	1,600		
操 業 度 差 異	400		

10

問題 14　本社工場会計①（材料仕入）　　　　　　　解説 P258

本社で材料60kgを掛けで購入した。材料は工場の倉庫で受け入れた。材料の購入単価は5円／kgである。工場の仕訳を示しなさい。

工場の勘定：材　料、賃金・給料、製造間接費、仕掛品、本　社

材　　　　料	300	本　　　　社	300

問題 15　本社工場会計②（減価償却費の計上）　　　解説 P259

月末となったので、工場で使用している機械に対して定額法で当月分の減価償却を行った。

取得原価240,000円　残存価額ゼロ　耐用年数10年

工場の勘定：材　料、賃金・給料、製造間接費、仕掛品、本　社

製 造 間 接 費	2,000	本　　　　社	2,000

30日後

問題16　本社工場会計③（製品完成）　　　　　　　　　解説 P259

　製品270円が完成したので、ただちに本社の倉庫に発送した。工場の仕訳を示しなさい。

工場の勘定：材料、賃金・給料、製造間接費、仕掛品、本　社

本　　　　　社	270	仕　　掛　　品	270

問題17　本社工場会計④（製品販売）　　　　　　　　　解説 P260

　本社は得意先に製品360円（原価270円）を掛けで売り上げた。本社の仕訳を示しなさい。

工場の勘定：材料、賃金・給料、製造間接費、仕掛品、本　社

売　上　原　価	270	製　　　　品	270
売　　掛　　金	360	売　　　　上	360

コラム　利益額が大事か、利益率が大事か

　あなたがもし、商業を営んでいるのなら、利益額を大事にしなさい。
　「利益率が低い」などと言わず、少額でも利益が出ているものなら、精一杯尽くしましょう。利益率を気にしていると「より薄利でいい」という会社が現れ、その取引を失ってしまうことになりかねません。

　あなたがもし、製造業を営んでいるのなら、利益率を大事にしなさい。
　「利益が出ているからよい」などと言っていると、なにか1つの原価要素の高騰で、一気に利益は吹き飛び、また製品が作れなくなってしまうので、商業のように「この商品は仕入れない」というわけにもいきません。適正な利益率の確保を常に意識しておかないと、大変なことになりかねません。

　商業なら利益額、製造業なら利益率、気にするポイントが違うんですよ。

日商簿記1級

簿記検定の最高峰、日商簿記 1 級の WEB 講座では、実務的な話も織り交ぜながら、誰もが納得できるよう分かりやすく講義を進めていきます。
また、WEB 講座であれば、自宅にいながら受講できる上、受講期間内であれば何度でも繰り返し納得いくまで受講できるため、範囲が広くて 1 つひとつの内容が高度な日商簿記 1 級の学習を無理なく進めることが可能です。
ネットスクールと一緒に、日商簿記 1 級に挑戦してみませんか？

標準コース　学習期間（約1年）

じっくり学習したい方向けのコースです。初学者の方や、実務経験のない方でも、わかり易く取引をイメージして学習していきます。お仕事が忙しくても 1 級にチャレンジされる方向きです。

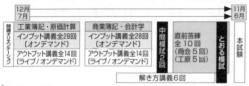

速修コース　学習期間（約6カ月）

短期間で集中して 1 級合格を目指すコースです。 比較的残業が少ない等、一定の時間が取れる方向きです。
また、税理士試験の受験資格が必要な方にもオススメのコースです。

※ 1 級標準・速修コースをお申し込みいただくと、特典として**2級インプット講義**が本試験の前日まで学習いただけます。
　2 級の内容に少し不安が…という場合でも安心してご受講いただけます。

Point 日商簿記1級WEB講座で採用『反転学習』とは？

【従　　　来】　INPUT（集合授業）　➡　OUTPUT（各自の復習）

簿記の授業でも、これまでは上記のように問題演習を授業後の各自の復習に委ねられ、学習到達度の大きな差が生まれる原因を作っていました。そこで、ネットスクールの日商簿記対策 WEB 講座では、このスタイルを見直し、反転学習スタイルで講義を進めています。

【反 転 学 習】　INPUT（オンデマンド講義）　➡　OUTPUT（ライブ講義）

各自、オンデマンド講義でまずは必要な知識のインプットを行っていただき、その後のライブ講義で、インプットの復習とともに具体的な問題演習を行っていきます。ライブ講義とオンデマンド講義、それぞれの良い点を組み合わせた「反転学習」のスタイルを採用することにより、学習時間を有効活用しながら、早い段階で本試験レベルの問題にも対応できる実力が身につきます。

受験資格が大幅緩和！簿記論・財務諸表論はだれでも受験可能になりました

ネットスクールの税理士WEB講座

【開講科目】簿記論、財務諸表論、法人税法、消費税法、相続税法、国税徴収法

ネットスクールの税理士WEB講座の特長

◆自宅で学べる！ オンライン受講システム

臨場感のある講義をご自宅で受講できます。しかも、生配信の際には、チャットやアンケート機能を使った講師とのコミュニケーションをとりながらの授業となります。もちろん、講義は受講期間内であればお好きな時に何度でも講義を見直すことも可能です。

▲講義画面イメージ▲

★講義はダウンロード可能です★

オンデマンド配信されている講義は、お使いのスマートフォン・タブレット端末にダウンロードして受講することができます。事前に Wi-Fi 環境のある場所でダウンロードしておけば、通信料や通信速度を気にせず、外出先のスキマ時間の学習も可能です。

※講義をダウンロードできるのはスマートフォン・タブレット端末のみです。
※一度ダウンロードした講義の保存期間は1か月間ですが、受講期間内であれば、再度ダウンロードして頂くことは可能です。

ネットスクール税理士WEB講座の満足度

◆受講生からも高い評価をいただいております

WEB講座 81.3%

▶ネットスクールは時間のとれない社会人にはありがたいです。受講料が割安なのも助かっております。これからもネットスクールで学びたいです。(簿記／標準コース)
▶コロナの影響もあまり受けずに自宅でライブ講義が受講できるのがありがたいです。(簿財／標準コース)
▶質問事項や添削のレスポンスも早く対応して下さり、大変感謝しております。(相続／上級コース)
▶講義が1コマ30分程度と短かったので、空き時間等を利用して自分のペースで効率よく学習を進めることができました。(国徴／標準コース)

教材 84.1%

▶解く問題がたくさんあるので、たくさん練習できて解説や講義もわかりやすくて満足しています。(簿財／上級コース)
▶テキストが読みやすく、側注による補足説明があって理解しやすかったです。(全科目共通)

講師 81.3%

▶穂坂先生の講義を受けて、財務諸表論の理解が深まりました。財務諸表論は暗記ではなく理解でいけたことがよかったと思います。(簿財／標準コース)
▶講師の説明が非常に分かりやすいです。(相続・消費／標準コース)
▶堀川先生の授業はとても面白いです。印象に残るお話をからめて授業を進めて下さるので、記憶に残りやすいです。(国徴／標準コース)
▶田中先生の熱意に引っ張られて、ここまで努力できました。(法人／標準コース)

※ 2019～2022 年度試験向け税理士 WEB 講座受講生アンケート結果より

各項目について5段階評価
不満 ← 1 2 3 4 5 → 満足

経理実務に使える税務の知識を身に付けるなら！
全経税法能力検定試験シリーズ ラインナップ

全国経理教育協会（全経協会）では、経理担当者として身に付けておきたい法人税法・消費税法・相続税法・所得税法の実務能力を測る検定試験が実施されています。

そのうち、法人税法・消費税法・相続税法の3科目は、ネットスクールが公式テキストを刊行しています。

経理担当者としてのスキルアップに、チャレンジしてみてはいかがでしょうか。

◆検定試験に関しての詳細は、全経協会公式ページをご確認下さい。

http://www.zenkei.or.jp/

全経法人税法能力検定試験対策

書名	判型	税込価格	発刊年月
全経 法人税法能力検定試験 公式テキスト3級／2級【第2版】	B5判	2,530 円	好評発売中
全経 法人税法能力検定試験 公式テキスト1級【第2版】	B5判	3,960 円	好評発売中

全経消費税法能力検定試験対策

書名	判型	税込価格	発刊年月
全経 消費税法能力検定試験 公式テキスト3級／2級【第2版】	B5判	2,530 円	好評発売中
全経 消費税法能力検定試験 公式テキスト1級【第2版】	B5判	3,960 円	好評発売中

全経相続税法能力検定試験対策

書名	判型	税込価格	発刊年月
全経 相続税法能力検定試験 公式テキスト3級／2級【第2版】	B5判	2,530 円	好評発売中
全経 相続税法能力検定試験 公式テキスト1級【第2版】	B5判	3,960 円	好評発売中

書籍のお求めは全国の書店・インターネット書店、またはネットスクールWEB-SHOPをご利用ください。

ネットスクール WEB-SHOP
https://www.net-school.jp/

ネットスクール WEB-SHOP 検索

※ 書名・価格・発行年月や表紙のデザインは変更する場合もございますので、予めご了承ください。（2023 年 2 月現在）

建設業界への就転職希望者は要チェック！
建設業経理士
簿記の知識が活かせる！

建設業経理士とは… 建設業は特殊な会計処理が多いため、その経理には高い専門性が求められます。また、公共工事との関連性も強いことから、公共工事を入札する企業では、専門知識に基づく適正な会計処理・原価計算が望まれます。

そうした背景から、建設業の経理に関する知識を測る目的で実施されるのが、建設業経理士試験です。1級・2級建設業経理士の合格者の数は、公共工事の入札可否の判断資料となる経営事項審査（経審）の評価対象となっています。

勤務先の 建設会社の 評価 UP	1級・2級建設業経理士の在籍に人数が経営事項審査の加点対象に	➤	建設業界への就転職の強力な武器になるほか、公共工事の入札に有利なことから、資格手当などがあるケースも。
	1級建設業経理士が自己監査を実施することで経営事項審査の加点対象に		
	建設業界特有の事情を踏まえたコスト管理や会計知識が学べる		利益改善やコスト管理に必要な知識の習得のため、職種に関わらず取得を推奨するケースも。

試験概要

試 験 日	毎年3月・9月の年2回
受験資格	どなたでも希望の級を受験可能※
配点・合格ライン	100点満点中70点で合格

★1級の科目合格制について

1級のみ、『財務諸表』・『財務分析』・『原価計算』の3科目に分かれており、**3科目すべて合格することで1級合格者**となります。ただし、3科目を一度にすべて合格する必要はなく、**1科目ずつ受験、合格していくことも可能**です。（各科目の合格の有効期限は5年間となっています。）

※ ただし、1級と他の級の同日受験はできません。

詳しい最新情報は、建設業振興基金の試験公式サイトへ→ https://www.keiri-kentei.jp/

建設業経理士の試験対策は…？

一部で特殊な会計処理や計算方法、勘定科目がある建設業ですが、簿記の原理的な仕組みに関してはその他の業種と共通する内容も多いため、日商簿記検定などその他の簿記検定で学んだ知識の大半が活かせます。
建設業特有の会計処理はもちろんのこと、建設業経理の試験でよく出題される内容を中心に学んでいきましょう。

★日商簿記受験レベル別おススメ建設業経理士受験級

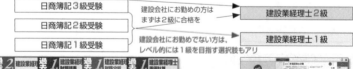

日商簿記3級受験	建設会社にお勤めの方はまずは2級に合格を	➤	建設業経理士2級
日商簿記2級受験			
日商簿記1級受験	建設会社にお勤めでない方は、レベル的には1級を目指す選択肢もアリ	➤	建設業経理士1級

出題パターンと解き方 過去問題集＆テキスト

- ✓ テキストと過去問題が合体しているため、この1冊で試験対策はバッチリ
- ✓ よく似た形式の出題が多い建設業経理士試験の対策に有効なパターン学習対応

建設業経理士試験対策・WEB講座

- ✓ 建設業や経理に馴染みのない方でも 分かりやすい解説が魅力の講座
- ✓ 第1問の論述問題対策に有効な「理論添削サービス」付き（1級のみ）

社会福祉法人の経営に必要な法令・経理の知識を身に付けよう！

社会福祉法人経営実務検定 書籍ラインナップ

社会福祉法人経営実務検定とは、社会福祉法人の財務のスペシャリストを目指すための検定試験です。

根底にある複式簿記の原理は、日商簿記検定などで学習したものと同様ですが、社会福祉法人は利益獲得を目的としない点など、通常の企業（株式会社）とは存在意義が異なることから、その特殊性に配慮した会計のルールが定められています。そうした専門知識の取得を目的としたのが、この試験です。

詳しくは、主催者の一般財団法人 総合福祉研究会のホームページもご確認ください。

https://www.sofukuken.gr.jp/

ネットスクールでは、この試験の公式教材を刊行しています。試験対策にぜひご活用ください。

書名	判型	税込価格	発刊年月
サクッとうかる社会福祉法人経営実務検定試験 入門 公式テキスト＆トレーニング	A5判	1,760円	好評発売中
サクッとうかる社会福祉法人経営実務検定試験 会計3級 公式テキスト＆トレーニング	A5判	2,420円	好評発売中
サクッとうかる社会福祉法人経営実務検定試験 会計2級 テキスト＆トレーニング	A5判	3,080円	好評発売中
サクッとうかる社会福祉法人経営実務検定試験 会計1級 テキスト＆トレーニング	A5判	3,520円	好評発売中
サクッとうかる社会福祉法人経営実務検定試験 経営管理 財務管理編テキスト＆トレーニング	A5判	2,420円	好評発売中
サクッとうかる社会福祉法人経営実務検定試験 経営管理 ガバナンス編テキスト＆トレーニング	A5判	3,080円	好評発売中

社会福祉法人経営実務検定対策書籍は全国の書店・ネットスクールWEB-SHOPをご利用ください。

ネットスクール WEB-SHOP

https://www.net-school.jp/

ネットスクール WEB-SHOP　検索

※ 書名・価格・発行年月や表紙のデザインなどは変更する場合もございますので、予めご了承ください。(2023年2月現在)

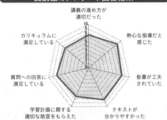

講義中は、先生がリアルタイムで質問に回答してくれます。対面式の授業だと、むしろここまで質問できない場合が多いと思います。

(Ioloさん)

ネットスクールが良かったことの1番は講義がよかったこと、これに尽きます。講師と生徒の距離がとても近く感じました。ライブに参加すると同じ時間を先生と全国の生徒が共有できる為、必然的に勉強する習慣が身につきました。

(みきさん)

試験の前日に桑原先生から激励の電話を直接いただきました。ほんとうにうれしかったです。WEB講座の端々に先生の人柄がでており、めげずに再試験を受ける気持ちにさせてくれたのは、先生の言葉が大きかったと思います。

(りんさん)

合格出来たのは、ネットスクールに出会えたからだと思います。
40代、2児の母です。小さな会社の経理をしています。勉強できる時間は1日1時間がせいぜいでしたが、能率のよい講座のおかげで3回目の受験でやっと合格できました!

(M.Kさん)

 WEB講座受講生の声
合格された皆様の喜びの声をお届けします!

本試験直前まで新しい予想問題を作って解説していただくなど、非常に充実したすばらしい講座でした。WEB講座を受講してなければ合格は無理だったと思います。

(としくんさん)

無事合格しました!!
平日休んで学校に通うわけにもいかず困っていましたが、WEB講座を知り、即申し込みました。桑原先生の解説は本当に解りやすく、テキストの独学だけでは合格出来なかったと思います。本当に申し込んで良かったと思っています。

(匿名希望さん)

専門学校に通うことを検討しましたが、仕事の関係で週末しか通えないこと、せっかくの休日が専門学校での勉強だけの時間になる事に不満を感じ断念しました。
WEB講座を選んだ事は、素晴らしい講師の授業を、自分の好きな時間に早朝でも深夜でも繰り返し受講できるので、大正解でした!

(ラナさん)

予想が面白いくらい的中して、試験中に「ニヤリ」としてしまいました。更なるステップアップを目指したいと思います。

(NMさん)

お問い合わせ・お申し込みは
ネットスクール WEB 講座 (フリーコール) **0120-979-919** (平日 10:00 ～ 18:00)
ネットスクール 検索 今すぐアクセス！
https://www.net-school.co.jp/

日商簿記2・3級 ネット試験
無料体験プログラムのご案内

日商簿記2・3級のネット試験（ＣＢＴ試験）の操作や雰囲気に
不安を感じている方も多いのではないでしょうか？
そんな受験生の不安を解消するため、ネットスクールでは
ネット試験を体験できる無料プログラムを公開中です。
受験前に操作や雰囲気を体験して、ネット試験に臨みましょう！

ブラウザ（インターネット閲覧ソフト・アプリ）があれば、
特別なソフトやアプリのインストールは不要です。
ご自宅のパソコンやタブレットで体験できます！

【注意事項】

- 本プログラムは無料でお使い頂けますが、利用に必要な端末・通信環境等に掛かる費用はお客様のご負担となります。
- できる限り実際の環境に近い体験ができるよう制作しておりますが、お使いの端末の機種や設定など、様々な事由により、正常に動作しないなど、ご期待に添えない部分が存在する可能性がございます。また、出題内容及び採点結果についても、実際の試験の出題内容・合否を保証するものではございません。
- 本サービスは、予告なく変更や一時停止、終了する場合がございます。あらかじめご了承ください。
- 詳細は体験プログラム特設サイトに掲載している案内もご確認ください。

日商簿記2・3級ネット試験無料体験プログラム
特設サイトのアクセスはこちら

https://nsboki-cbt.net-school.co.jp/